U0925998

本书得到教育部人文社会科学研究青年基金项目(14YJCZH156)、江西省博士后科研择优资助项目(2014KY09)、湖北省教育厅科学技术研究重点项目(D20153003)、湖北省高校人文社科重点研究基地“湖北文化产业经济研究中心”开放基金重点项目(HBCIR2015Z002)的资助

王忠诚/著

领导风格
对员工创新行为的作用机制研究：
创新自我效能、心理安全、知识共享与LMX的影响

Action Mechanism of Leadership Style on Employee Innovation Behavior: the Effects of Innovative Self-efficacy, Psychological Safety, Knowledge Sharing and LMX

图书在版编目（CIP）数据

领导风格对员工创新行为的作用机制研究/王忠诚著．—北京：经济管理出版社，2016.4
ISBN 978-7-5096-4277-1

Ⅰ.①领… Ⅱ.①王… Ⅲ.①领导方法—影响—企业创新—创新管理—研究 Ⅳ.①C933.2 ②F270

中国版本图书馆 CIP 数据核字(2016)第 047452 号

组稿编辑：杜　菲
责任编辑：杜　菲
责任印制：司东翔
责任校对：张　青

出版发行：经济管理出版社
（北京市海淀区北蜂窝 8 号中雅大厦 A 座 11 层　100038）
网　　址：www. E-mp. com. cn
电　　话：(010) 51915602
印　　刷：北京九州迅驰传媒文化有限公司
经　　销：新华书店
开　　本：720mm×1000mm/16
印　　张：17
字　　数：334 千字
版　　次：2016 年 4 月第 1 版　　2016 年 4 月第 1 次印刷
书　　号：ISBN 978-7-5096-4277-1
定　　价：68.00 元

前　言

自主创新是近年来国家发展的重要战略方针，“十三五”事业发展规划提出要深入实施创新驱动发展战略，企业要坚定不移地继续走自主创新之路。创新是一项复杂的、高风险性的脑力劳动，企业领导会以各种方式深刻地影响员工的态度及行为，因此深入地探讨领导与员工创新行为之间错综复杂的关系就显得非常有必要。在日常工作中，领导常常扮演着举足轻重的关键角色，时刻影响着企业员工的心理动机、自我效能及行为；而对员工来说，每天所必须要经历的工作环境中最有效、最权威、最有力量的影响因素恰好就是其领导者。由此，领导行为影响员工态度及行为的研究也就成为管理学及组织行为学研究中的永恒性主题。而领导也正是推动企业创新进程中非常重要的关键环节，所以从领导风格角度来探讨如何激发员工创新行为，进而不断提升企业自主创新能力就显得格外有意义。

为了快速地应对瞬息万变的内外环境，组织结构逐渐从传统化集权式管理向团队等网络化、扁平化的运作方式转变，研究组织的领导该如何在新环境下对员工有选择地实施变革型领导、交易型领导、伦理型领导这三种领导风格，将是未来组织运作的重要发展方向，也是对领导行为理论研究所提出的新要求。尽管以往关于变革型领导及交易型领导风格与员工创新之间的研究已有一些时间，但是这些研究一直未能得到比较令人信服的结论，以至于有的研究者已经对这个话题失去兴趣。但是，鉴于本书所提出的概念模型和以往的其他模型存在较大差异，我们认为这一研究模型极有可能会在一定程度上解决领导风格和员工创新行为之间关系的争议。而有关伦理型领导对员工创新行为影响的研究尚未有文献提及。所以，需要对这三种领导风格对员工创新行为的影响模式做探索性与验证性的深入研究。进一步来说，变革型领导、交易型领导、伦理型领导这三种领导风格对员工创新行为的影响可能会是一种外化向内化的过程，而关于变革型领导、交易型领导对于员工创新行为（而非仅仅是创造力）的内在作用机制的研究还不多，伦理型领导对员工创新行为作用机制的研究更是一片空白。因此，探索这三种领导风格对员工创新行为的作用机制，找出两者之间关系的桥梁，既为技术创新领域提供新的研究方向，同时也能为企业管理者如何选择有效的领导风格来激励员工的创新行为提供新的发展思路。况且心理安全、创新自我效能、知识共享也是比较新的研究热点，它们会不会是领导风格与员工创新行为关系之间的桥梁呢？如果是桥梁，这些桥梁的质量又会是怎样的呢？等等。这些问题也都需要进一步深入去探索，努力以实践求真知。

因此，本书根据上述文献研究，结合专家研究建议、企业调研与实地访谈，确立了“领导风格对员工创新行为的作用机制”的研究主题，并提出相关研究假定，构建理论分析框架。本书主要分析探讨领导风格（变革型领导、交易型领导、伦理型领导）如何影响员工创新行为的作用机制，并以员工的创新自我效能、心理安全、知识共享这三种因素作为中介变量，研究探讨其在领导风格与员工创新行为之间关系中所起到的中介作用。同时，一些研究者认为，领导成员交换在领导行为与员工行为关系中扮演着很重要的角色，因此也很有必要探讨领导成员交换与领导风格的交互作用是如何影响员工创新行为的。

我们在部分高新技术企业进行了正式问卷调研，并对被试样本进行数据处理。以 SPSS17.0 和 AMOS7.0 作为专业统计分析软件工具，通过相关分析、方差分析、层级回归模型和结构方程模型等分析方法对研究假设进行检验。

通过理论研究与实证数据分析，主要得出如下研究结论：

第一，变革型领导、交易型领导、伦理型领导直接作用效果显著。变革型领导、交易型领导、伦理型领导对创新自我效能、心理安全、知识共享、员工创新行为均具有显著的正向影响。三种领导风格对员工创新行为影响作用从大到小依次为：变革型领导、伦理型领导、交易型领导。本书尚属首次检验了交易型领导与创新自我效能的关系；首次检验了伦理型领导与员工创新行为、创新自我效能、知识共享的关系；在国内首次验证了伦理型领导与心理安全的关系；首次探讨变革型领导、伦理型领导、交易型领导对员工创新行为影响效力大小的比较。

第二，创新自我效能、心理安全、知识共享对员工创新行为均有显著的正向影响。这三个中介变量对员工创新行为的影响作用从大到小依次为：创新自我效能、知识共享、心理安全。集中探讨创新自我效能、心理安全、知识共享对员工创新行为影响效力的比较研究还不多见。

第三，创新自我效能、心理安全、知识共享的中介作用。探讨创新自我效能、心理安全、知识共享在这三种领导风格与员工创新行为关系之间的中介作用的研究还不多见。创新自我效能、心理安全、知识共享分别在变革型领导与员工创新行为关系中起部分中介作用；创新自我效能、心理安全、知识共享分别在伦理型领导与员工创新行为关系中起部分中介作用；心理安全、知识共享分别在交易型领导与员工创新行为关系中起部分中介作用；创新自我效能在交易型领导与员工创新行为关系中起完全中介作用。

第四，创新自我效能、心理安全与知识共享之间的关系。探讨创新自我效能与知识共享两者之间关系的研究还不多见，探讨创新自我效能与心理安全两者之间关系以及心理安全在创新自我效能与知识共享关系上的中介作用研究更可能尚属首次。三者之间的关系为：创新自我效能对心理安全、知识共享具有显著的正向影响；心理安全对知识共享有显著的正向影响；心理安全在创新自我效能与知识共享关系之间起着中介作用。

第五，领导成员交换分别对变革型领导或交易型领导或伦理型领导与员工创新行为之间关系具有显著的调节作用。探讨领导成员交换在这三种领导风格与员工创新行为关系之间起调节作用的研究可能尚属首次。

第六，伦理型领导的结构维度。在中国文化情境下，首次探讨伦理型领导清晰的本土化的二维结构，即道德个人与伦理管理，这与西方文化背景下原量表中道德个人与伦理管理维度合二为一的单维结构存在差别，显示出中国文化情境下伦理型领导的特殊性。探索性因子分析与验证性因子分析结果都表明，伦理型领导量表显示出良好的信度与效度。

第七，心理安全的结构维度。在中国文化情境下，探讨心理安全清晰的本土化的二维结构，即人际和谐与工作顺心，这与西方文化背景中原量表的一维结构有差别，显示出中国文化情境下心理安全的特殊性。探索性因子分析与验证性因子分析结果表明，心理安全量表显示出良好的信度与效度。

第八，人口学变量对员工创新行为的影响存在一定差异。人口学变量对员工创新行为影响的研究以定性研究居多，实证研究相对较少。根据单因素方差分析结果可知，不同年龄、工作职位对员工创新行为的影响存在显著性差异（$p < 0.05$）；而员工的不同性别、教育程度、工作年限、工作部门等人口学变量对员工创新行为的影响却无显著性差异，但运用LSD多重比较法来细化比较分析两两之间关系时，却发现特定群体之间在员工创新行为上也存在一定显著性差异。

本书最后对研究结论进行了系统总结，提出了相应的管理对策建议；同时，针对存在的不足提出了未来研究的努力方向。

目　录

第一章　绪论

绪论部分主要阐述研究的现实背景与理论背景；介绍研究的目的，研究的理论意义与现实意义；阐述研究的主体思路、主要内容、结构安排、技术路线；介绍研究的主要方法。

一、研究背景

（一）现实背景

创新有巨大正能量，可以说是一个民族或国家繁荣进步的灵魂、兴旺发达的不竭动力，也是企业基业长青的关键因素。

1. 民族繁荣复兴的现实要求

中国已吹响了为实现中华民族伟大复兴而努力奋斗的号角。在21世纪，国际间的竞争，表面上是综合国力的竞争，但实质上却是一国科技实力的竞争，是一个民族自主科技创新能力的竞争。为实现民族的伟大复兴，我国始终将创新置于重要位置，提出“科技现代化”的战略部署，将创新视为民族繁荣发展的一条主线，将之贯穿中华民族整个发展阶段。

近年来，我国积极将创建创新型国家的战略方针努力实践于具体行动中。一是体现在国家事业发展规划上。国家“十一五”事业发展规划（2006～2010年）强调，自主创新既是提升科技水平和经济竞争力的关键，也是调整产业结构、转变增长方式的中心环节；要把增强自主创新能力作为国家战略，努力建设创新型国家。国家“十二五”事业发展规划（2011～2015年）进一步提出，要深入实施科教兴国战略和人才强国战略，加快建设创新型国家；推动我国经济发展更多地依靠科技创新驱动，必须全面落实国家中长期科技、教育、人才规划纲要，大力提高科技创新能力，加快教育改革发展，发挥人才资源优势，为加快转变经济发展方式、实现全面建设小康社会奋斗目标奠定坚实的科技和人力资源基础……坚持自主创新、重点跨越、支撑发展、引领未来的方针，增强核心技术突破能力，促进科技成果向现实生产力转化。二是体现于国家科技发展规划上。2006年1月，第一次全国科学技术大会部署实施了《国家中长期科学和技术发展规划纲要（2006～2020年）》，动员全党全社会坚持走中国特色自主创新道路，为建设创新型国家而努力奋斗，进一步开创全面建设小康社会、加快推进社会主义现代化的新局面。时任总书记的胡锦涛同志在大会上提出，“要用15年的时间使我国进入创新型国家行列”。三是在党的重大会议上提出自主创新的基本国策及战略方针。2007年10月，中共十七大提出把“提高企业自主创新能力，建设创新型国家”作为一项基本国策。这是国家科技发展战略转型的重大标志。2012年11月8日，中共十八大又提出，要“实施创新驱动发展战略”，强调“科技创新是提高社会生产力和综合国力的战略支撑，必须摆在国家发展全局的核心位置”；“要坚持走中国特色自主创新道路，以全球视野谋划和推动创新，提高原始创新、集成创新和引进消化吸收再创新能力，更加注重协同创新”；深化科技体制改革，加快建设国家创新体系，“着力构建以企业为主体、市场为导向、产学研相结合的技术创新体系”；完善知识创新体系，实施国家科技重大专项，实施知识产权战略，“把全社会智慧和力量凝聚到创新发展上来”（胡锦涛，2012）。

从国家创新战略方针发展历程可看到，党和国家领导人非常重视自主创新，在未来10年，我国科技工作之重心将仍然是“自主创新”。企业已被国家视为自主创新的主体，是产学研合作创新的生力军。国家创新战略方针的制定与公布，也就相当于为国内企业的发展方式进一步清晰地确定了新的基点与发展目标。在这种国家创新发展的战略机遇与挑战的重大环境下，企业将如何紧紧把握这种重大发展机遇、响应国家创新发展的号召、提高整个民族的自主创新能力，就显得尤为重要。在这种新形势下，企业将如何应对挑战、抓住机遇、加强内部管理、提高领导有效性、充分激励员工创新潜能，也就成为企业创新发展的新要求、新方向。

2. 企业创新发展的现实需要

现代企业正面临着一个日益复杂的世界经济环境，并且这个全球化的动态环境的变化速度也越来越快、充满了很大的不确定性、企业间的竞争更是日趋激烈、技术进步日新月异、产品生命周期不断缩短。企业在其成长、发展、壮大的过程中，难免会因外部市场的激烈竞争而出现一些问题，这就需要不断进行创新。创新是永恒的。对企业来说，这种创新包括采纳一种新思想、开发一种新产品、开拓一个新市场、推选一项新服务、推出原发性新技术、实施一项新式的管理手段等。

企业要实施创新，关键在于需要人去实施创新。员工创新是企业获得竞争优势、抢占市场先机的重要基础。然而，创新却是一项异常艰苦且又非常复杂的风险行为，常常会受到多种外在因素的影响或干扰，再经过复杂的员工内心心理或情绪活动后，或放弃或继续坚持创新直到成功。在企业员工日常工作中，领导常常扮演着举足轻重的重要角色，领导者更是员工每天必须要经历的最有效、最权威的工作环境因素，时刻影响着员工的动机、心理、情绪及行为。所以，在影响企业员工创新的诸多因素中，领导是关键因素。领导自身却也是复杂的，领导者常常表现出不同特质或不同行为方式。在企业组织中，领导者的各种各样的领导方式都有可能影响员工的创新表现。不同的领导行为会产生不同后果的员工创新行为，领导行为和员工创新行为之间就会存在错综复杂的影响关系。因此，对这种错综复杂的影响关系，做些深入的研究或探讨，就显得非常有必要。

（二）理论背景

1. 对有效领导的理论先导性需求

纵观历史朝代兴盛与更迭、近代企业或生或灭或基业长青、当代国家及地区或繁荣昌盛或动荡衰弱，都与其领导者的有效领导能力有着不可或缺的必然联系。Burns（1978）曾断言："在我们所处的时代中，一个最普遍的渴望便是对强有力的富有创造性的领导的渴求。"随着时光的流逝，对"强有力的富有创造性的领导的渴求"并未得到满足，领导力贫乏的危机在加剧甚至不断蔓延到其他更广阔的领域。这一点并非哪个国家或在哪个时点的独有现象，这对当代发展中国家来说尤其明显，对有效领导的前所未有的呼吁来自社会各界，包括工商企业界及非营利组织等。对有效领导的过分追求，暴露了企业中领导力的普遍匮乏性。人们在考察或探讨领导力概念时，往往过于强调领导者的法定权力因素，而忽略领导者的人格魅力等非法定权力及领导者与下属员工之间的领导与追随的共生关系。为此，Burns（1978）敏锐地指出，领导并不是某个领导者"单纯地、赤裸裸地"行使权力，而是引导其追随者按照双方所认可的价值与动机去行动。

为切实解决有效领导不足的现实问题，需要理论界在领导理论上给予先导性研究，以运用领导理论有效地指导现实。可以说，领导是公共管理学理论、管理学理论与组织行为学理论等理论研究领域的一个核心内容。最近 30 年来，领导学理论在西方理论界得到了高度重视，特别是 21 世纪以来，领导力被认为是制胜 21 世纪的强大理论武器。随着组织外部经济社会环境的迅猛发展、组织内管理的日益复杂性，对领导理论的研究也日益深入。如果将领导者与下属的关系视为领导者与追随者的关系，那么，基于领导者和追随者之间互动目的不同或差异性，Burns（1978）将领导分成三种类型，即交易型领导、变革型领导与道德型领导。交易型领导只是最浅层次的领导类型，领导者与追随者双方之间相互接近或交往的目的，只是交换一些有价值的东西，这种有价值的东西可以是政治上的权力，也可以是经济上的物质利益，或者是心理上的信任等，最典型的例子莫过于政治上的“选票交易”。变革型领导则超越低层次交易，以领导者与追随者双方的共同目标追求为基础，在交往过程中，不断提升双方尤其是追随者的价值观、动机水平和道德要求。最高级的领导类型则是道德型领导，这种领导类型不仅能成功地实现领导者与追随者双方所期望的某种变革，而且具备超凡魅力。Bass（1985）则进一步将 Burns（1978）的交易型领导、变革型领导理论运用于其他领域，包括工商企业管理界。道德型领导成为研究热点则稍晚些，从道德型领导基础上发展起来的伦理型领导与传统意义上的道德领导有着必然的联系，但也存在内涵上的实质区别。

在过去几十年里，对能提高领导者领导效能的行为探讨与分类考究，一直是从事工商企业管理者和领导行为方式理论研究者们所关心的热点问题（Bass，1985；Yukl，1989）。有效的领导方式，则意味着理解领导者与员工之间的相互作用过程（Yates，1985）。与之相应，交易型领导与变革型领导这两种领导方式正是解释领导者和员工之间是如何相互作用或影响的方法（Burns，1978；Bass，1985）。在领导方式的比较上，变革型领导与交易型领导是两种不同的领导方式。变革型领导通过理想化影响（魅力领导）、感召力、个性化关怀和智能激发的作用，注重在潜移默化中提升员工对组织目标与价值的认同度，注意培养并提高员工的能力、潜质或特长，提高其创新思维能力与解决实际问题能力，从而深刻地影响下属员工。变革型领导与员工之间是相互激励、相互关心的关系，领导者能产生具有象征意义的巨大能量，提升员工的高层次需求，并能促使员工对领导者个人产生较强烈的依附感。交易型领导则在满足员工需求层次方面，与变革型领导有着显著差别。交易型领导只考虑员工的低层次需要，并由此决定对下属的工作任务分配方式、奖惩形式及管理过程。交易型领导只能满足员工基本的、低层次的需要，不太关注员工为实现组织更高的、更大的目标所需要付出的额外努力、高层次的工作满意程度。在交易型领导方式的基础上，变革型领导能进一步使交易型领导有效性有扩大效应。变革型领导能够意识到员工的高层次需求，并通过感召力、个性化关怀和智能激发来满足员工对更高层次需要的渴望，不断促使员工超越个人利益或眼前利益，激发员工创新潜能，进一步激励员工超越自我，为实现更高的组织目标与个人价值追求而努力奋斗。伦理型领导则在领导者的“道德个人”的个人价值追求与自身道德示范，“道德经理”与员工互动、推进员工追求更高的企业价值观与社会责任等方面深刻地影响员工态度与行为。

近年来，对领导理论的研究重点，已经从分析领导方式的效果不断转向鉴别或考察领导者的有效行为。对于变革型领导来说，通过感召力、理想化影响，不断强化并影响员工的价值追求与思想意识，使追随者更加意识到目前工作的潜在价值与重要性，激发追随者的高层次需求，促使追随者为了组织利益而不断超越个人自我利益（Bass，1985；Yukl，1989）。变革型领导能加强交易型领导对员工工作绩效的影响力，这是因为变革型领导者赢得了追随者的信任与尊敬，并使追随者受到巨大鼓舞，促使追随者追求能超越领导期望的绩效（Yukl，1989）。伦理型领导则表现出高尚的伦理道德行为，时刻保持言行一致、能够被员工信任、不断追求企业社会责任与价值，能变革或转变其追随者的基本价值观、信念、态度、心理与行为方式，从而激励追随者能自愿地、不断超越自我，追求组织目标与社会价值。但是需要强调的是，上述领导风格多从西方追求个人价值的文化背景中产生，有其文化背景适用的一定局限性；对于在有别于西方文化的东方集体主义文化背景中，不同领导风格的内涵与结构仍需要在理论上进一步检验、探索与发展。

2. 领导风格与员工创新的关系及内在作用机制需要不断地探索与验证

自古以来，创新就是推动人类历史社会不断向前快速发展的根本源泉与不竭动力。对企业来说，员工的创新能力无疑是企业所关注的核心问题。在当今知识经济全球化、企业间竞争日趋激烈、市场瞬息万变的环境中，企业如何获得并且不断保持市场竞争优势？企业如何提供有核心竞争力与强烈吸引力的终极服务？企业如何开发能满足消费者需求并引领市场发展方向的新产品？这些都与员工的创新能力息息相关。Mandel（1998）曾指出，创新与企业家活力是美国能保持经济年增长3.5%的最重要因素。21世纪，企业竞争的核心问题仍然是企业创新能力的竞争，也就是创新人才的竞争，只有企业员工的创新能力才是企业保持核心竞争优势的关键性生产要素。

正是因为创新的正能量，许多学科皆把创新研究作为本学科研究主题的重点。一直以来，创新也恰是组织行为学、企业管理学学科的研究重点与热点，众多学者普遍认为，创新对组织生存发展、组织间竞争及对组织基业长青等都起着显著性的正向影响（Amabile，1988；Kanter，1988；Ancona & Caldwell，1992；Woodman et al.，1993；Mumford & Licuanan，2004）。

创新的过程：首先，由个体或团队提出创新性的想法；其次，进行不断的讨论、修改，调研情况，努力获得创新的资金资源支持；再次，制订具体落实计划与实施日程安排；最后，将想法予以实现（Scott & Bruce，1994）。可以说，企业创新的具体实践者是员工个人，人是全部创意的发起者，是企业创新发展中的最宝贵资源（蔡启通、高泉丰，2004）。因此，该如何有效地提高企业员工个人的创造性，激励企业员工表现出更多的创新行为，是学术理论界及工商企业管理实业界所相当重视的重大课题（Amabile，1988；Kanter，1988；West & Farr，

1989；Scott & Bruce，1994；Oldham & Cummings，1996；Mumford & Licuanan，2004；Zhou & Shalley，2008；曲如杰等，2012）。

一般来说，在企业员工具体工作环境中，领导常常发挥着举足轻重的角色，是最有效、最权威的影响力量，时刻都在影响着员工的动机、心理、情绪及行为（Amabile et al.，2004）。可以说在员工工作环境中，对员工创新行为有着关键性影响的因素正是领导（Scott & Bruce，1994；Tiermey et al.，1999）。

创新，是一项复杂的需要耗费巨大脑力及体力劳动的知识性活动，更可能是一种高风险性的工作行为。在员工创新过程中，领导会以各种不同的方式去影响员工的态度、心理及行为表现，在这一过程中，领导行为和员工创新行为之间会产生错综复杂的关系，对这种关系进行深入的探讨，就显得非常有必要了（Tierney & Farmer，2004）。对领导行为如何影响员工的态度与行为的研究，也就成为组织行为学领域研究的一项永恒性主题。既然领导是推动企业组织内创新过程中的一项非常重要的、必不可少的环节，那么，从领导行为的角度去探讨何种领导行为最有效以及如何有效地提高员工创新行为，进而提高企业自主创新能力的需求就格外显得有意义（Oldham & Cummings，1996；Shalley et al.，2004）。陈晓萍（2006）对企业领导者进行了访谈，总结出能对员工创新有直接的、积极影响的六种具体领导行为表现：①向员工提供个性化支持，关怀员工个人发展；②积极配备资源，支持并帮助员工去实现创意；③领导为员工们树立了创新榜样，自身又具有积极的创业精神；④宽容失败，强调“失败是成功之母”，能将员工工作的错误与失败当作进一步学习的代价或经验，而不做毫无意义的惩罚；⑤把创新绩效作为工作考核标准，以此来激励员工努力创新；⑥下放权力，给员工足够的自主空间，让员工自主地去实现创意。这六种具体领导行为表现正是变革型领导、交易型领导和伦理型领导风格的理论研究范畴。

过去15年中有关变革型领导与交易型领导的文献数量增长很快，但是只有很少的一部分研究真正检验了变革型领导与交易型领导是如何影响与预测员工绩效的（Bass et al.，2003）。早在1990年，Bass（1990）就强调，在未来的理论研究中，我们需要更加关注变革型领导与交易型领导风格对员工工作态度与行为的影响机制及影响过程，以更好地理解变革型领导与交易型领导的具体内在作用方式。然而这方面的研究并不乐观。基于对过去20年变革型领导研究的总结分析，Bass（1999）呼吁学者们积极开展变革型领导的作用机制的理论研究，以不断揭开变革型领导内在作用机制这一个“黑箱”。与此同时，创新理论研究的学者们对于哪种领导风格能够提高而不是抑制个人创新能力却还缺乏深入了解（Zhou & Oldham，2001）。到目前为止，尽管变革型领导风格，在理论上对创新能力的提升具有重要意义，但仍很少有学者将理论研究视野聚焦于探讨变革型领导是如何与员工创新行为相联系的（Shin & Zhou，2003）。在我国，关于领导风格对创新影响的研究就更少了，对变革型领导与交易型领导的理论研究也还不足（戚振江、张小林，2001）。

领导行为是镶嵌在某种特定文化背景下的一种特殊现象，领导行为及其有效性受特定文化的深刻影响（Hofstede，1993）。西方文化过于强调个人主义，而东方文化却强调集体主义。受儒家思想的长期而深刻的影响，中国强调万物和谐，追求以“和”为贵的大同世界，特别重视人际关系和谐，即使在企业管理实践过程中也概莫能外。与此同时，我国目前正处于从计划经济向有中国特色社会主义市场经济体制过渡的经济转型期，计划经济的身影仍然时刻显现，计划经济与市场经济共存。基于中国目前复杂的国情现实，可以说中国的文化也变得更复杂起来。文化会深刻地影响个体行为表现。国内企业领导者在企业管理过程，既与西方企业领导方式有共同的地方，也保留着自己的特色。这就需要国内研究领导理论的学者们，投入更多的精力与时间来研究国内现实状况下的领导风格及其与员工创新行为的内在关系。

进一步来说，变革型领导、交易型领导和伦理型领导风格对员工创新行为的作用机制，可能存在着某种内化过程（Internalization），但对变革型领导、交易型领导与员工创新行为之间内在作用机制的研究仍不足，伦理型领导对员工创新行为作用机制的研究更是一片空白。因此，探索变革型领导、交易型领导和伦理型领导风格对员工创新行为的作用机制，找出存在于三者之间关系的“桥梁”，既可为创新领域的理论研究提供新的方向，也为如何在企业中有效地选择特定的领导风格、切实激发员工的创新行为提供新的理论指导与管理实践思路。

二、研究目的和意义

（一）研究目的

创新是绝大多数人普遍都具有的一种能力。创新并不是只有专家、科学家或工程师们才能做的事情，也不是某个特定领域、行业、职业、职位或具有特定特质的某个人所单独具有的能力。创新是人人都可以学会的一项技术，而且每一个人都具有创新的极大潜力。艾伯特·爱因斯坦（Albert Einstein）曾说，“科学的全部仅仅是对日常思考的提炼”。历史上很多伟大的发明都来自日常思考的提炼。本·富兰克林（Ben Franklin）曾经发明了在图书馆里用于取书的梯凳、摇椅、双焦眼镜、避雷针、里程表（用于计量邮递路程距离）以及富兰克林炉，他甚至还建议夏令时。富兰克林的发明大都与他在电学方面的工作或专业知识无关。“或许在某种意义上，公共部门更需要创新。选民们经常会抱怨：‘有没有新点子可以让政府变得更有效率?’”① 可以说，各行各业都可能产生创新，尤其是在物质生产行业，包括从事特定高科技行业的人员，更有创新表现。

本书的主要目的是以有创新要求的高新技术企业员工，特别是从事技术研发、生产制造技术岗位部门的员工为研究对象，以考察领导风格与员工创新行为的一般关系，旨在揭示伦理型领导、变革型领导、交易型领导对员工创新行为影响的普遍规律。具体而言，主要是考察在中国现阶段的经济、文化、社会条件下，伦理型领导、变革型领导、交易型领导风格与员工心理安全、创新自我效能、知识共享、员工创新行为等关键变量的影响关系，旨在揭示领导行为通过员工心理安全、创新自我效能、知识共享等中介变量影响员工创新行为的作用机制，为组织领导者在管理实践中不断提高自身的领导能力以及提高员工创新能力提供理论支撑与实证依据。

1. 理论推理并实证分析检验变革型领导、交易型领导、伦理型领导对员工创新行为的影响关系

从已有的研究证据来看，变革型领导会对员工行为产生积极的影响，交易型领导则在有效性方面不如变革型领导，在特定情境因素、被领导者个体特质等因素的影响下发挥作用（徐长江、时勘，2005）。那么在中国情境中，在相关变量的影响作用下，变革型领导的影响效果到底有多大？又是怎样影响呢？变革型领导、交易型领导、伦理型领导对员工创新行为影响，无论从单体上考察，还是从整体对比性上进行实证研究还相当少，本书将从理论研究与实证分析角度探讨三种不同类型的领导风格对于员工创新行为的影响，并分析其影响效果程度及其差异性。

2. 理论推理并实证检验分析心理安全、创新自我效能、知识共享的中介作用

心理安全是由 Kahn（1990）及哈佛大学学者 Edmondson（1999）对其定义后而逐步发展起来的新理论。创新自我效能、知识共享也是新近发展起来的理论。心理安全、创新自我效能、知识共享作为员工创新、团队学习、绩效等的前因变量，作为员工感知领导或支持或反对员工创新行为等方面的后果心理变量，将对员工创新行为表现方面有积极的影响。Van de Ven（1986）指出，“领导在创新中扮演关键角色，并创造有利于提升创新能力的氛围。”不同的领导风格对创新氛围及员工创新行为会有一定的影响差异。Jung 等（2003）研究变革型领

① 巴里·纳勒布夫，伊恩·艾尔斯．创新 DIY——利用日常生活中的创意解决身边的问题．胡枫，张敏译．北京：商务印书馆，2005.

导与创新之间的关系，结果发现支持创新的一些中介变量作用显著。所以，本书把心理安全、创新自我效能、知识共享纳入领导风格与员工创新行为关系中，深入分析检验心理安全、创新自我效能、知识共享在不同领导风格与员工创新行为关系之间的中介作用。

3. 理论推理并实证分析检验领导成员交换的调节作用

国内学者在领导成员交换方面的研究，还缺乏实证研究的统一性，有的学者认为领导成员交换关系在领导行为与员工行为之间表现为中介作用，有的学者则认为应该表现为调节作用。本书将在已有组织行为学理论基础上，深入企业组织调研，根据理论文献及实证调研，来分析领导成员交换对领导风格与员工创新行为之间关系的调节效应。

4. 在中国特有的文化情境下，对领导风格（变革型领导、交易型领导、伦理型领导）、心理安全、创新自我效能、知识共享、员工创新行为、领导成员交换等概念内涵进行检验

包括对 Bass 等（1985、1990、1999）创建的多因素领导问卷（Multifactor Leadership Questiotmaire，MLQ）中的变革型领导量表、交易型领导量表，以及 Brown 等（2002、2005）创建的伦理型领导量表（Ethical Leadership Scale，ELS）、心理安全量表（Edmondson，1999）、创新自我效能量表（Tierney & Farmer，2002、2004）、知识共享量表（Van den Hooff & De Ridder，2004）、员工创新行为量表（Scott & Bruce，1994）、领导成员交换量表（Graen & Uhl - Bien，1995）进行中国情境下的修订与检验。国内已有研究采用 MLQ 中的部分项目对变革型领导、交易型领导进行测量，未能真实、完整地反映变革型领导、交易型领导的内涵。由于理论形成相对较晚，伦理型领导理论及其 ELS 量表的国内研究就更少了。本书将在翻译修订 MLQ、ELS 等量表的基础上研究变革型领导、交易型领导、伦理型领导这三类领导风格的影响及其内在作用机制。此外，国内仅有少数学者对心理安全、创新自我效能等进行了研究，所以，也需要进一步对心理安全量表、创新自我效能等进行修订，并研究它在中国文化情境下的适用性。

（二）研究意义

1. 理论意义

（1）从实证角度来探讨伦理型领导、变革型领导、交易型领导对员工创新行为的影响，充实中国情境下对西方领导理论的研究与验证。在理论研究与实证分析方面，以往研究多数局限在变革型领导与员工创造性或创造力关系方面，本书将探讨伦理型领导、变革型领导、交易型领导对员工创新行为的影响，试图揭开伦理型领导、变革型领导、交易型领导对员工创新行为作用机制中的“黑

箱”，解释伦理型领导、变革型领导、交易型领导是如何有差异性地影响员工创新行为的，这将在一定程度上拓宽领导风格与员工创新行为关系理论的研究领域。同时，考虑到以往研究多以一般性的员工整体为研究对象，在条件充裕的情况下，本书将进一步探讨高新技术企业的知识型员工这一特殊群体的创新行为关系，试图推广本书结论在知识型员工创新行为方面的应用，检验知识型员工的创新行为是否受到伦理型领导、变革型领导、交易型领导、心理安全等变量因素的影响，如有影响则检验其影响效力的大小。另外，本书将从领导成员交换的互动关系这一个体层次上对三种领导风格进行一定的交互性影响研究，可更好地检验领导行为的权变性与互动性。

（2）验证心理安全、创新自我效能、知识共享在伦理型领导、变革型领导、交易型领导对员工创新行为影响机制中的中介作用是否存在。这将从理论上进一步充实心理安全、创新自我效能、知识共享等影响过程的内在作用机制，丰富领导风格对员工心理安全、创新自我效能、知识共享以及心理安全、创新自我效能、知识共享对员工创新行为影响等方面的理论研究。

（3）对伦理型领导、心理安全等的研究将有助于弥补国内对这一领域研究的不足。伦理型领导、心理安全的研究多数在西方，本书将探讨中国文化背景下伦理型领导、心理安全的理论维度与实践作用，拓展和深化伦理型领导、心理安全理论在中国的研究与实践。

（4）把领导成员交换纳入回归分析中以检验其调节作用，探讨领导成员交换是否会对变革型领导、交易型领导、伦理型领导这三种领导风格与员工创新行为之间关系产生调节作用。目前对领导成员交换在这三种领导风格与员工创新行为关系中的调节作用进行实证检验的研究还不多，本书将从实证角度丰富组织中领导与员工关系理论。

2. 现实意义

（1）努力提高员工创新能力，推进组织创新管理实践。员工创新行为是企事业组织具有核心竞争优势、保持强大生命力和拥有高效益的重要保证，员工创新对企事业组织的持续健康发展具有长远效应。通过研究领导风格对员工创新行为的有效影响，对于推进管理创新与技术创新、提升有助于促进员工创新的领导力等方面将具有实践借鉴意义。

（2）为组织领导者提供究竟是何种领导风格会更有效问题上的理论参考。领导风格的有效性是企事业组织所执着追求的目标，国外已有研究证实了变革型领导、建设性的交易型领导（权变奖励、积极例外管理，需要以及在一定情境下）与领导行为有效性之间存在的正向关系，国内对于这个关系的研究还不是很多。本书将通过实证检验来证实伦理型领导、变革型领导、交易型领导与员工创新行为之间的关系，从而揭示出“在我国目前特定的经济社会发展阶段下的组织情境中，应该采用哪种领导行为方式对于员工创新行为来说才是可行的、才是更有效的”，这将对于推进企事业组织健康、有序地发展具有一定的现实意义。如果变革型领导在心理安全等变量的间接影响下会更能够促进与提高员工创新绩效，那么企事业组织的领导者应该加强自我学习，提高领导力，尽量实施出更多的变革型领导行为，创新出更加和谐的、激励员工创新的心理安全氛围，鼓励员工用多角度的探索性思维来发现问题、分析问题、解决问题，使得员工超越自我，不断提升自己的创新能力，在工作实践中自愿地、创新性地、圆满地完成组织目标。

（3）实施适合特定情境的领导行为，努力建设有利于员工创新的和谐的领导员工关系。通过对比不同领导成员交换关系质量情境下的领导风格对员工创新行为的影响，分析伦理型领导、变革型领导、交易型领导的运用情境及其交互作用，为不同情境下推进员工创新提出在内容上具有实质性、在实践上具有可操作性的组织管理建议，这对组织战略管理将具有一定的实际意义。特别是在现实中，对企事业组织来说，知识型员工是组织推进创新的核心竞争性人才资源，是组织创新的主要驱动者，其创新行为更直接地关系到组织的生存与发展。知识型员工由于其内在个性、工作质量特点、工作环境要求等方面存在特殊性，影响其创新行为的诸多因素会与普通员工存在较大差异性，即使某种领导风格对普通员工创新行为有效力，也不一定会对知识型员工创新行为产生同样的促进作用。所以需要在特定情境下实施恰当的领导行为，这样才能有利于建设促进员工创新的、和谐的领导员工关系。

（4）促使领导者更加关注员工创新方面的心理安全状况、创新自我效能程度、知识共享意愿。本书实证检验知识共享、心理安全、创新自我效能在不同领导风格与员工创新行为关系之间的中介作用，将有助于建议领导者努力将更多精力投入到组织氛围之营造上，努力提高员工创新行为的心理安全感知、提高其创新自我效能、增加其知识共享意愿，让员工切实感知到付出额外的、有创新风险的努力和为组织承担责任是安全的、是值得肯定与表扬的，从而激发员工的创新热情和资源性投入，不断提高员工创新能力与创新绩效。

（5）为企事业组织选拔与任用领导干部提供实践指导。本书将检验何种领导风格将更有利于员工创新行为。如果能证实伦理型领导、变革型领导、交易型领导对员工创新行为的影响关系，在企事业组织的人力资源开发和管理实践中，就可以选拔、任用和培养适用不同级别与岗位的领导类型，从而更有效地激发员工创新行为，更好地实现企事业组织的现实目标和发展愿景。

三、研究思路和内容

（一）研究思路

沿着“领导风格影响员工创新行为”的逻辑主线，本书首先从文献梳理来回顾以往的理论研究进展、结合探讨员工创新行为所面临的现实问题等出发，指出现有研究的不足以及本书的可能性与可行性、研究价值与研究重点，进一步验证领导风格是否是影响员工创新行为的突出因素。由此，确定将领导风格对员工创新行为的影响，作为研究的核心问题。本书还将进一步引入心理安全、创新自我效能、知识共享、领导成员交换分别作为中介变量和调节变量，构建领导风格对员工创新行为作用机制模型，进行模型关键术语的概念化、变量的可操作性设计，在此基础上形成并检验系统的理论假设。为了验证这种理论推断是否成立，将通过定性研究以及探索性因子分析、相关分析、层级回归分析、结构方程模型分析等多种统计分析方法，采用 SPSS17.0 和 AMOS7.0 等统计分析软件对基于理论分析推导出的概念模型进行实证检验。

具体而言，本书主要分四个阶段逐步推进：

第一阶段，文献检索、研读、整理，进行文献综述性分析，结合现实问题确定基本框架。在本阶段研究中，将采用文献回顾、实地调查研究、企业访谈等研究方法，在文献研究和实际研究的基础上提炼出本书的基本理论框架；进一步通过与相关专家、学者、企事业组织相关人员进行访谈，加强实地调研，对所收集的信息进行归纳整理，确定本书的理论模型。这一阶段的时间安排在 2011 年 12 月 ~2012 年 5 月，主要完成整体研究设计部分及第二章文献综述部分的撰写工作。

第二阶段，在理论推演与实证研究方法相结合的基础上，进行确定研究方案及提出研究假设等具体研究设计与实施。依据研究方案与研究假设，准备实证分析所需要的基本条件，即确定研究样本、确定研究设计方案，对变革型领导、交易型领导、伦理型领导、员工创新行为、知识共享、心理安全、创新自我效能、领导成员交换等进行概念化、操作化研究设计，并发展设计实证研究所需要的变量测量量表。随后，进一步将量表整理成调查研究所需要的初始问卷，并进行问卷预测试和修订，为展开大规模正式调查研究做好充分准备。这一阶段的时间安排在 2012 年 6 ~9 月，主要完成第三、第四章的理论研究假设、研究设计部分的撰写工作。

第三阶段，大规模正式问卷调查和数据收集、整理、分析、检验。利用先期调研与预测试所确定的正式问卷，全面开展数据收集，并用 SPSS17.0 和

AMOS7.0等统计分析软件对所收集的数据进行数理统计分析，对理论模型和研究假设进行验证，得出研究结论，并以此提出组织管理建议，以供关注员工创新行为的企业组织单位的领导者参考。这一阶段的时间安排在2012年10月~2013年1月，主要完成第五、第六章的数据分析、研究假设检验、研究结论与展望部分的撰写工作。

第四阶段，对整体进行进一步的修改与定稿。在数据分析的基础上，进行整体性思考，进一步撰写、修改与润色，最终定稿。这一阶段的时间安排在2013年2~4月，主要完成整体性修改与定稿工作。

总的来说，在本书的整体思路与研究过程中，将采用文献整理与实地调研相结合、理论分析与实证研究相结合、定性研究与定量研究相结合的研究方法来推进研究。在整个研究构思和研究过程中，将主要遵循如图1-1所示的具体研究技术路线。

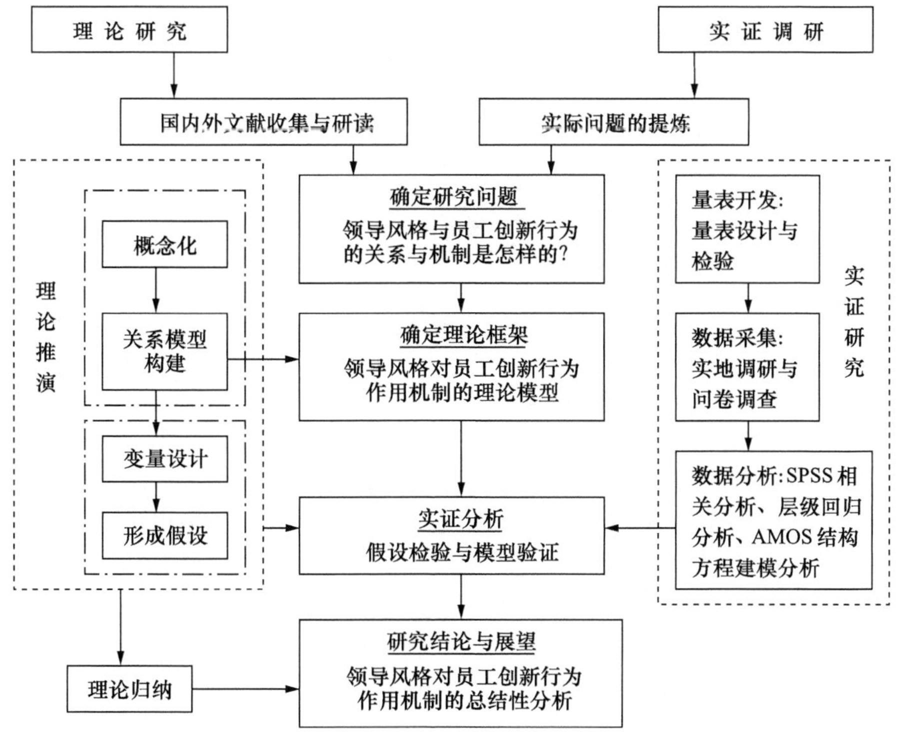

图1-1 研究技术路线

（二）主要内容

围绕研究目的，本书以企业组织内部员工为研究对象，选取员工感知的心理安全、创新自我效能、知识共享为中介变量，剖析中国背景下伦理型领导、变革型领导、交易型领导对知识共享、心理安全、创新自我效能、员工创新行为等员工心理与行为方式的影响，探讨这三种领导风格对员工创新行为的直接与间接性影响的作用机制。

所以，本书将以领导风格对员工创新行为的作用机制为主线，将领导成员交换关系质量的情境因素及员工知识共享、心理安全、创新自我效能的中介作用等因素考虑进来，进行整体分析。本书的基本逻辑框架如图 1－2 所示。

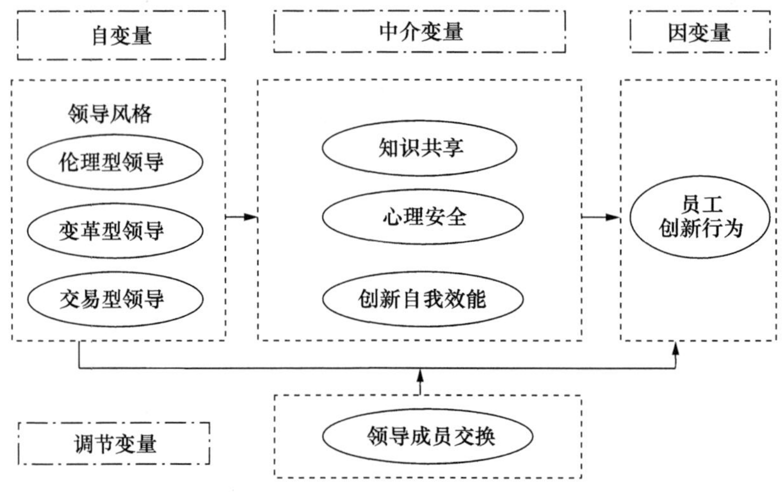

图 1－2　基本逻辑框架

1. 领导风格对员工创新行为的影响

本书参考 Bass（1985、1990、1999）全范围领导理论中变革型领导、交易型领导风格与另一种新型领导类型——伦理型领导风格，分别探讨不同领导风格与员工创新行为的关系。这三种领导风格与 Burns（1978）所提出的变革型领导、交易型领导、道德型领导存在相关性。

2. 员工知识共享、心理安全、创新自我效能的中介作用研究

通过分析员工知识共享、心理安全、创新自我效能在伦理型领导、变革型领导、交易型领导对员工创新行为影响过程中的中介作用，探讨知识共享、心理安全、创新自我效能的中介作用是否存在以及其所起作用效果的大小。

3. 领导成员交换对领导风格与员工创新行为关系的调节作用研究

通过分层回归分析法来探讨领导成员交换对伦理型领导、变革型领导、交易型领导与员工创新行为之间的关系是否有调节作用。

4. 被试样本的人口学变量对员工创新行为的影响研究

对被试者的年龄、性别、受教育程度、职位、在职时间、工作岗位性质等控制

变量进行方差分析，进而探讨这些人口学变量对被试者的创新行为是否有影响。

（三）结构安排

根据上述研究思路和主要内容，本书从理论研究与实证分析相结合的角度，分六章围绕领导风格与员工创新行为等变量之间的关系展开讨论，具体结构安排如下：

第一章 绪论。旨在为整个研究的展开奠定前提基础。首先交代研究背景，据此提出研究问题，并说明研究目的、研究的理论意义与现实意义。其次，介绍逻辑框架、技术路线和研究内容的结构安排，据此搭建起整体研究论述的总体框架体系。最后，对所采用的主要研究方法进行说明。

第二章 文献综述。围绕研究所涉及的主要理论观点进行文献回顾。主要对变革型领导与交易型领导理论、伦理型领导理论、员工创新行为理论、知识共享理论、心理安全理论、创新自我效能理论等方面的理论研究进展进行回顾和述评。在梳理相关文献中理论观点的发展历程、研究现状与理论前沿动态的基础上，明晰所涉及领域现有理论观点的顺承、完善与拓展关系，进而为推理构建领导风格、员工知识共享、心理安全、创新自我效能、领导成员交换与员工创新行为关系的基本研究框架奠定理论基础。

第三章 理论拓展与研究假设。在文献研究基础上，进一步探究概念之间关系的理论逻辑推演，构建伦理型领导、变革型领导、交易型领导、知识共享、心理安全、创新自我效能、领导成员交换与员工创新行为等变量之间的整合分析关系模型，形成理论研究框架，并提出相应的研究假设。

第四章 研究设计。就问卷设计、研究样本、数据收集、变量的操作化定义与测量、数据定量统计分析方法进行阐述。在问卷设计部分，说明问卷设计方法、问卷设计过程避免产生偏差的措施。在变量测量环节分析讨论自变量、因变量、中介变量、调节变量以及人口变量的操作化定义和量表测量方法。在量表初试、修订、预测试等环节中，说明问卷设计与修订、初试与预测试的数据分析方法。以前期测试的回收问卷为数据分析来源，通过信度、效度评价来检验问卷质量，并根据对问卷的再次修订，确定正式调查问卷。在数据定量统计分析方法介绍一节，就所选用的主要统计分析方法进行阐述。还将介绍正式问卷调研中被试者的选取与抽样方法，对被试样本数据进行预处理，包括缺失值处理、检验数据的正态性等。

第五章 数据分析与假设检验。主要进行数据收集处理、数据分析评估、假设检验。对预处理后的数据进行描述性统计分析，分析样本中被试者的基本统计数据。利用问卷调研所取得的数据对各变量的测量工具进行信度和效度检验。通过相关分析检验变量之间是否存在相关性，分析变量间存在因果关系的可能性。借助 SPSS17.0 和 AMOS7.0 等统计分析软件对正式问卷调查所得数据进行处理，采用验证性因子分析、方差分析、相关分析、回归分析和结构方程建模分析等方法，根据前期建立的概念模型对所提出的研究假设进行检验，并将之与以往同类研究进行比较。

第六章　研究结论与展望。作为结论部分，对假设检验等研究论证过程进行概括总结，报告研究结论、可能的创新之处与基于研究结论的管理对策建议。同时指出本书在理论与方法上所存在的局限性以及未来研究的努力方向。

本书的研究思路与结构安排对应关系如图 1－3 所示。

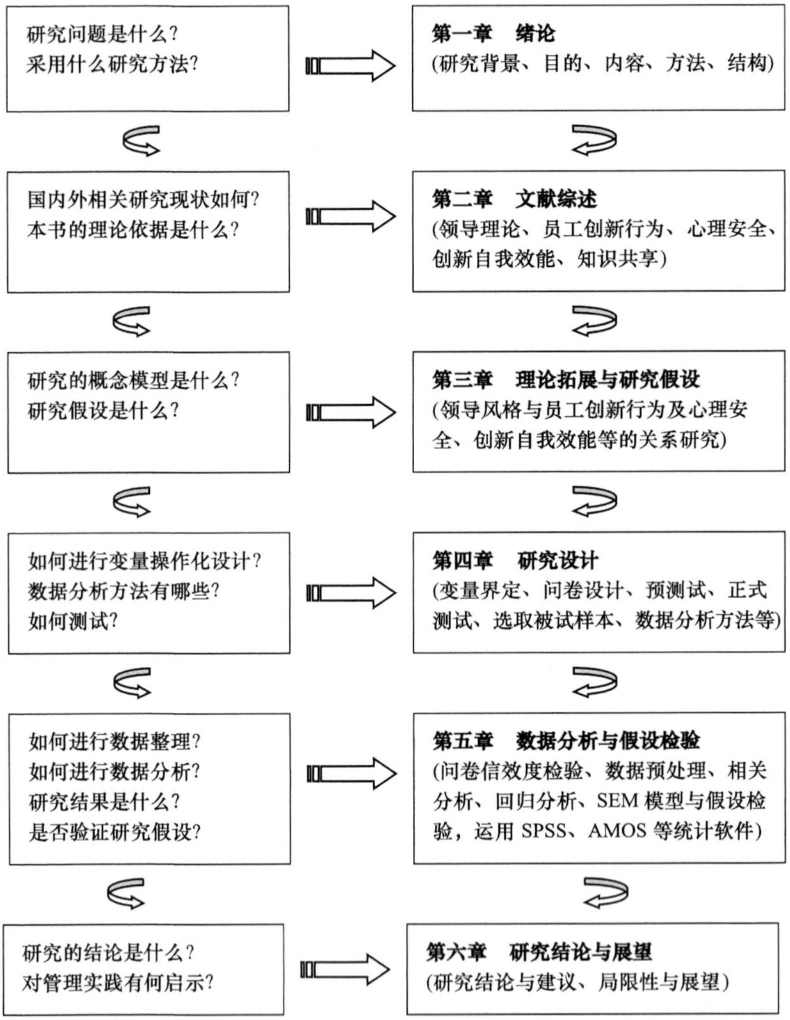

研究思路	结构安排
研究问题是什么？ 采用什么研究方法？	**第一章　绪论** （研究背景、目的、内容、方法、结构）
国内外相关研究现状如何？ 本书的理论依据是什么？	**第二章　文献综述** （领导理论、员工创新行为、心理安全、创新自我效能、知识共享）
研究的概念模型是什么？ 研究假设是什么？	**第三章　理论拓展与研究假设** （领导风格与员工创新行为及心理安全、创新自我效能等的关系研究）
如何进行变量操作化设计？ 数据分析方法有哪些？ 如何测试？	**第四章　研究设计** （变量界定、问卷设计、预测试、正式测试、选取被试样本、数据分析方法等）
如何进行数据整理？ 如何进行数据分析？ 研究结果是什么？ 是否验证研究假设？	**第五章　数据分析与假设检验** （问卷信效度检验、数据预处理、相关分析、回归分析、SEM 模型与假设检验，运用 SPSS、AMOS 等统计软件）
研究的结论是什么？ 对管理实践有何启示？	**第六章　研究结论与展望** （研究结论与建议、局限性与展望）

图 1－3　内容框架与结构安排

四、研究方法说明

在整体研究中，我们将理论分析、经验研究、定性分析、定量分析等多种研究方法相结合，深度分析本书主题。主要研究方法如下：

（一）文献研究法

文献检索与研读是所有研究工作必不可少的重要环节。本书建立在对前人理论研究与实证研究成果进行有效分析的基础上，通过检索、研读大量有关领导风格、员工创新行为、心理安全、创新自我效能、知识共享、领导成员交换方面的国内外相关理论文献，对目前与研究相关的理论发展整体情况及理论前沿问题进行比较准确的把握。在准确了解相关理论问题研究的发展历史、现状与发展趋势的过程中，力求全面掌握相关概念的内涵以及各概念之间的关系，归纳总结国内外文献中与研究主题相关的研究范畴、研究方法、研究成果、研究不足之处。前人研究成果为本书分析角度与研究思路的形成、理论模型的构建、研究假设的提出奠定了强大的理论基础。正是在对前人研究理论文献梳理的基础上，将前人理论成果作为进一步研究的理论基础与有效理论支撑，再针对前人研究的不足，结合现实问题，最终提出本书需要解决的主要问题，形成研究思路，进而推演出理论模型、提出研究假设。

（二）调查研究法

调查研究法（Survey Research）已被广泛地应用在各个研究领域，包括社会心理学、政治学、经济学和管理学等。它是以研究样本（被调查对象）回答系列问题的统计数据为基础以辨析研究总体状况的一种研究方法。统计调查研究法包括问卷调查法（Questionnaire Survey）和访谈法（Interview）。在定量研究中，通常需要用调查研究所得数据来有针对性地回答研究问题，准确地检验理论推理所提出的研究假设。针对本书各种理论观点所涉及的有关实际问题，对企事业组织进行实地调研与近距离考察，并与部分企事业单位的高管、普通员工围绕领导风格与员工创新行为关系这一主题进行深度访谈、多次交流及深入讨论。访谈研究与问卷调查研究等为检验、修正研究的理论观点提供有效的实证数据和现实基础。本书从提出现实问题到理论观点形成以及在理论模型推导过程中，从理论模型的实证分析检验到研究结论、管理对策建议的提出，始终注重将文献回顾与实际调研法的有机结合，提高调查研究的有效性。

1. 问卷调查法

我们通过大规模样本问卷调研所得数据，研究探讨变量之间的规律性联系。本书的测量量表将在参考成熟量表的基础上，结合中国情境进行必要修订，经过预测试后进行再次修正。测量问卷主要包括变革型领导、交易型领导、伦理型领导、员工创新行为、心理安全、创新自我效能、知识共享、领导成员交换、被调查者个人资料、组织相关资料。

2. 访谈法

由于问卷调查法只能获得书面性的社会信息，却不能了解生动、具体的社会现实情况。因此，我们还采用访谈法进行调查研究。通过深入企事业组织内部，对高层领导及员工进行访谈，了解领导风格的现实差异、员工创新行为的心理感知情况等重要信息，确定各变量测量工具中问卷项目条文的必要性及在语句上的准确表达性。

（三）统计分析法

马庆国（2002）认为，从现实情况出发，通过统计调查研究法来获得研究样本的数据信息，并通过对所获得的数据资料进行数理统计分析，来分析研究变量间的相关性，以得出被研究对象的演变规律或者相应的研究结论与理论。统计分析法是管理科学的主流研究方法之一，也是国际上通用的研究方法。定性理论分析侧重主观推断，研究主观性较大，必须结合定量分析，实现两者互为补充、有机统一，才能较好地保证研究的科学性。

本书将对在理论研究、深度访谈和经验总结的基础上所推演出的理论观点、构建的理论模型，运用相关统计分析法实现定量分析。主要通过探索性因子分析与验证性因子分析、相关分析、多元回归分析和结构方程建模分析（Structural Equation Model，SEM）等多种统计分析方法，借助SPSS17.0和AMOS7.0等专业统计分析软件对基于定性研究所推导出的理论构念进行定量分析与统计检验，揭示领导风格对员工创新行为影响的内在作用机制，并对本书结果和以往同类研究的结论进行差别化对比，进行理论解释，据此提出理论贡献与实践管理对策。

第二章 文献综述

本章主要对领导风格与员工创新行为关系问题进行分析，主要涉及领导理论、员工创新行为理论、知识共享理论、心理安全理论、创新自我效能理论等相关理论及其研究进展，以此作为本书的文献基础。

一、领导理论研究综述

1978 年，Burns 在 *Leadership* 一书的开篇写道："在我们所处的时代中，一个最普遍的渴望便是对强有力的富有创造性的领导的渴求。"

领导是企业管理学、公共管理学、组织行为学及管理学基础理论的核心内容。最近 20 年来特别是 21 世纪伊始，领导学理论在西方理论界得到了高度重视，领导力被认为是制胜 21 世纪的强大理论武器。随着组织外部经济社会环境的迅猛发展、组织内管理的日益复杂性，对领导理论的研究也日益深入。21 世纪以来，西方对领导理论研究的范式进一步发生质的转变，领导理论由此得到迅速发展并取得多项创新性的理论成果。从研究范式上考察，依据多角度思考影响领导力的各种动态因素所产生的当代代表性领导理论已超越传统领导理论，形成领导学研究理论百花齐放的繁荣景象。依据研究范式的不断转换，可将领导理论研究进展划分为四个阶段，即从 20 世纪二三十年代开始的领导特质理论，40 年代末至 60 年代中叶的领导行为理论，60 年代后的领导权变理论，20 世纪末至 21 世纪初的当代领导理论。伦理型领导、变革型领导、交易型领导、愿景规划型领导、领袖魅力型领导等领导类型，特别以伦理型领导与变革型领导为典型，这些领导理论则代表着当代领导学理论研究的最新进展。回顾这些领导理论的历史演进，科学地讨论、评价、进一步研究这些有代表性的当代领导理论，对我国领导理论的学术研究与实践运用将具有积极意义。

（一）领导风格相关概念界定

领导（Leadership）是管理学（Management）、组织行为学（Organizational Behavior）等研究领域中的核心概念。众多研究者从多种角度对领导进行了不同的理论解释与内涵界定。在具有代表性的观点中，Robbins 和 Coulter（2005）认为，领导是领导者“影响群体成功地实现目标的过程”。张德（2005）总结众多学者的观点后认为，“领导的本质是对下级的影响力，是引导组织成员彼此互动、同心协力，形成团体共识，而达成组织特定目标的过程”。孔茨、韦里克（1993）认为，“领导是促使下属充满信心、满怀热情地完成他们的任务的艺术”。吴照云等认为，“领导的实质是一种影响别人的过程，是一种人与人之间的交往过程，通过该过程来影响、激励和引导人们执行某项任务，以达到特定目标的一种行为”。诸多学者对领导定义的共同点是：①领导具有某种影响力；②领导行为或领导过程一般发生在某种组织结构或群体中；③领导与组织或群体的目标存在关联性。对领导定义区别的焦点，则在于领导是一种能力，还是一个过程。

一些学者认为，组织中的领导者与管理者存在一定差异。Robbins 和 Coulter（2005）认为，“管理者是受到上级任命在岗位上从事工作的，他们的影响力来自这一职位所赋予的正式权力。与此形成对照，领导者可以是上级任命的，也可以是从群体中自发产生出来的，领导者可以运用正式权力之外的活动来影响他人……我们认为从理论上说，所有的管理者都应该是领导者。但是……没有必要所有的领导者同时也是管理者……在这里，我们把领导者界定为那些能够影响他人并拥有管理职权的人。”

综上所述，本书将领导者（Leader）界定为一个组织中“那些能够影响他人并拥有管理职权的人”。将领导（Leadership）界定为在正式组织中的领导者影响下属（员工，Employee）的互动过程中，通过指挥、协调、激励、引导和影响下属（员工）来执行某项任务，以努力达到特定目标的行为。所谓领导风格（Leadership Style），是指领导者表现出种种习惯化特点的各种特定领导方式的总体概括。领导风格体现出领导者行为方式的差异化特定分类。领导风格是领导者在长期的个人经历、领导实践中逐步形成的，并在领导实践中自觉或不自觉地、较稳定地起作用，具有较强的个性化色彩。每一位领导者都有其与工作环境、经历和个性相联系的且与其他领导者相区别的风格。领导风格研究的理论价值和实践意义在于它更能反映现实的领导活动，解释领导有效性的差异。如采取不同领导风格的领导者在影响他人时，常常会采用不同的行为模式以达到目的：有的偏重监督和控制，有的偏重表现信任和放权，有的偏重劝服和解释，有的偏重鼓励和建立亲和关系等。这些行为模式是可观察的，也是可以由被领导者感受得到的。本书对领导风格的概念化中主要界定三种不同的领导风格，即变革型领导（Transformational Leadership）、交易型领导（Transactional Leadership）、伦理型领导（Ethical Leadership）。

（二）领导理论发展史

在管理学、组织行为学与人力资源管理等方面的理论研究中，领导理论常常被视为一个引人高度关注的重要研究领域。依据领导理论研究范式转换，可将西方领导理论研究历史进展大体划分为四个阶段：

1. 领导特质理论（Trait Theories of Leadership）研究阶段

集中位于20世纪20～40年代特别是20世纪30年代。众多心理学家参与进来，以领导者特质作为研究对象，探究、解释领导者的心理特质与其影响力及领导效能关系，重点阐述领导者与非领导者的个人品质差别。代表人物有美国心理学家Gibb、美国俄亥俄州立大学工商研究所Stogdill、美国心理学家Chiselli等。领导特质理论，有时也被称为伟人理论（Greatman Theory）。这种理论研究者认为，领导者是天生的，作为成功的领导者，应该具备其他人所不具有的优秀特征与独特技能、超凡的神授能力与魅力，这些特征与技能是先天具备，不是后天培养的。但大量研究表明，具有某些特质确实能提高领导者成功的可能性，但没有一种特质是成功的保证，领导能力需要通过后天训练与培养的实践学习才能最终有效形成（吴照云等，2006）。

2. 领导行为理论（Behavioral Theories of Leadership）研究阶段

时间为20世纪40年代末至60年代中叶。20世纪40年代，美国艾奥瓦大学、美国俄亥俄州立大学与美国密歇根大学领导理论研究者以领导者的领导行为作为研究对象。其中，美国艾奥瓦大学的德裔美国心理学家Lewin及其同事将领导方式分为三种类型，即独裁型领导（Autocratic Leadership）、民主型领导（Democratic Leadership）、放任型领导（Laissez - faire Leadership）；美国俄亥俄州立大学Hemphill等人提出“领导行为四分图”，将领导行为分为“抓组织”与“关心人”两大类；美国密歇根大学Likert则将领导行为方式划分为员工导向与生产导向。这些对领导行为活动所进行的动态性研究，为美国得克萨斯州立大学两位管理心理学家Black与Mouton的管理方格理论奠定了一定理论基础。管理方格理论通过设计管理方格（Managerial Grid）图来表示领导对人的关心与对生产的关心两种领导风格。该理论认为，领导者既不是天生的，也不是与生俱来就是一位优秀的领导者，领导者的个人素质特征是通过领导者后期的培训与实践提高而发展来的，后天的培养训练才可能使其具备有效领导能力（Robbins & Coulter,

2005；吴照云等，2006）。

3. 权变领导理论（Contingency Theories of Leadership）研究阶段

20 世纪 60 年代后开始发展。权变理论认为，领导活动并不仅仅包括领导者自身的领导活动，还应当包括被领导者与一定的领导情境。主要理论有美国管理学家 Fiedler 的权变模型（Fiedler Contingency Model），美国 Hersey 和 Blanchard 开发的情境领导理论（Situational Leadership Theory，SLT），Vroom 和 Yetton 又提出了领导—参与模式（Leader – participation Model），加拿大多伦多大学教授 House 提出了路径—目标理论（Path – goal Theory），等等（Robbins & Coulter，2005；吴照云等，2006）。领导和领导有效性主要受到特定情境的影响，领导者在企业组织管理与决策过程中，必须根据具体情境来选择、确定恰当的领导行为。领导权变理论考虑到领导过程中的外部因素，对领导理论本身做出了极大的贡献。依据权变领导理论可以进行判定，某种领导风格不可能在任何情境下都会有效，有时某些员工个体、工作任务性质与组织情境等变量特征都会作为领导的替代物，在一定程度上抵消、削弱甚至替代领导（Substitutes for Leadership），直接影响下属的工作结果，从而在一定程度上替代领导者的影响。

4. 当代领导理论（Contemporary Theories of Leadership）研究阶段

从 20 世纪末至 21 世纪初。当前领导理论中的新观点主要有加拿大多伦多大学教授 House 发展了的领袖魅力型领导理论（Charismatic Leadership），美国政治社会学家 Burns 首先提出并由 Bass 等进一步发展的变革型领导、交易型领导，Enderle（1987）最早提出并由 Treviňo、Brown 等学者进一步完善的伦理型领导，Nanus 提出并发展的愿景规划型领导（Visionary Leadership）等。

（1）领袖魅力型领导。领袖魅力型领导理论是归因理论的扩展，是指当下属观察到领导的某些行为时，会将之归因为一种杰出的或伟人式的领导能力。领袖魅力型领导者的关键性特点是自信、有远见、有清楚表述目标的能力，对目标有坚定信念、无循规蹈矩行为，作为变革的代言人出现、有环境敏感性（Robbins & Coulter，2005）。

（2）变革型领导与交易型领导。在考察领导概念时，人们往往过分强调领导者权力因素，而忽略领导者和追随者的共生关系。为此，Burns（1978）敏锐地指出，领导并不是领导者单纯地、赤裸裸地行使权力，而是引导追随者依照双方认可的价值和动机去行动。基于领导者和追随者之间所存在的不同的互动目的，Burns 将领导分为三种类型，即交易型领导、变革型领导和道德型领导（Moral Leadership）。交易型领导是最浅层次的领导，双方相互接近是为了交换某种有价值的东西，这种东西可能是政治上的，也可能是经济上或者心理上的，最典型的莫过于选票交易；变革型领导则以超越交易之上的双方的共同目标为基础，在接触过程中提升双方的动机和道德水平；最高级的类型就是道德型领导，这种领导不仅成功地实现了双方期望的某种变革，而且具备超凡魅力。Bass 则在组织内进一步发展了变革型领导理论与交易型领导理论。

变革型领导指领导者激励员工超越其自身利益，通过改变其价值观、提升更高层次目标的追求来改变现状，进而激发员工作为追随者理解并努力实现领导者所描绘的、新的、可实现的愿景，从而最大化组织利益。变革型领导的构成要素包括感召力、智能激发、理想化影响及个性化关怀。交易型领导则指领导者与被领导者之间是一种相互满足的交易过程，领导者明确任务，强化角色需求，引导、激励员工完成组织目标。交易型领导和变革型领导的差异性问题，是近年来领导理论界讨论的热点。大多数传统型领导理论，如菲德勒的权变模型、路径—目标理论、领导—参与模式等都可归入交易型领导风格。交易型领导通过明确角色与任务要求而指导、激励下属向着既定的组织目标前进。变革型领导则鼓励下属为了组织利益而超越自身利益，并能对其下属产生不同寻常的、有深远意义的影响。这种变革型领导更具有一种领袖魅力。变革型领导关怀着每位下属的个性化需求与未来发展需要；帮助下属以全新的观念、角度来看待老问题，改变了下属对问题的原有看法；能够激励、唤醒与鼓舞下属为了达到组织目标而自愿付出更大的、更多的努力。相比而言，单纯领袖魅力型领导仅仅是想让其下属适应领袖魅力的个人世界，这对领袖魅力型领导就足够了；而对变革型领导来说，领导者则试图逐步地培养下属能力，使其不但能解决因观念而产生的种种问题，而且完全能够解决由领导者所提出的各种问题。相当多的证据支持了变革型领导显著优越于交易型领导。如针对美国、加拿大和德国军人进行的大量研究发现，在每个水平上，变革型领导者的评估得分都高于交易型领导者（Bass & Avolio，1990）。总体上有证据表明，与交易型领导相比，变革型领导与员工高生产率、高满意度及低离职率之间的关系更显著（Schuster，1994；Bass，1999）。

（3）伦理型领导。伦理型领导是 20 世纪 90 年代末逐步发展起来的一种新型领导风格，与变革型领导及只强调领导个人道德素质的传统意义上的道德领导有一定关联，但却有本质区别。Enderle（1987）最早提出伦理型领导概念，认为这是一种思维方式，强调要明确描述管理决策中的伦理问题，并规范决策过程中所参照的伦理原则。Treviňo 等（2000）更加清晰地指出伦理型领导包含两方面含义：一是合乎伦理的个人（Ethical Person），强调具备诚信等个体特征，并执行合乎伦理的决策；二是合乎伦理的管理者（Ethical Manager），强调采取影响组织道德观与行为的合乎伦理的策略。

可以说，在本质上，伦理型领导与只强调领导者自身的道德素质的传统意义上的道德领导有较大区别，而与 Burns（1978）所提出并界定的道德型领导存在一致性，只是表面上的翻译或提法出现差异，因为 Burns（1978）的理论强调，道德型领导“最为我所关注。我用这个词要表达的意思是：第一，领导者和被领导者之间不仅存在权力上的关系，而且存在共同的需要、渴望和价值观念的关系；第二，追随者在回应领导者的过程中，充分了解了可选择的领导者和纲领，从而具有了在这些领导者和纲领中进行选择的能力；第三，领导者有责任来兑现他们的承诺，如果他们许诺进行某种经济、社会和政治变革的话，他们就要在推进这一变革的过程中承担起领导责任。道德型领导并不是单纯的说教，或信誓旦旦地表明虔信，或是主张社会的顺从。道德型领导来自于并总是回归于追随者的基本欲求、需要、渴望和价值观念。我所说的这种道德型领导，是能够产生那种将满足追随者的真正需求的社会变革的领导。我更多的是指‘金律’，而不是‘十诫’。但即使是金律也是不充分的，因为它只是简单地用我们自己的愿望和需要去判断其他人的愿望和需要。”同时，“变革型领导的结果就是形成一种相互激励和提高的联系，这种联系会使追随者转化为领导者，也可能使领导者成为道德的代言人。”从中，我们可以推论，Burns 所指的道德型领导是有别于传统意义上的道德领导，而与伦理型领导这一新提法较一致，而且是一种超越变革型领导的领导风格。因为 Burns 认为，“由于我们始终在探寻领导的道德基础，所以我们认为只有这样的领导者行为才是真正合法的：它们最终以某种方式有助于释放人类的潜能，而这些潜能现在被禁锢在各种没有被满足的和被压抑的期望之中。”

正是基于 Burns（1978）、Bass（1985）、Treviňo 等（2000）对领导风格的考察与划分依据，本书选取了伦理型领导、变革型领导、交易型领导这三种领导风格，下面将对这三种领导风格进行比较详细的文献综述。

（三）变革型领导与交易型领导理论

Burns（1978）指出，变革型领导能够清醒地意识到并尽力满足被领导者的现实需求，从而激励被领导者去追求更高层次的需求。变革型领导能够改变被领导者的态度、感情与信念，其领导行为可视为领导者与被领导者的互相激励与互相提升的过程。他进一步指出，大多数领导者与被领导者关系可归属于交易型的，因为领导者与被领导者只是一种互相满足的过程，交易型领导只强调任务的完成与员工的服从，不关心远期目标追求与最大化组织利益；而变革型领导则不同，如果没有变革型领导就可以说没有真正的领导，变革型领导包含社会变化、共享利益、更高层次目标追求，能够“通过领导活动形成、改变与提升追随者的动机、价值观和目标”。

1. 变革型领导与交易型领导的概念界定

（1）变革型领导与交易型领导的提出及其发展。20 世纪 70 年代末，美国政治社会学家 Burns（1978）通过研究政治领导，首先提出变革型领导与交易型领导。他指出变革型领导是“领导与下属之间彼此互相提升成熟度和动机水平的过程”；由领导者提供某种奖励，追随者则以努力作为回报，而在这样一种互换关系的过程中可以发现某种交易型行为。Burns 将变革型领导方式看作一个变革过程，而将交易型领导方式看作是一个与变革相区别的交易过程。变革型领导理论在 20 世纪 70 年代末期后逐渐开始成为西方领导理论研究的新热点。

Bass 则进一步发展了变革型领导与交易型领导理论。Bass（1985）则是最早在组织情境下，明确区分变革型领导和交易型领导的学者，他更关注变革型领导本质及要素的各种具体表现形式。Bass 的组织内变革型领导理论，则是对 Burns（1978）的变革型领导理论及 House（1976）的领袖魅力型领导理论进行了有效拓展。Bass 认为，变革型领导与交易型领导在领导者行为方式上有着本质区别。Bass 认为传统领导理论属于交易型领导，仅局限于与员工存在基本的交换关系，主要关注员工的角色分工、工作目标、领导给员工的行为支持与赋予报酬的方式。作为对交易型领导的有效替换者，变革型领导则能理解为领导者如何影响员工超越个人利益去追求更高的组织利益以努力达到最佳绩效水平。交易型领导行为，聚焦于领导者的管理责任方面，突出管理职责的业绩监控、纠正错误、奖励与惩罚等管理行为；而变革型领导者，则把员工视为追随者，能够有效地把员工从自我中心的个体升华为忠于组织群体的成员，激发员工取得超出预期的卓越成绩。Bass 明确指出，与领袖魅力型领导相区别，魅力只是变革型领导的一个必要条件但不是充分条件，魅力只是实现变革型领导有效性的一个重要来源，而不是全部。

Bass 和 Avolio（1990b）把 Burns（1978）的领导概念具体转化成为一项心理学研究，开发出多因素领导问卷（MLQ）这一测量评估工具，可同时测量变革型领导、交易型领导、放任型领导。通过 MLQ 收集数据，Bass 对 Burns 领导理论做了重要修正，Bass 认为交易型领导与变革型领导，并非处于完全对立的两极，而只是领导行为方式上的、彼此独立而非对立的不同方面；二者关系有些类似任务导向与关系导向这两个独立却不对立的领导行为维度。

Avolio 和 Bass（1991）进一步提出一种新的领导理论，称为全范围领导理论（Full - Rang Leadership Theory，FRLT）。Bass 的全范围领导理论，既包含早期基于交易型领导的领导行为方法，又包含变革型领导这一新的领导行为方法，使全范围领导理论成为第一种可被称为混合的新方法。Bass 认为，变革型领导是在交易型领导基础上的一种扩充。Bass 吸收并发展了 House 的领袖魅力型领导理论研究成果，并将之作为变革型领导的特定内涵因素。总体上，全范围领导理论（FRLT）包含三种类型领导行为，即变革型领导、交易型领导、放任型领导，共由九个截然不同的因素组成。多因素领导问卷（MLQ）是运用最广泛的测量这9个因素的问卷（Lowe & Kroeck，1996；Hunt，1999；Yukl，1999）。FRLT理论，所包含的9个单独因素是变革型领导5个子因素，交易型领导3个子因素和放任型领导1个因素。变革型领导包含的5个因素为理想化影响/魅力领导（归因，Idealized Influence Attributed）、理想化影响/领导魅力（行为，Idealized Influence Behavior）、感召力、智能激发、个性化关怀。交易型领导包括权变奖励、积极例外管理、消极例外管理。放任型领导则只有1个因素为自由放任。

早期，Bass（1985）认为，变革型领导主要包括三个维度，即魅力—感召领导（Charismatic - inspirational Leadership）、智能激发和个性化关怀。之后，Bass等对MLQ进行过多次修订。Bass和Avolio（1990a、1993）进一步把魅力—感召领导区分为两个新维度，即领导魅力与感召力。这时，就得到变革型领导的四维结构，即理想化影响（也译作领导魅力）、感召力、智能激发和个性化关怀。Bass和Avolio（1997）进一步建构了全范围领导理论模型（FRLT），该模型将领导行为分为变革型、交易型与放任型三种，并以领导行为积极程度及与其相对应的领导效能来区分，并依序排列出七种领导行为，包含理想化影响（属性与行为）、感召力、智能激发、个性化关怀、权变奖励、例外管理（积极与消极）和放任等。这样，就又把理想化影响（领导魅力）这个维度细分为两个子维度，即领导魅力（归因）和领导魅力（行为）。Avolio等（1999）基于先前的理论基础，比较了代表原来不同因素结构的9个模型，研究的结果显示，六因素低阶因素和三因素高阶因素维度结构最能代表领导行为的结构，即变革型领导包括三个维度，交易型领导包括两个维度，而被动例外管理则与放任领导合为一个单独的维度。

Bass（1985、1999）指出，变革型领导是最有效的，而放任型领导则是最被动、效能也最低的一种领导行为。放任型领导本质上是一种非领导者，倾向于退出其领导角色，只提供很少支持或指示，其主要特点为避免做决策、逃避责任、对当前工作不表现兴趣（Kirkbride，2006）。与变革型领导相区别，交易型领导则是一种基于履行契约义务的交换过程，其特征为设定目标、监督、控制结果。Bass（1995）认为，变革型领导则通过让追随者意识到所承担目标任务的重要性，激发追随者的高层次需要，并建立起互相信任的气氛，促使追随者能为组织的集体利益而去超越个人利益，达到能超过原来所期望的结果。若能采用变革型领导中的理想化影响、感召力、智能激发、个性化关怀这四种具体领导方式，将获得下属的额外努力、较高的生产力、较高的忠诚度和工作满足等表现。其他领导风格维度的有效性排序为权变奖励、积极例外管理、消极例外管理与放任型领导。Bass（1990）认为，变革型领导与交易型领导之间，并没有截然相反的区

分，在需要的时候，变革型领导者也可能采用交易型领导方式。Bass（1997）又指出，交易型领导的权变奖励维度与变革型领导是紧密相关的，而交易型领导的其他维度则与变革型领导不相关。全范围领导理论模型，试图描述一个完整的领导风格，包括由不作为放任型领导风格到交易型领导风格，再到变革型领导风格的多种工作状态（见图2－1），也包括理想化影响、感召力、智能激发、个性化关怀、权变奖励、例外管理、自由放任等维度对绩效的影响关系（Kirkbride，2006），见图2－2。变革型领导、交易型领导、放任型领导与其各自结构维度的对应关系如表2－1所示。

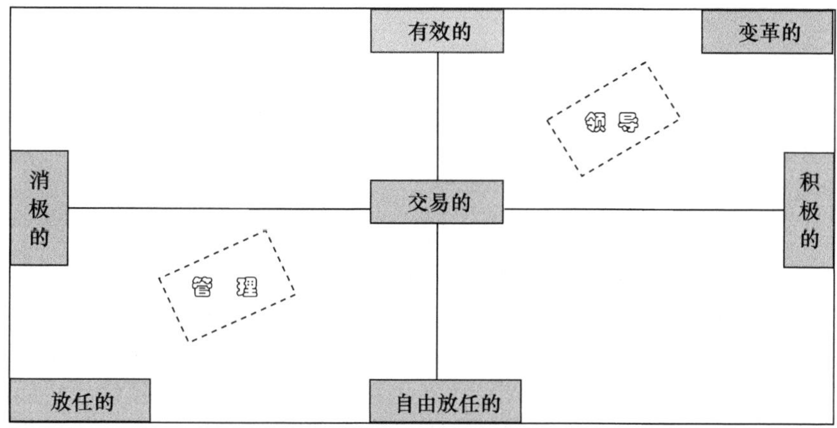

图2－1　全范围领导理论模型之一：领导风格与领导有效性

资料来源：Kirkbride，P. Developing transformational leaders：the full range leadership model in action. Industrial and Commercial Training，2006，38（1）.

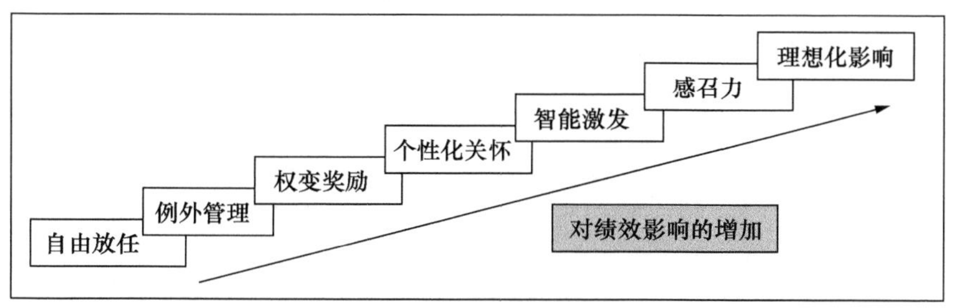

图2－2　全范围领导理论模型之二：领导风格各维度与领导绩效的关系

资料来源：Kirkbride，P. Developing transformational leaders：the full range leadership model in action. Industrial and Commercial Training，2006，38（1）.

表 2－1 领导风格及其各维度

领导风格	维度
放任型领导（Laissez－faire Leadership，or Non－Leadership）	自由放任（Laissez－faire）
交易型领导（Transactional Leadership）	例外管理（消极）（Management－by－exception < Passive >）
	例外管理（积极）（Management－by－exception < Active >）
	权变奖励（Contingent Reward）
变革型领导（Transformation Leadership）	个性化关怀（Individualized Consideration）
	智能激发（Intellectual Stimulation）
	感召力（Inspirational Motivation）
	理想化影响（Charisma or Idealized Influence）

资料来源：Kirkbride，P. Developing transformational leaders：the full range leadership model in action. Industrial and Commercial Training，2006，38（1）.

（2）变革型领导与交易型领导的概念内涵。

1）变革型领导的概念内涵。Downton（1973）首先在《反叛领导》中提出变革型领导，然后由 Burns（1978）在《领导》一书中将其进一步概念化，Bass（1985）则在《领导与超越期望的绩效》中进一步建构并使之成熟，从而有力地发展了变革型领导理论。Bass（1995）认为，变革型领导能让员工认识到工作任务的重要性，激发员工高层次的需求，构建互信氛围，激励员工超越个人利益来追求组织利益，并达到能超过领导期望的结果。变革型领导注重唤起员工的情绪和动机，提升其信心与需求层次，让其认识既定工作的意义及价值，通过领导行为示范，激励员工的额外努力，最终超越既有期望。后来，更多研究者也开始研究变革型领导，基于各自视角的不同，对变革型领导则提出许多不同的内涵界定（见表 2－2）。

表 2－2 国外一些研究者对变革型领导内涵的不同定义

研究者	定义
Burns（1978）	领导者通过较高的理念与道德价值，激发、鼓舞员工的动机，使下属能全力投入工作，进而提升下属成为领导者，而领导者则成为推动改革的原动力。它是领导者和下属之间相互提升到较高的需要层次及动机的过程
Bass（1985）	通过让员工意识到所承担任务的重要意义，激发下属的高层次需要，建立互相信任的氛围，促使下属为了组织的利益而能牺牲自己的利益，并达到超过原来期望的结果

续表

研究者	定义
Yukl（1989、1999）	影响组织成员在态度上与假设上产生改变，并建立对组织使命或目标的承诺。它强调领导者要赋予成员自主性来完成目标，以改变组织文化与结构，并与管理策略相配合，进而完成组织的目标
Sergiovanni（1990）	附加价值的情感领导，强调高层次、内在动机与需要。领导者激发成员发挥智能，超越原有的动机与期望，这种领导具有文化与道德的意义
Leithwood（1992）	由领导者提供愿景作为内在诱因，通过分享、投入、热情与刺激等手段，在实际运作过程中改进并提升成员的想法，使其对未来充满希望
Waddell（1996）	领导者能与下属共同创造专业气氛与态度，通过专业的发展，决策的分享，自我价值的提升，进而创造一种尊重、接纳、友善、支持成长与学习环境
Fields & Herold（1997）	通过下属对领导者及其愿景的认同，使下属能超越利益上的交换
Pillai et al.（1999）	领导者通过激发下属较高层次的需要、促进组织的信任关系，使下属将组织利益建构在自身利益之上，以促使下属能做出超越预期的表现
Robbins（2005）	具有魅力特质，对追随者具有特别影响力，激发下属为组织牺牲自身利益，并且对下属个性化关怀与智能上的激发，使下属愿意尽最大的努力，达成团体目标

资料来源：陈文晶，时勘．变革型领导和交易型领导的回顾与展望．管理评论，2007，19（9）；Pieterse，A. N.，Knippenberg，D. V.，Schippers，M.，et al. Transformational and transactional leadership and innovative behavior：The moderating role of psychological empowerment. Journal of Organizational Behavior，2010，31（4）；Robbins，S. P.，Coulter，M. Management. 8th ed，Prentic Hall，2005.

基于学者们的观点，本书认为，变革型领导指领导者激励追随者（一般是组织员工）超越其自身利益，通过改变追随者的价值观、提升其更高层次的目标追求去改变现状，进而激发追随者理解并全力实现领导者所描绘出的、全新的、也一定能实现的愿景，从而实现组织利益最大化。Bass 和 Avolio（1990a、1993）所提出变革型领导的主要因素包括理想化影响（领导魅力）、感召力、智能激发和个性化关怀。领导魅力（理想化影响）又可再细化为领导魅力（归因）与领导魅力（行为）两个二级维度。变革型领导各维度的具体内涵为，领导魅力（归因，Idealized Influence Attributed）指领导自身所形成的社会化魅力，领导被追随者认为是有自信的、强有力的、有理想的、有信念的与有道德的；领导魅力（行为，Idealized Influence Behavior）指领导关注社会价值观、信仰与使命感等有领导自身魅力的行为作风；感召力（Inspiration Motivation）指领导以展现对未来乐观主义，强调富有雄心的目标，突出理想化的愿景，积极与追随者交流未来愿景的可实现性等方式来不断激发追随者的动力；智能激发（Intellectual Stimulation）指领导不断激励追随者质疑原有关键性假设、开展智能上的创新性思考，努力找到疑难问题的创新性解决办法，以此来激发追随者分析问题、解决问题的逻辑思考能力与创新能力；个性化关怀指领导者关注员工之个性化需求，帮助追随者进一步发展个人潜能，支持追随者不断实现自我，以此来提高追随者的满意度。

2）交易型领导的概念内涵。Burns（1978）在《领导》一书中通过对政治领域领导者的研究，对比分析交易型领导与变革型领导行为差异，进一步提出交易型领导的概念。Burns（1978）认为交易型领导是领导者与成员的互惠过程，在利益最大化原则下实现共同目标。Burns（1978）进一步分析，认为这种交易型领导行为是一种短期性的交易性行为，与员工存在“交换选票”等利益上的纯粹性交换，将领导者与员工关系比作社会交易，是一种政治上的、经济价值上的或心理情感上的互惠与互换。

Bass（1985）则进一步建构了交易型领导理论并使之成熟，认为交易型领导是基于领导成员交换（LMX）与路径—目标理论而发展起来的。交易型领导是通过确认、澄清员工之工作角色，使员工明确努力方向，知晓并满足员工之需要，以此来促使员工去努力工作。

后来，其他研究者基于各自研究视角，对交易型领导提出了不同的定义（见表2-3）。

表2-3　国外一些研究者对交易型领导内涵的不同定义

研究者	定义
Burns（1978）	领导者与成员通过磋商达到互惠的过程，领导者与成员在最大利益和最小损失的原则下，来达成共同的目标
Bass（1985）	领导者确认并澄清员工的工作角色，以使员工有方向感，了解并满足员工的需要，以促使其努力工作
Sergiovanni（1990）	以物易物的领导，领导者与下属为了各自的利益与目的，通过协议约定而各取所需
Leithwood（1992）	组织中各种酬赏系统被领导者所应用，以换取领导者所要的成果
Pillai et al.（1999）	建立在交易过程中，领导者依照下属的努力与表现情况给予奖赏反馈
Robbins（2005）	领导者通过澄清角色及工作要求来建立目标与方向，并以此来引导或激励下属

资料来源：陈文晶，时勘．变革型领导和交易型领导的回顾与展望．管理评论，2007，19（9）；Pieterse，A. N.，Knippenberg，D. V.，Schippers，M.，et al. Transformational and transactional leadership and innovative behavior：The moderating role of psychological empowerment. Journal of Organizational Behavior，2010，31（4）；Robbins，S. P.，Coulter，M. Management. 8th ed，Prentic Hall，2005.

基于以上观点，本书认为，交易型领导是指领导者基于员工需求，采用澄清角色、明确工作目标要求等有关策略，促使员工完成既定工作，并满足下属需求的一种领导行为。交易型领导包括权变报酬、积极例外管理、消极例外管理（Bass，1985；Bass & Avolio，1993）。交易型领导三个维度的内涵为，权变奖励（Contingent Reward）指交易型领导向下属明确阐明角色与任务要求，并根据下属所履行合约义务情况，向下属提供物质上的或精神上的奖励；积极例外管理（Management - by - exception Active）指交易型领导主动监控、矫正下属的工作偏差，确保下属的工作行为符合标准；消极例外管理（Management - by - exception Passive）指交易型领导平时不干预下属的工作，只有当下属工作行为发生偏差或发生严重错误之后，才进行干预。

2. 变革型领导与交易型领导的测量

（1）Bass 和 Avolio 开发的多因素领导问卷（MLQ）。Bass 和 Avolio（1990b）在深刻了解变革型领导与交易型领导结构的基础上，开发出了多因素领导问卷（Multifactor Leadership Questionnaire，MLQ），主要测量变革型领导、交易型领导与放任型领导。之后，他们也对多因素领导问卷（MLQ）进行了多次修订。多因素领导问卷（MLQ）在多次修订过程中，出现了多个版本，包括变革型领导、交易型领导与放任型领导的五因素、六因素、七因素等。

其中，变革型领导的四维结构（理想化影响或领导魅力、感召力、智能激发与个性化关怀）已得到学者们的普遍认同与支持。MLQ 也已经成为变革型领导与交易型领导理论研究中使用最广泛的测量问卷，MLQ 的构想效度与预测效度得到一些研究的实证支持（Bass & Avolio，1993、1999；Bass，1997）。孟慧（2004）对变革型领导进行了研究，结果表明，变革型领导的四个子维度，即理想化影响或领导魅力、感召力、智能激发与个性化关怀相互独立，四个子维度组成一个二阶单因素结构；研究中所使用的 MLQ 适用于中国文化，具有良好的信度与构想效度。国内其他学者孙建国、田宝（2006），毛忞歆（2008），孟磊（2008）等也在我国文化背景下验证了变革型领导的四维构想效度与信度。

与此同时，也有部分实证研究却对 MLQ 的内容效度与构想效度提出质疑。Hartog 等（1997）、Carless（1998）实证研究后发现，变革型领导却只能得到单个变革型领导维度，并不能被区分为四个不同的维度。Tejeda 等（2001）对四个独立被试样本进行研究，其初始研究结果未能验证 MLQ 的结构效度，仅当各维度各减少一个测量题项时，才能验证变革型领导的四维结构，且效度较好。李超平、时勘（2003）基于国内 149 位管理人员的被试样本，通过 CFA 验证了变革型领导之构想效度，但结果却不太理想。

（2）其他测量量表。

1）Podsakoff 等开发的交易型领导与变革型领导量表。

①Podsakoff 等开发的交易型领导测量。Podsakoff 等（1986）开发了交易型领导测量量表，该量表有四个维度，即应变性奖励、非应变性奖励、应变性惩罚和非应变性惩罚；包括 15 个测量题项。郭桂梅、段兴民（2008b）选择应变性奖励（包括 4 个题项）与非应变性惩罚（包括 4 个题项）作为交易型领导的代表类型，并对之进行了检验与运用。

②Podsakoff 等开发的变革型领导量表。Podsakoff 等（1990）开发了变革型领导测量量表，该量表包括提出愿景、才智激励、高绩效期望、鼓励合作、示范作用、提供个人支持，共有 23 个测量题项，可分成六个维度。丁琳、席酉民（2008），丁琳等（2009）在中国企业内对该量表进行了检验与运用。

2）Alimo – Metcalfe 开发的变革型领导量表。Alimo – Metcalfe（2001）在英国通过“扎根”方法，将变革型领导各维度进行了重新界定，建立新的维度结构及变革型领导的测量问卷。

3）Harris – Boundy 开发的变革型领导量表。Harris – Boundy（2006）开发了新的变革型领导测量问卷。郭桂梅、段兴民（2008b）结合中国企业现实对该量表进行了少量修改，该量表包括四个结构维度，共 22 个测量题项，包括对个人成长的个性化支持（7 个题项）、创造性资源支持（5 个题项）、对员工创造力的期望和授权（6 个题项）、树立企业家精神（4 个题项）；并对 Harris – Boundy（2006）变革型领导量表进行了检验与运用，其量表的可靠性系数为 0. 958。

4）吴静吉、林合懋开发的变革型领导量表。1995 年，我国台湾地区学者吴静吉、林合懋依据 MLQ 量表（Bass & Avolio，1990b），结合台湾当地的实际情况，开发了变革型领导中文量表。在 MLQ 量表中变革型领导结构维度划分基础上，吴静吉和林合懋将领导魅力又细分为 3 个子因素，即亲近融合、远景与吸引力、承诺与正义；将感召力又细分为 2 个子因素，即激励共同愿景、尊重信任；智能激发与个性化关怀两个维度，则未进一步细分（鞠芳辉，2007）。

5）李超平、时勘等开发的变革型领导与交易型领导问卷。

①李超平、时勘开发的变革型领导问卷（TLQ）。在中国大陆文化背景下，李超平、时勘（2005）基于 Bass 的变革型领导内涵，通过归纳法进一步编制了变革型领导问卷（TLQ），将变革型领导分成四个维度，即领导魅力、个性化关怀、愿景激励、德行垂范。以变革型领导问卷（TLQ）为新的测量工具，李超平、时勘（2005）以 440 名企业被试样本的实证研究结果显示，新问卷具有较理想的信度与效度。李超平、时勘（2005）指出，变革型领导问卷（TLQ）中的领导魅力、愿景激励维度与 Bass 变革型领导确定的领导魅力、愿景激励（即感召

力）维度是相同的；个性化关怀维度，除含有原 MLQ 量表（Bass & Avolio，1990b）中个性化关怀维度所确定的内容外，还包含领导者对员工的家庭与生活的关注，体现了中国文化特点；德行垂范，则是中国文化情境下变革型领导的独特维度，主要强调领导者自身德行对员工的榜样垂范作用。

②时勘、李超平、陈文晶、徐长江、谢义忠开发的交易型领导量表。基于中国文化背景，时勘等（2008）在研究中通过归纳法获得了交易型领导结构与测量工具，其量表的信度与效度均理想。其研究结果显示，在中国文化背景下，交易型领导结构维度包括权变奖励、权变惩罚、过程监控与预期投入四个维度。与国外的同类研究结论相比，预期投入维度具有明显的我国文化特色，强调领导者对其下属相对隐性的一种事先投入；权变奖励与权变惩罚，则是对原有权变奖励维度的深入解析；例外管理的过程监控还包括领导者对下属的工作目标进行设立，对工作过程进行管理。

3. 变革型领导与交易型领导行为的有效性

（1）变革型领导与交易型领导的适用情境。变革型领导与交易型领导风格都适用于特定的组织管理情境。从权变观点上看，变革型领导和交易型领导的领导有效性皆要受到情境因素、被领导者因素等方面的影响（徐长江、时勘，2005）。Bass（1999）特别强调，研究者们需要更多关注影响领导行为作用的组织环境因素，以对变革型领导的作用机制以及对员工的价值观与信仰是如何从服从到认同、再到内化的内在变化机制给予更多的解释。

组织文化，就是组织层面的、影响变革型领导和交易型领导内在作用机制的一个重要情境变量。研究结果表明，组织文化中的主导价值观如果是支持性的或者是创新的，其组织内部的部门领导一般会被描述成具有变革特质（Hartog et al.，1996）；然而，以强调内部控制、强调规则导向价值观的组织文化，则更容易产生出交易型领导（Lowe et al.，1996）。

企业生命周期以及跨国创业的不同阶段会影响变革型领导与交易型领导风格的适用情景差异。林士渊、王重鸣（2006）对比分析了变革型领导、创业型领导与交易型领导这三种领导行为模式作用效能，在跨国创业不同阶段存在显著性差异；在跨国创业的成长阶段中，交易型领导效能相对最大，变革型领导效能相对最小；在跨国创业的成熟阶段中，变革型领导效能相对最大，交易型领导效能相对最小。孙怀平等（2007）通过对国内 87 家制造企业进行实证研究，结果发现，当企业生命周期处于创业阶段时，变革型领导对企业内部职业机会、培训与员工参与有着显著性影响，交易型领导则对企业人力资源管理实践有着显著性影响；当企业生命周期处于快速发展阶段时，交易型领导对企业人力资源管理实践有显著性影响；当企业生命周期处于成熟阶段时，变革型领导与交易型领导都会对企业人力资源管理实践有着显著性影响；而当企业生命周期处于衰退阶段时，变革型领导会对企业人力资源管理实践有着显著性影响，交易型领导则对企业内部职业机会、培训与员工参与有着显著性影响。

组织内外环境的变动性也会影响不同领导行为。变革型领导，会更适应于以战略为导向的大规模性变革（Elenkov，2002）。可以说，变革型领导，与交易型领导相比，更可能会出现于正处在动荡期或危机重重的组织中。这是因为，在这样的特定情境下，变革型领导者更能够准确分析、查找组织中的缺陷和不足，迅速抓住各种机遇，及时提出能激励下属的未来发展蓝图，并能与下属携手并进、共渡难关、共同实现愿景（Antonakis & House，2002）。而交易型领导，与变革型领导相比，则会有出现于相对稳定的环境中的倾向。这是因为，例行化的工作等内外在因素会抑制或不利于产生变革型领导（Antonakis & House，2002）。

组织的结构性质及企业运行导向也影响变革型领导与交易型领导风格的适用情景差异。Pawar 和 Eastman（1997）从理论上，探讨了不同组织对于变革型领导（与交易型领导对比而言）的接受性或产生差异；变革型领导更易在适应导向的企业或家族式企业内产生。

任务结构性的高低这一组织情景会影响变革型领导行为对员工的态度或行为差异。组织情景中如表现出低任务结构性时，变革型领导就不能提高组织内员工的组织承诺；而当组织情景中如表现出高任务结构性时，变革型领导会降低组织内员工的组织承诺，特别是变革型领导对员工的激励行为反而会在较大程度上降低组织员工的组织承诺（韩樱等，2008）。

（2）变革型领导与交易型领导对结果变量的直接影响。变革型领导与交易型领导会对结果变量产生直接影响，这种影响可称为领导有效性。

1）变革型领导对结果变量的直接影响。

①变革型领导高阶构念对结果变量的直接影响。多数实证研究结果表明，变革型领导正向影响领导有效性的正向指标，负向影响负向指标。这些实证性研究，包括现场研究（Hater & Bass，1988；Howell & Avolio，1993；Bycio et al.，1995；Pillai et al.，1999；Whittington et al.，2004）、现场实验（Barling et al.，1996）、实验室研究（Kirkpatrick & Locke，1996；Shea & Howell，1999；Jung & Avolio，2000）、元分析（Lowe et al.，1996）等。

Judge 和 Bono（2000）采用 MLQ 测量工具，其实证研究结果为，变革型领导会显著地、正向影响员工工作动机、组织承诺、对领导满意度。Judge 和 Bono（2001）通过进一步研究发现，在控制交易型领导影响的情况下，变革型领导可以有效地预测员工组织承诺、上司评估的领导有效性等方面，但对员工工作满意度却缺乏预测力。Avolio 等（2004）认为变革型领导会正向影响组织承诺。

陈永霞等（2006）、贾良定等（2006）的多次研究成果也证实，变革型领导对员工组织承诺有着正向的显著性影响。李秀娟、魏峰（2006）认为，变革型领导可促进员工绩效、组织承诺、满意度和额外努力的增加；在影响路径上，变革型领导可直接影响额外努力，也可通过 LMX 来影响员工满意度、组织承诺及绩效。李超平等（2006）对变革型领导与组织公民行为（以下简称 OCB）间的关系进行了层次回归分析和典型相关分析，其结论为，变革型领导对 OCB 有着显著的正向影响，其解释的方差变异量也明显地高于国外之同类研究。

变革型领导对创造或创新有直接作用。在实验情景下，Jung（2001）研究发现，变革型领导能够激发出更高水平的员工创造力。以韩国公司员工为被试样本，Shin 和 Zhou（2003）的研究验证了变革型领导对员工创造性的促进作用。孙建国、田宝（2006）研究了变革型领导与创新文化的关系，其研究结果表明，在总体上，变革型领导和创新文化呈正向相关的关系。

②变革型领导各维度对结果变量的直接影响。李超平等（2006）认为，探讨变革型领导的不同维度对领导有效性影响的研究还不多。

李超平、时勘（2003）对 MLQ 中的变革型领导量表进行翻译、修改，并在国内进行相关研究，其实证研究结果表明，变革型领导的四个维度对领导有效性的影响有差异，只有智能激发、领导魅力、个性化关怀显著地、正向影响领导有效性。孟慧（2004）也运用 MLQ 工具，其实证结果表明，变革型领导及其四个独立子维度对领导有效性皆有一定的预测力。在国内文化背景下，以员工满意度和组织承诺为衡量领导有效性的主观性指标，李超平等（2006）采用李超平、时勘（2005）所开发的变革型领导问卷（TLQ），进一步考察了变革型领导各个维度与领导有效性之间的关系，其研究结果显示，变革型领导的愿景激励、德行垂范显著地影响员工组织承诺及满意度，领导魅力、个性化关怀维度仅显著地影响员工满意度。

2）交易型领导对结果变量的直接影响。与变革型领导相比，国内外学者对于交易型领导有效性的研究或探讨则相对少得多。同时，交易型领导有效性的一些研究结论，也存在较大的差异性。

通过分析交易型领导的权变奖励维度实证研究报告，就一般而言，权变奖励会对员工的承诺、工作满意、工作绩效等有正向关系的预测作用（Hunt & Schuler，1976；Podsakoff et al.，1984；Bycio et al.，1995；Timothy & Ronald，2004；徐长江、时勘，2005）；但也有报告显示有负向关系的预测作用（Howell & Avolio，1993）。

对于交易型领导的权变惩罚（即例外管理）维度的研究报告，则更有结论上的分歧，有研究报告表明其对结果变量有积极关系（徐长江、时勘，2005），有研究报告表明负向关系（Bass & Avolio，1993），但也有研究报告表明没有关系的（MacKenzie et al.，2000；Timothy & Ronald，2004）。

3）变革型领导与交易型领导有效性对比研究。一些研究会结合变革型领导与交易型领导，来对比分析各自领导有效性的效果及其作用机制。因为就变革型领导与交易型领导而言，皆是领导风格的两个相关方面，二者的领导行为方式具有一定的相关性，却不能说是同一连续体的两个极端点。变革型领导，可以说是以交易型领导行为方式为基础，是交易型领导行为的一种特殊情况。同一位领导，既可能具有变革性特征，也可能同时具有交易性特征；而且，同一领导的这两个方面，也会有同时减弱或增强的趋势（Judge & Piccolo，2004）。

研究表明，变革型领导与交易型领导的各自领导有效性及其作用机制是存在差异的。通过分析200个数据报告后，Bass（1999）认为，与交易型领导相比，变革型领导与领导有效性、同事满意感之间会有更高程度的相关性。Judge和Piccolo（2004）的实证研究表明，在控制了交易型领导的三项行为维度及自由放任型领导后，变革型领导能显著地预测四项检验标准中的三项（即员工对领导满意度、员工激励水平、领导的有效性），以及其总体合成检验标准。

中国情境下的变革型领导与交易型领导也会有行为方式比较上的差异。吴敏等（2007）探讨了变革型领导、交易型领导与家长式领导三种领导风格的行为特性，及其在国内企业的行为表现与各自的适用性；获取了德行维度这一具有中国文化特色的独特维度；认为变革型领导与组织公平、信任有显著的正相关关系，交易型领导与分配公平、互动公平有显著的正向相关关系，家长式领导与分配公平、互动公平有显著的正相关关系，但家长式领导与程序公平及信任却呈现显著的负相关关系。吴敏等（2007）进一步研究发现，中国式的变革型领导、交易型领导与家长式领导风格都对领导有效性表现出预测作用，但变革型领导的预测力会更强。

（3）变革型领导与交易型领导的内在作用机制。在研究领导与领导有效性之间关系时，也需要更进一步地研究领导的作用机制，即研究领导为什么会影响领导有效性，以及如何或怎样影响（包括中介变量的中介效应与调节变量的调节效应）领导有效性。国内外学者，在变革型领导与领导有效性间关系的研究方面，已取得了一定进展，但相对而言，变革型领导作用机制的研究还较少。而交易型领导作用机制的研究就更少。变革型领导与员工态度或行为表现间中介作用过程的理论研究仍处于初期阶段（Shamir，1991）。作为组织中变革型领导理论的提出者，Bass（1999）在回顾20年间变革型领导的理论研究进展时也特别指出，变革型领导理论的未来研究方向之一就是研究变革型领导的作用机制。

国外已有学者的研究，在一定程度上揭示出变革型领导影响结果变量时的一些中介变量与调节变量。国内学者，也在积极探索变革型领导对结果变量产生影响过程中的中介变量与调节变量。

1）中介变量的中介效应。心理授权是变革型领导与员工工作态度、组织承诺、OCB 等之间的重要中介变量。在中国文化研究背景下，以李超平、时勘（2005）编制的变革型领导问卷（TLQ）为实证研究的测量工具，李超平等（2006）认为，心理授权会在变革型领导与员工工作态度关系中产生中介效应。陈永霞等（2006）认为，心理授权在变革型领导与员工组织承诺之间产生了完全中介作用。丁琳、席酉民（2007）以及吴志明、武欣（2007）认为，心理授权会在变革型领导与 OCB 之间起到中介作用。

另一些研究显示，领导成员交换（LMX）在变革型领导与下属员工的组织公民行为（OCB）、组织承诺或绩效等结果变量之间也会起到中介变量的中介效应。Wang 等（2005）研究揭示，LMX 在变革型领导对 OCB 与任务绩效的作用机制中会起到完全中介作用。李秀娟、魏峰（2006）通过实证研究，检验了领导成员交换、领导行为对领导有效性的作用关系，其结论表明，LMX 在变革型领导引起员工组织承诺、绩效与满意度增加的过程中起到了中介作用。孟宪伟（2006）的研究结论，支持 LMX 是变革型领导与员工 OCB、工作绩效关系间的一个中介变量。以高科技组织中的知识工作团队为样本，研究了团队中的变革型领导对员工 OCB 的影响，吴志明、武欣（2006b）认为，变革型领导对团队成员的 OCB 具有显著性的正向影响关系；以关系为导向的变革型领导行为会更为强烈地影响团队成员 OCB；LMX 在变革型领导与团队成员 OCB 之间起到了部分中介作用。

2）调节变量的调节效应。LMX、组织公平、员工的情商等变量会起到调节作用。徐长江、时勘（2005）探讨了 LMX 在变革型领导和工作绩效之间的调节作用。王国春（2006）以及孟太生等（2007）的研究结果皆证实，组织公平会对变革型领导与组织公民权行为之间的关系起到调节作用。刘益等（2007）则将情商作为调节变量进一步引入领导有效性研究模型中，其研究结论显示，高领导者情商有助于变革型领导与交易型领导行为的实施进而获得员工的组织承诺；高下属情商则有助于员工去识别交易型领导的实质进而指导员工自己对组织做出情感性承诺。

当然，在领导行为影响员工行为表现的影响机制中，中介变量与调节变量可能会同时起作用。Shin 和 Zhou（2003）以韩国公司为研究样本，验证了变革型领导对员工创造性的促进作用；员工的保守性在变革型领导与员工创造性二者关系之间起到一定的调节作用；员工的内在动机在变革型领导与员工创造性关系之间起到部分中介作用，而在变革型领导、员工保守性的交互作用与员工创造性关系之间起到完全中介作用。

4. 变革型领导与交易型领导研究评述

通过以上文献回顾可知，无论从政治学、社会学上探讨，还是从企业管理学、组织行为学角度分析，中、西方学者对变革型领导给予了较多关注，同时也讨论了交易型领导。领导风格与领导有效性之间关系的研究也得到进一步的具体化。如 Bass（1985）认为，变革型领导能激发员工的高层次需求，并激励员工为了组织利益而超越个人利益。事实上，诸多实证研究结果皆证实变革型领导能对员工产生积极结果（Bass et al.，2003）。早期的研究表明，变革型领导可提高员工的满意度及组织承诺（Podsakoff et al.，1990；Podsakoff et al.，1996；Bycio et al.,1995），影响员工对领导的满意度（Podsakoff et al.，1990），员工的额外努力（Yammarino & Bass，1990），减少员工之流动性（Bycio et al.，1995），提高 OCB（Podsakoff et al.，1990），提升员工绩效（Yammarino，1993）。在中国文化背景下，国内的一些学者，也对变革型领导等领导风格与 OCB、员工绩效、员工承诺、满意度、组织承诺、组织绩效、企业文化等之间的关系进行了验证。

大多数学者认为，变革型领导相对交易型领导更能对员工产生积极作用，但对于变革型领导与员工创新行为关系的研究却很有限，变革型领导对员工创新行为的影响机制需要更加深入地探讨。

创新，是超越一般性建言行为、OCB 的一个高风险性活动。如果没有得到组织领导的有效支持，员工一般会因不安全心理而对创新采取保守的态度甚至拒绝任何影响自身地位、公众形象的建设性行为，而这些保守态度或退缩行为是不利于组织内的创新活动。特别是变革型领导，作为一种有效的领导风格，无论从整体上，还是从智能激发、个性化关怀等子维度上分析，在理论上都应该能有助于员工创新行为。基于以上分析，本书将把变革型领导、交易型领导与员工创新行为、心理安全等纳入整体分析框架，探讨变革型领导、交易型领导对员工创新行为的作用机制，并分析领导行为及其各维度是否能一致性地影响员工创新行为或与之存在显著的正向相关关系。

（四）伦理型领导理论

伦理型领导作为西方理论界在近年刚兴起的一个重要研究课题，已开始引起一些学者的关注。在当前组织管理实践中，伦理型领导也日益受到高度的重视，这是由于伦理型领导对于组织尤其对企业组织实现健康、持续发展存在至关重要的影响。严酷的社会现实，使得各类企事业社会组织迫切想去了解如何选择、开发、留住有伦理道德的领导者。随着实践问题的日益增多，伦理型领导还将引起更多学者及企业界人士的研究兴趣。与此同时，考虑到西方伦理型领导和中国文化背景下的德行领导会在某些方面存在接近或相近关系，也需要关注、探索西方伦理型领导在中国文化背景下的理论研究。

1. 伦理型领导的理论内涵与测量

（1）伦理型领导的理论内涵。由 Enderle（1987）提出，认为伦理型领导内涵应当包括两个层面，即个体层面领导（影响他人）和组织层面领导（影响组织）。

Treviño 等（2000）综合前述定义，更清晰地指出，伦理型领导应包含以下两方面内涵，一是合乎伦理的个人（Ethical Person），即具备正直、诚信、值得信任品质等个体特征，总是执行或遵循合乎伦理的决策规范；二是合乎伦理的管理者（Ethical Manager），即采取影响组织道德或价值观及员工行为等合乎伦理标准的策略。伦理型领导的二元标准由道德个人与道德经理组成。道德个人是伦理型领导的先决条件，也是道德经理的个人前提性基础；道德经理则通过个人道德楷模示范、道德交流、设置明确的道德标准等手段，不仅把自身塑造成为伦理型领导的管理者形象，同时也激发员工在组织活动中表现出更多的伦理行为。Treviño 等（2000）在解释伦理型领导的内涵时，还提出了几个值得关注的重要命题，包括领导者所树立的伦理道德榜样会对直接下属产生显著的影响；同时，组织高层中的伦理型领导对组织整体伦理的发展更具有决定性的作用。

Bass 和 Steidlmeier（1999）、Gini（2004）认为，伦理型领导是领导者之个人品格及领导行为之伦理道德特征。

Brown 和 Treviño 认为，伦理型领导是指领导者以个人行动来做出比较恰当的、比较合乎伦理规范的行为表现，同时，通过双向人际互动或沟通、强化、决策，不断促进追随者也能采取这些符合伦理规范的行为（Treviño et al.，2000；Treviño et al.，2003；Brown et al.，2005）。

基于以上分析，本书采用 Brown 等（2005）的观点。伦理型领导是指领导者通过个体行为及人际互动，向员工表明规范的或恰当的行为是什么，还通过强制、强化、双向沟通与决策等方式，促使或激发追随者采取合乎伦理的行为。

（2）伦理型领导的测量。基于以上伦理型领导理论内涵上的研究成果，几乎在同一时期，一些研究者对伦理型领导进行了诸多有益的测量与探讨。

1）伦理型领导的单维度量表。Brown 等（2005）基于社会学习理论视角，定义了伦理型领导概念，建构了单维伦理型领导量表（Ethical Leadership Scale，ELS），并确保了量表的效度与信度。Brown 等（2005）通过多次实证研究，对被试样本数据进行探索性因子分析与验证性因子分析，确认了一致性的伦理型领导因素。最终，伦理型领导量表（ELS）就由“倾听员工心声”等 10 个条目组成单维度伦理型领导测量结构，同时，检验了 ELS 的效度。Brown 等（2005）认为，伦理型领导与领导者的正直、体恤行为、理想化影响（变革型领导的一个维度）、人际公平存在显著的正向相关关系；伦理型领导的构念与其他相关的领导构念有显著性差异。

2）伦理型领导的二维度量表。Khuntia 和 Suar（2004）则以印度东部的私营及公有制企业各两家的 340 名中层管理者作为被试样本，通过回答含有 22 个题项的测量问卷，来对其直接上级的伦理行为表现作出主观评价。研究结果显示，伦理型领导的主要内涵维度包括两个，即授权（Empowerment）、动机与性格（Motive and Character）（Khuntia & Suar，2004）。

3）伦理型领导的四维度量表。Resick 等（2006）基于 GLOBE 项目，对不同文化背景下伦理型领导的内涵维度进行比较分析，结果显示，伦理型领导构念由品行正直诚实、利他主义、集体利益至上、鼓励四个维度构成。Martin 等（2009）采用 GLOBE 项目数据，进一步实证验证了 Resick 等（2006）所建构的伦理型领导四维度结构。

4）伦理型领导的五维度量表。Treviňo 等（2003）通过半结构化访谈，认为伦理型领导应包含五方面内容，即拓展伦理意识、采取伦理行动、执行伦理决策、坚持以人为本、设置伦理标准。

2. 伦理型领导的有效性

领导理论研究及管理实践可证实，伦理型领导能对组织的伦理氛围及价值观、员工工作绩效、道德行为、建言行为、角色外行为等方面产生积极影响。

（1）伦理型领导会影响组织的伦理氛围与伦理价值观及员工的道德行为。组织伦理氛围与伦理价值观，是组织内关于“什么是道德行为?”与“如何处理道德问题?”等方面的共同认识与共同信念（Schein，2004）。依据社会学习理论，员工将会模仿组织领导者行为；如果领导者的行为是符合道德标准的，那么员工的行为也将是有道德的；如果领导者的行为不符合道德标准，那么员工可能会误认为这种非道德的行为是会被组织所许可的。所以，伦理型领导能引导、激发员工朝着既定目标努力，领导者在扮演这种积极角色时会影响企业组织文化及组织伦理氛围。伦理型领导在决策及实施组织目标时，可通过制定相关政策、程序，并通过种种实践、惯例去倡导及培育组织内的伦理氛围与伦理价值观。这种伦理氛围及伦理价值观能促使员工时刻意识到自己所承担的道德责任与义务，在处理与组织、自身及其他利益相关者的关系时能采取合乎伦理规范的道德行为。

Mayer 等（2009）自上而下的多层面伦理型领导效能模型研究证实了伦理型领导对组织伦理氛围、伦理价值观、员工道德行为的影响作用。他们以美国东南部 160 个组织的 195 个部门的 195 位中层管理者及 905 位员工为研究样本，要求这些中层管理者与员工分别对高、中层伦理型领导及员工集体越轨行为、组织公民行为等进行主观感知数据评价。研究结果表明，被感知到的不同层级的伦理型领导存在显著差别，且相互间存在紧密相关关系，即中层伦理型领导在高层伦理

型领导和各项员工效能关系之间起到完全中介作用。他们由此认为，组织中的伦理型领导存在多层面的构念，其对组织成员效能的影响则是一个从组织内高层领导开始、逐级向下层传递的作用过程。所以，从员工角度来说，他们对组织伦理氛围、伦理价值观的认知或感知，主要源于对其直接上级领导行为的判断；而员工对高层领导者伦理的感知，则相对间接来源于组织文化、组织行动准则等组织价值元素。

（2）伦理型领导与员工态度及行为存在正向相关关系。一些实证研究表明伦理型领导会与员工的一些积极态度、行为相联系。

Rooplekha 和 Damodar（2004）认为，伦理型领导使得员工很少有操纵、浪费资金、绩效欺骗等现象；伦理型领导还能提高员工情感承诺、工作绩效及工作参与度。Brown 等（2005）认为，伦理型领导者的公平、可信赖、关爱他人及社会，可预测员工的满意度、效能感、额外工作投入、提供建议、主动报告问题、对领导者的信任等。Walumbwa 和 Schaubroeck（2009）认为，伦理型领导影响员工进谏行为，这也验证了 Brown 等（2005）有关伦理型领导和员工主动性行为显著相关的重要结论。伦理型领导还可提高员工组织承诺（Sutherland，2010），有利于揭发内幕（Bhal，2011），还有利于员工认知（Piper，2012）。

3. 伦理型领导研究评述

目前，在西方理论界，伦理型领导还是一项崭新的重大课题。作为全新的领导理论，伦理型领导研究尚处于兴起之初，学者们关于伦理型领导的内涵、特点、测量方法及影响作用等方面也都处于探索性研究阶段，仍有待实证研究对之进一步修正。

（1）由于伦理型领导尚处于刚刚兴起的研究阶段，学者们对于伦理型领导的概念界定与测量存在差异。尽管有多位学者提出伦理型领导的构念，并编制了相应的测量工具，但在组织行为学研究层面，仍未形成统一的伦理型领导测量量表，也就存在不同学者在各自话语体系下有各式说法的现象。要想使伦理型领导显著地区别于其他领导构念，就必须开发出明显区别于其他领导构念（如变革型领导的多因素领导问卷 MLQ）的测量量表。与变革型领导及魅力型领导的愿景或智能激发等维度不同，伦理型领导侧重强调领导者基于伦理榜样行为促成其和跟随者之间双向沟通的重要理论与实践意义。已有的研究表明，伦理型领导和变革型领导的理想化影响维度存在显著差别（Brown et al.，2005）。正如早期的研究所说那样，伦理型领导预测了许多结果变量，且对这些结果变量能超越理想化影响维度的效应。这可能是由于伦理型领导的道德管理更与交易型领导风格相关，而不与变革型领导风格相一致。如伦理型领导者设定清晰、明确的伦理标准，并通过奖惩手段促使追随者遵照执行。通过这样类似交易型领导方式，伦理型领导就影响了追随者的伦理态度与行为。这时，伦理型领导就可被定义为一种伦理规范过程，这种过程却与变革型领导存在一定差异。总体来说，这些研究仍处于起步阶段，还需继续加强对伦理型领导内容结构及维度等方面的研究，尤其要加强不同组织类型下的伦理型领导内容结构的研究；同时也要设计出区别于其他领导风格，具有可信且有效的伦理型领导测量工具，以验证伦理型领导的内容结构。

（2）已有研究证实，伦理型领导和领导有效性呈现显著正向相关关系，这样，伦理型领导还会引起更多学者的更多兴趣，包括对更多前因变量、结果变量的作用及内在影响机理的研究。

学者们分析探讨了影响组织实施伦理型领导的相关因素，包括领导者个体因素及组织情境因素，但仍缺乏进一步的实证研究。而且，关于前因变量对伦理型领导的作用机制、伦理型领导对结果变量的作用机制的实证研究也很缺乏，还需继续加强对前因变量和伦理型领导之间、伦理型领导和结果变量之间的中介变量及调节变量的进一步研究，以促进我们对伦理型领导的内涵及其价值的准确把握与运用。

（3）伦理型领导是否存在跨文化意义上的共性及显著差异性呢？考虑到西方伦理型领导和中国文化背景下的德行领导存在某些方面内容的接近，我们需要关注西方伦理型领导研究的进展，以探讨中国文化情境下的伦理型领导内涵与结构维度。在我国现有领导理论研究中，学者们发现了道德品质因素，但这是否与西方文化情景下的伦理型领导存在异同呢？从文化背景差异看，人们对伦理型领导会存在不同的差异化理解。Resick 等（2006）开展了伦理型领导的跨文化研究，他们发现不同国别或地域的人对伦理型领导的不同维度（品德、利他、集体主义动机、鼓舞他人）存在不同理解。但是，这种跨文化方面的理论比较性研究，仍是一项未尽的持续性重大课题。西方学者对于伦理型领导的研究尽管起步较晚，但发展较快。与此鲜明对比，国内相关研究却相对不足，以对国外文献作一般性综述居多，实证分析研究却更是严重不足。可以说，伦理型领导与员工创新行为关系的研究是一个值得下力气去研究的空白点。上述研究已证明，伦理型领导与员工的主动性行为紧密相关，伦理型领导是促进员工组织公民行为、进谏等积极行为的重要因素。这些研究结论可说明，进一步加强对伦理型领导的研究，分析伦理型领导与员工创新行为的关系，探讨伦理型领导对员工创新行为的影响机制就显得更合理与迫切。

二、员工创新行为理论研究综述

20 世纪 80 年代以来，市场竞争环境更加激烈动荡，这就要求企业必须进行不断创新，否则难以在市场竞争中立足。创新可分为个体创新、群体创新和组织创新三个创新层次，但只有个体创新始终是创新的最终来源（Woodman et al.，1993）。企业员工个体创新，是企业获得市场竞争优势的最重要来源。员工创新能给企业带来新思想、新文化、新产品与新技术，拥有一大批主动创新、勇于创新、善于创新的人才，也就成为当代企业赖以生存和发展的最重要的前提条件。本书所关注的焦点恰是员工个体层面的员工创新行为。Amabile（1988）也认为，员工创新是组织创新中的最重要因素，是组织创新的重要基础。因此，如何激发员工创新行为就日益成为组织行为学研究领域中的热点与重点。

（一）员工创新行为的概念界定

1. 创新与创造力的关系

创新与创造力是一对相关的概念。创新和创造力这两个概念，在学术研究中经常被交替性使用（West & Farr，1990）。关于创新与创造力，学者们却存在认识上的分歧，或认为不需要刻意去区分创新及创造力，将之看作是可相互替换的名词；或认为创新与创造力虽然在结构上相似，但却有本质区别（Scott & Bruce，1994）。

一些学者进一步对比分析了创新与创造力这两个概念内涵。Amabile（1988）认为，创造力指产生新颖的且有一定潜在价值的想法或事物，包括新产品、技术、管理或服务等。Kanter（1988）强调，创造力是新奇、实用的构想；创新不仅包括产生新构想，还包括将新的思想、产品或技术等进行组合应用。通过梳理创新与创造力相关文献，Amabile 等（1996）认为，创造力是指个体在任何领域内产生的新奇性观念，创新则需要进一步将之付诸现实。Leonard 和 Swap（1999）将创造力看作可能有用或新颖的想法之表达过程；创新则强调将知识综合、合并、具体化于新颖的、有重要意义的新产品、流程或服务中。

近期，多数学者对创新与创造力这两个概念的研究逐步地达成一致（Scott & Bruce，1994）。他们认为，创造力指提出新颖的和有用的想法和点子（Mumford & Gustafson，1988），而创新是提出或采用新颖的、有用的想法以及实践这种想法（Van de Ven，1986；Kanter，1988）。创新是一个多阶段过程，产生新想法仅是其中的一个阶段（Kanter，1988）；在每个阶段，都包含着所需要的不同活动与不同的个体行为表现（Scott & Bruce，1994），可以将创造力看作是创新的前期阶段。因此，创新的特征是其不连续的多个活动，而不是其离散性或连续性阶段（Sehroeder et al.，1989）；可以预计，个体在任何时刻都可能会涉及不同行为组合（Scott & Bruce，1994）。

基于以上文献可知，大部分学者将创造力看作创新起点，作为创新的组成部分。如果不把创新性想法变成现实，仅有创造力却是无益的，因为它未能创造出任何现实价值。故而本书仅将员工创新行为作为结果变量。

2. 员工创新行为的定义

员工创新行为多表现为角色外行为，即创新行为未被纳入组织正式规定的角色期望，是员工个体的自发性活动（Katz，1964；Katz & Kahn，1978；Organ，1988）。

（1）从个人特质角度下定义。一些学者从意愿、意识、行为倾向等员工个人特质角度定义了员工创新行为：

Cuilford（1950）认为，创新是创新主体所特有的一种能力。

Kirton（1976）指出，适应者在现有的知觉框架（Perceptual Frames）内解决问题，创新者则属于重建知觉框架的人；这两种不同认知形态与其所产生的行为之间存在一定关联性，其中创新者的行为多半不是依过去惯例而是以不同的角度去思考问题。在此研究基础上，Hurt 等（1977）认为，个人创新是一种愿意改变的意愿。

（2）从过程角度或结果角度下定义。更多学者则从过程角度或结果角度给员工创新行为下定义（以时间为序进行梳理介绍）：

Kanter（1988）指出，个体创新（Individual Innovation）由三个阶段组成，即对问题认知后产生新观念，进而寻求同盟者支持，努力将创意付诸实践，经过创新原型后实现量化生产，最终实现商品化之产品或服务。

West 和 Farr（1989）认为，创新行为是指个人产生、引进、应用有益的新奇事物于组织上的所有活动。

Kahn（1990）认为，员工创新行为表现为员工从认知上、情感上、行为上都试图去创造新成果的活动过程。

Woodman 等（1993）、Amabile 等（1996）认为，创新行为既包括创新想法之产生，也包括在实践中成功地实现新想法。

Scott 和 Bruce（1994）继承了 Kanter（1988）的思想，认为创新行为是从识别问题开始，进而产生创新性构想或问题解决方案并寻找同盟支持，最后产品化或制度化创新性想法。创新性构想，或者是新奇的（未曾用过），或者是现有的（其他人在其他环境中曾经使用过）。从而将个人创新行为分成三个阶段，即确认问题、寻找支持者、创新想法产品化。同时，他们根据这种个人创新行为三个阶段观点，编制了员工创新行为量表。

Drazin 等（1999）关注个体是怎样尝试在种种复杂的情境中来采取创新行为，他们甚至不太关心这种行为结果是否会具有创新性，而直接将员工创新行为定义为员工投身于创新性行为的过程。

Kleysen 和 Street（2001）认为，员工创新行为是指产生有益性的创新，并将其导入、应用于组织内任意层次的所有个人行动。

Robert 和 Christopher（2001）认为，员工创新行为应包括机会探索、产生、调查、支持、应用五个阶段。

可以说，从过程或结果角度上对创新行为进行的定义成为主流，以新颖（即想法是新鲜且原创的）与有用（即可产生实用价值）作为创新的两个标准。

综上所述，本书认同 Scott 和 Bruce（1994）对个体创新行为所下的定义，即从识别问题开始，进而产生创新性构想或问题解决方案并寻找同盟支持，最后产品化或制度化创新性想法。可以说，仅将员工创新行为定性为行为倾向、意识、意愿等是不够的，还应重点关注创新能否得到具体实施，得到最终实现，经过复杂的过程后，应表现出一个创新结果，即技术创新、管理创新或服务创新等。

（二）员工创新行为的测量

针对员工创新行为的有关理论观点，学者们开发出多种员工创新行为的测量量表，并在其结构维度上形成了不同的看法。

1. 员工创新行为单维度量表

（1）Scott 和 Bruce 的 6 题项量表。Scott 和 Bruce（1994）编制的员工创新行为量表，使用最广泛，该量表共有 6 个题项，其中包括 5 个具体性题项及 1 个总结性题项。此量表是其在 Kanter（1988）创新阶段理论基础上，结合与企业高管所进行的访谈资料进一步编制而成的，该量表主要测量员工在企业组织中对新技术、新程序、新制造过程、新技巧或新产品的创意产生、寻找创新支持、实施创意等整体过程的创新行为表现程度。该量表更多用于员工对自我创新行为表现的主观评价，有较高的效度和信度。

（2）Janssen 的 9 题项量表。Janssen（2000）认为，员工创新行为可由想法的产生、推动、实现三个阶段组成。实证研究数据表明，这三个维度的相关度很高。他又将员工创新三阶段整合为单一维度，成为单维员工创新行为量表（包括 9 个测量题项）。

（3）George 和 Zhou 的 13 题项量表。在 Scott 和 Bruce 所编制的员工创新行为量表的基础上，George 和 Zhou（2001）进一步编制了自己的员工创新行为量表（包括 13 个测量题项），主要用于领导主观评价员工创新行为表现。

（4）其他员工创新行为单维度量表。其他研究者所开发的员工创新行为单维测量量表有 Oldham 和 Cummings（1996）的 3 题项员工创新行为量表和 Tierney 等（1999）的 9 题项员工创新行为量表。这两个量表通常由熟悉员工情况的上级主管提供下属的创新绩效信息，以此创新绩效信息来评价员工的总体创新水平。

2. 员工创新行为两维度量表

黄致凯（2004）使用 Kleysen 和 Street（2001）编制的员工创新行为量表在我国台湾地区进行实证研究，研究结果表明，员工创新行为可以归纳为两个维度（产生创新构想、执行创新构想）。产生创新构想一般是员工创新行为的前提基础，而执行创新构想则是员工创新行为的重要组成部分，两者都是员工产生创新绩效的重要因素。

3. 员工创新行为四维度量表

Hocevar（1979）编制的创新行为量表，也具有较好的效度与信度，包含意识、想象力、兴趣爱好、注意力四个维度。

4. 员工创新行为五维度量表

Kleysen 和 Street（2001）认为，其他学者们对员工创新行为的测量仅考虑了员工个人层面，这些测量方法却未能够全面概括创新行为内涵。为了更详尽地探索、发掘员工创新行为的主要维度，Kleysen 和 Street（2001）对 28 篇文献中所涉及的 289 项创新活动进行了回顾和总结，归纳出员工创新行为的 5 个维度，即寻找机会、产生构想、评估构想、支持、应用。实证数据表明，该量表的信度通过检验，但效度检验却不十分理想。

以上员工创新行为测量方法多为员工主观自评测量法，包括单维度与多维度。也就是说，多数考虑到了员工创新行为的发展过程，以员工创新行为形成的各个阶段为划分依据，对员工创新行为进行了多维度分析与测量。此外，还有专家评定法（Shalley & Perry - Smith，2001；Zhou & Oldham，2001）、任务测量法（Tierney et al.，1999；Frese et al.，1999）。

（三）员工创新行为的前因变量

国内外众多学者对影响员工创新行为的有关前因变量进行了研究，根据对国内外文献的梳理，可将影响员工创新行为的前因变量大致分成三个方面，即员工个体因素、组织内部因素与组织外部因素。

1. 影响员工创新行为的员工个体因素

员工个体因素也会影响其创新行为。研究者多认为个体因素包括动机、拥有的知识等方面。

动机包括内在动机与外在动机。内在动机指员工对于工作本身具有热情，能被任务中更大的挑战性所吸引，具有内在的自我驱动性；外在动机则相反。Amabile（1996）认为，内在动机能促进创新，控制性的外在动机则会抑制创新，但信息性的外在动机却有利于创新的产生，尤其当个体的内在动机在初始水平上较高时。卢小君、张国梁（2007）的研究结论表明，内在动机是促进员工创新行为的重要因素，可以对创新性构想产生及创新性构想执行这两方面都产生正向影响；外在动机则只在创新性构想的执行阶段会产生一定的促进作用。

拥有的知识是指为完成专业领域中工作而所需要的专业技能及创新相关技能（Amabile，1988）。专业技能为基本技能，是指能胜任所涉及专业领域的工作，这需要具备相关的知识、技能与天赋；创新相关技能则指需要具备比较适宜的认知风格、工作方式、思维发散能力（Amabile，1988）。

还有些研究者从员工的创新自我效能、积极与消极情感或情绪、心理授权、自我领导能力、角色认同、目标导向等方面对员工创新行为的影响关系进行了研究。Tierney 和 Farmer（2002）从员工个体因素出发，开创性地研究分析了创新自我效能的形成及作用机制，并通过实证研究验证了创新自我效能对员工创新行为与绩效的正向促进作用。耿昕（2011）在中国企业背景下，实证检验了创新自我效能对员工创新行为的显著正向影响关系。有研究表明，积极情感可增强员工多样性思维、联想及解决问题的能力，从而促进员工创新能力的发挥（Oldham & Cummings，1996）。对于消极情感和员工创新行为的关系，研究结论却不统一。有些研究者认为消极情感会阻碍员工创新行为。但也有的研究者则在实证研究后认为，在支持性组织环境下，消极情感也可以促使员工通过创新性的想法去解决问题（George & Zhou，2007）。耿昕（2011）在中国企业背景下进一步实证检验了积极情绪对员工创新行为所具有的显著正向影响关系，以及消极情绪对员工创新行为所具有的显著负向影响关系。刘耀中（2008）认为，心理授权和员工创新行为之间有着显著的正向相关关系。Meitar 和 Weisberg（2005）认为，自我领导能力与员工创新行为也存在着显著的正向相关关系。Hirst 等（2009）实证检验了员工学习目标导向与员工创新行为的显著正向相关关系。Lee 等（2011）认为心理安全、信息共享质量影响创新。

2. 影响员工创新行为的组织内部因素

组织是一个复杂性的社会系统，组织因素能激发员工创新行为（Amabile，1996）；组织文化、资源、报酬、技术、战略与结构等这些组织特征都可以影响员工创新行为（Woodman et al.，1993）；组织内领导方式、对创新的支持、领导个人属性、成员间互动、资源也都能影响员工创新（Scott & Bruce，1994）。可以说，有关影响员工创新行为的组织内部因素的研究文献相对较多些，影响员工创新行为的组织内部因素包括组织氛围、领导支持、组织支持、同事支持、组织文化等。

一些实证研究表明，组织创新气氛会对员工创新行为产生影响，如组织气氛中的创新支持（Support for Innovation）能对员工创新行为产生显著的正向影响（Scott & Bruce，1994；赵鑫，2011）。员工如能得到鼓励与倾听等领导支持

（Leader Support）、组织支持（Organizational Support），则员工就会在工作中表现出更多的创新行为（Shalley，2000；赵鑫，2011）。

大量研究表明，领导者在促进员工创新行为上发挥着很重要的影响作用（Scott & Bruce，1994）。有的研究指出，组织内的参与、协作型领导、问题解决型领导与变革型领导等都可以有效地促进员工创新。

领导者会通过两种方式来影响员工创新：其一为领导者自身特性及行为；其二为领导者和员工的关系（Clapham，2000）。Shin 和 Zhou（2003）以韩国企业的知识型员工为样本进行了实证研究，发现变革型领导对于员工创造力具有促进作用。Gumuluoglu 和 Ilsev（2009）则以 163 名研发人员作为样本进行实证分析，发现变革型领导和个体层面及组织层面的创新呈正相关。中国文化背景下，学者们也比较关注变革型领导与员工创新行为关系的研究。郭桂梅、段兴民（2008a）基于中国企业数据的实证研究支持 Gumuluoglu 和 Ilsev（2009）的结论。丁琳等（2010）认为，变革型领导能够促进与员工的良好关系，并借此进一步对员工创新行为产生影响作用。曲如杰等（2010）则指出，变革型领导会通过构建员工对领导者的个人认同进而影响员工创新。丁琳等（2009）通过实证研究进一步发现，变革型领导与交易型领导（包括权变奖励及例外管理）能够共同地积极影响员工创新。Pieterse 等（2010）以政府机构的员工为被试样本进行了实证分析，其研究结论表明变革型领导有利于员工创新，交易型领导不利于员工创新，心理授权则起到了调节效应。Kim 和 Lee（2011）探讨了变革型领导与交易型领导对员工创造性的影响，其中工作满意、工作动机起中介作用。曾湘泉、周禹（2008）通过实证研究发现，薪酬激励可以促进员工创新行为；深入分析后又发现，外在报酬（即工资增长、绩效奖金、团队激励、长期激励及福利保障等）对员工创新行为的影响关系呈现倒“U”型，即组织可以通过一定的外在报酬来促进员工创新行为，但过度的外在报酬将削弱员工创新的内在动机，从而不利于员工创新行为。

支持型或控制型的领导行为会对员工创新行为产生截然相反的影响作用，即支持型领导提供工作上的信息反馈，并鼓励员工不断提出问题；控制型领导则严密监控员工，要求其严格地遵循规则与指导，不会让员工参与决策。Stahl 和 Koser（1978）认为，上级领导的密切监控行为会抑制科学家的创新。Deci 和 Ryan（1985）认为，前者（支持型领导）有利于提升员工之内在动机，后者（控制型领导）降低员工之内在动机，负面影响员工创新行为。Frese 等（1999）进行了以“我为企业来提建议”的主题性实证研究，他们认为，领导的鼓励与员工的创新性建议正向相关。领导者监督、干涉员工的决策，会极大地降低员工创新行为（Zhou & George，2003）；领导者的控制性行为和员工创新行为呈负向相关关系（George & Zhou，2001），而领导者积极的、建设性的信息反馈与员工创新行为正向相关（George & Zhou，2007）。

组织气氛、领导支持、组织支持、领导成员关系、同事关系等诸多组织上的变量因素会交织在一起，形成组织对员工创新的综合影响作用，从而对员工创新行为产生复杂的影响。Dickson（1983）研究认为，领导与组织气氛的支持可以促进创新行为。Amabile（1988）认为，个人创造力会受到组织上对创新的激励、工作领域上的资源、创新管理技能三个因素的影响。Sethia（1989）认为，组织氛围对员工创新具有较大的影响力，从领导能力、组织结构与流程、奖赏制度三个维度来综合影响员工创新行为。Scott 和 Bruce（1994）探讨影响员工创新行为的主要因素时发现，企业支持创新、提供资源等因素都与员工创新行为有着高度的相关性。孙锐等（2009）则以实证方式检验了领导成员交换（LMX）、团队成员交换对于员工创新行为的重要预测作用，深入分析了 LMX、团队成员交换在促进员工创新行为过程中的组织创新气氛这一中介变量的中介作用。

组织文化也可以促使员工认同所在组织支持创新的核心价值观，进而影响员工创新行为（Hartmann，2006）。张国梁、卢小君（2010）认为，员工对学习型组织文化的感知程度会对其创新行为产生影响，这种影响作用会通过员工的内在动机与外在动机的中介作用予以实现，而且内在动机与外在动机在学习型组织文化的不同方面对员工创新行为的影响关系中所具有的中介作用也不同。

3. *影响员工创新行为的组织外部因素*

当个人拥有比较多的组织外部关系时，将会有利于组织内的员工创新行为（Hoegl et al.，2003）。Kimberly 和 Evanisko（1981）研究发现，当与组织外部专业人士进行联系时，这些组织外部的因素会利于组织内员工的创新行为表现。Perry - Smith 和 Shalley（2003）分析认为，一个常常与组织外部因素进行联系的员工，善于将其他领域内的想法应用于新的领域；同时，通过这些想法的运用，可以扩展员工自身解决问题之思路，可以说，那些来自其他领域内的想法有利于促进新思想的不断产生。薛靖、任子平（2006）实证研究结论表明，外部关系资源影响员工创新行为。

（四）员工创新行为研究述评

综上所述，学者们对于员工创新行为的研究表现出浓厚的兴趣，对员工创新行为的内涵、结构维度、测量工具、影响因素都有不同的思考，其中影响员工创新行为因素的研究呈现出四种研究取向：

（1）分析员工个体因素与员工创新行为的关系，探讨个体动机、专业知识、情绪、目标导向等个体因素怎样影响员工创新行为。

（2）考察组织文化、创新氛围、工作自主性与挑战性、领导风格等组织内部因素与员工创新行为的关系。

（3）组织外部因素对员工创新行为的影响。那些来自组织外部其他领域内的想法有利于促进新思想的不断产生（Perry – Smith & Shalley，2003），可以说，外部关系资源影响员工创新行为（薛靖、任子平，2006）。

（4）综合考察员工个体因素与组织内部情境因素的交互作用对员工创新行为的影响。围绕员工创新行为这一热点性话题，学者们分别从领导行为、人格特质、领导风格、创新自我效能、创新精力感知等组织内部因素与员工个体特征因素的不同角度来分析并检验各变量和员工创新行为的关系及其作用机制（Atwater & Carmeli，2009）。

关于员工创新行为，虽然在西方理论研究领域取得了较大进展，但这些理论能否在中国背景下也同样适用还有待实证研究的进一步检验，而且在中国文化背景下探索影响员工创新行为的内外在因素，更具有重要的理论与现实意义。有些学者将员工创新行为单纯地理解为员工创造力，未能完整有效地把握创新的内涵，所以在分析领导风格与员工创新行为的关系上出现理解分歧与实证分析的偏差。通过文献回顾发现，很少有人从心理安全、知识共享、创新自我效能、领导成员交换的综合视角来研究变革型领导、交易型领导、伦理型领导风格与员工创新行为关系。综上所述，将员工感知到的心理安全、知识共享、创新自我效能作为中介变量、将领导成员交换作为调节变量纳入整体分析中，分析中介效应与交互效应，深入探讨企业组织内领导风格与员工创新行为的关系就成为本书的努力方向。

三、知识共享理论研究综述

彼得·德鲁克强调，作为关键性的支配因素及经济资源，知识将成为比较优势的唯一重要来源。知识管理是知识经济时代背景下学术理论研究与企业管理实践中的重要内容，知识共享作为知识管理的重要组成部分，也必将引起学界及组织管理者的更多关注。

（一）知识共享的概念界定

学者们从不同视角对知识共享进行了研究，对知识共享所下的定义体现在以下两个方面：

1. 内容导向

一些学者认为，知识共享包括知识库系统（不同主体间进行知识共享的主要技术手段）及知识类型转化（不同主体间进行知识共享的基础）。Nonaka 和 Takeuchi（1995）从知识转化角度提出了知识共享模式（即 SECI 模式），将知识共享分为社会化、外在化、组合化和内在化。Eriksson 和 Dickson（2000）从知识创造角度将知识共享分为认知、行为两个方面，人们在共享与使用知识的同时也将新知识创造出来。

2. 过程导向

知识共享可以被体现为组织内员工间、团队间的沟通、学习的过程，在此学习过程中，个体知识可以被转化成为组织的知识，组织的重要任务恰是促进组织内的持续性学习（Senge，1997）。Davenport 和 Prusak（1998）从虚拟市场角度强调，像其他商品或服务一样，企业内部的知识市场也有卖方、中介方、买方，市场参与者各方都可以从知识市场中获得益处。Hendriks（1999）认为，知识共享可以被看作一种沟通过程，作为特殊资产，知识不能自由地被传送，当接受者去接受他人共享出去的知识时，须有足够的知识去获取共享过来的知识。这样，知识共享就会涉及知识拥有者外化知识、知识需求者内化知识两个主体的两个过程。与 Hendriks 的知识共享定义类似，Van den Hooff 和 De Ridder（2004）对知识共享的定义为，是个体间相互交换他们的知识（包括显性知识与隐性知识）并联合去创造新知识的过程。其知识共享包括两个主体的两个过程，即知识贡献与知识吸收。

基于以上学者们对知识共享所下的定义，知识共享内涵可以从以下几点来理解：一是知识共享须同时存在两个主体，即知识提供者与接受者，缺少任何一方，知识共享都将无法完成；二是知识共享涉及两个过程，即由知识提供者完成知识外化过程，由知识接受者完成知识内化过程；三是知识共享强调参与者主体共同拥有知识（Ipe，2003），而不能由某一方独占知识，这样才能产生知识溢出效应，最大限度地发挥知识的价值潜能（宝贡敏、徐碧祥，2007）。

本书采用 Van den Hooff 和 De Ridder（2004）对知识共享所下的定义，知识共享是组织内成员相互交换知识并联合创造新知识的沟通、学习过程。根据知识流向，进一步将其分成两个方面，即知识传递出去（知识贡献）与知识接收进来（知识吸收），其定义如下：知识贡献，即组织内某员工将其所拥有的知识资产传递给组织内其他员工；知识吸收，即组织内某员工向组织内其他员工咨询以获得他们所拥有的知识资产。

（二）知识共享的测量

学者们根据自己从不同视角对知识共享所给出的概念内涵，编制了相应的测量量表，但在维度结构上可能会存在一定差异。

1. 知识共享单维测量量表

一些学者将知识共享看作单因子结构，未对其内部结构进行划分，在测量量表上也就表现为一维测量量表，主要有以下几种：

Connelly 和 Kelloway（2003）编制了感知知识共享文化量表，包括 6 个测量题项，其信度为 0.85。

Lin 和 Lee（2004）编制了知识共享行为量表，包括 4 个测量题项，其信度为 0.84。

Chowdhury（2005）编制了复杂知识共享量表，包括 7 个测量题项，其信度高达 0.92。

Ajzen（2002）编制了知识共享意愿测量量表。该量表包括 3 个指标。我国台湾地区中山大学的吴盛撰（2003）在分析探讨资讯人员的知识共享时采用了此量表，该研究中的量表信度为 0.90。

2. 知识共享两维测量量表

一些学者将知识共享看作两因子结构，在测量量表上也就表现为两维测量量表，主要有以下几种：

Van den Hooff 和 De Ridder（2004）基于知识流动方向，将知识共享分成两个过程，即知识贡献、知识收集，这样就将知识共享分成知识贡献与知识收集两个因子。他们在其编制的知识共享测量量表中，将知识共享分成两个维度，即知识贡献维度与知识收集维度，分别有 6 个、4 个测量题项，两个维度的内部一致性信度分别为 0.85、0.78。

李涛、王兵（2003）在其所开发的知识共享量表中，将知识共享分成知识传播度、知识吸收度两个维度。

Hult 等（2004）在其编制修订的知识共享测量量表中，也将知识共享分成两个维度，即知识获取、知识分配。

Cho 和 Lee（2004）依知识共享的程度，将知识共享划分成两个因子，即共享的范围、共享的多样性。因此，他们在其编制的知识共享测量量表中，也将知识共享分成两个维度，即共享范围与共享多样性。

Bock 等（2005）则从知识共享的内容出发，将知识共享意愿划分为内隐知识共享意愿、外显知识共享意愿两个因子；这样在其编制的知识共享测量量表中，也将知识共享分成两个维度，其内部一致性信度分别为 0.93 和 0.92。

Zarraga 和 Bonache（2003）按照知识管理的环节将知识共享划分成知识转移与知识创造两个因子，故在其编制的知识共享测量量表中也包含两个维度。

3. 知识共享多维测量量表

一些学者将知识共享看作多个因子结构，在测量量表上也就表现为三、四、五维测量量表，主要有以下几种：

Senge（1997）从学习内容上，将知识共享划分成三个因子；其编制的知识共享测量量表中，就将知识共享分成个人知识共享、学习机会共享、鼓励他人学习三个维度，各测量维度的内部一致性信度分别为0.89、0.86和0.72。

Sehulz（2001）在其编制的组织内知识共享测量量表中，就将知识共享分成输入、输出、横向、纵向四个维度。

张淑华、方华（2005）编制了自己的知识共享量表，将员工隐性知识共享分为五维，即公司文化、变革意识、公务处理能力、人际关系知识、差异和工作方式信念；但其量表的内部一致性信度不是太理想。

（三）知识共享的前因变量与结果变量

1. 知识共享的前因变量

知识共享是极富有挑战性的，其原因主要有：①员工拥有的是隐性知识，而隐性知识是一种高度个人化的、难以形式化与显性化的知识形式，在知识传递与共享上存在难度；②知识共享的核心动力为知识共享双方的良好人际关系，即在知识传递者与知识接收者间建立较好联系，当二者间缺乏相互信任时，他们的知识贡献是难以被承认的；③知识共享是一种自愿行为，当员工对自己所拥有的知识不自信时，他就不太愿意与其同事进行知识分享；④知识就是一种能力，由于知识能为员工提供可持续性的竞争优势，员工会感到在与同事共享知识后反而可能会威胁到自身的能力、重要性与工作保障（Lin et al.，2009）。Lin等（2009）进一步总结出可能会促进知识共享的四个方面的影响因素，即企业文化、雇员动机、信息技术相关、领导人员；具体包括16个属性，即共享文化、学习导向、技术基础设施、高层领导支持、员工知识效能感（前5项最重要，其中共享文化的影响权重系数最大）、开放的领导环境、高层领导鼓励、组织奖励、互惠利益、荣誉、视野和目标、人际信任、帮助他人带来的满足感、知识网络、社会网络、数据库应用。

据此，可将影响员工知识共享的因素分为两个层面，即个人因素、组织因素。

（1）个人因素。许多学者认为，员工性格与责任、心理状态、自我效能、互利动机等是促进知识共享的重要个体因素。然而，国外已开展这方面的研究，但国内关于此方面的实证研究还较少。

1）员工性格与责任。责任心、成就感、对工作的认可、被重用的机会、工作的挑战性等双因素理论中的激励因素，也是知识提供者分享知识的动机（Herzberg，1968）。员工个体性格中的开放性、易相处性与尽责性，都会对其知识共享行为有显著的正向影响（Matzler et al.，2007）。

2）员工心理状态。员工内心的恐惧感、防范心理重、动力、知识的自我估值是影响企业员工对隐性知识共享的主要因素（王春秀，2006）。从知识接受方来说，知识接受方的心理障碍也会影响知识共享（姜文，2006）。Siemsen 等（2009）通过实证研究分析了心理安全对知识共享的作用，认为心理安全是知识共享的重要前提，员工对储存知识的信任程度会对两者关系产生调节作用，即对知识信任的程度越高，心理安全对知识共享的正向促进作用反而越低。Kessel 等（2012）也认为心理安全会显著影响知识共享。方琦（2011）基于中国情境开展了实证研究，实证验证了心理安全对知识共享的显著正向影响作用。

3）知识自我效能。实证研究证据表明，知识自我效能对员工知识共享态度与意向有着重要的影响（Lin et al.，2009）。Hsu 等（2007）的实证研究结论表明，员工知识共享自我效能可以对知识共享行为产生显著的预测作用。

4）互惠互利需求。互惠互利、对名望的追求会影响员工进行知识共享，因为员工让他人共享自己所掌握的知识，也正是因为想要同时能共享他人所掌握的知识（Davenport & Prusak，1998）。Lin 等（2009）则将动机观点进一步融进理性行为理论中，对内部动机（帮助他人所带来的快乐）及外部动机（期待组织的互惠的益处）对员工知识共享意向方面的影响作用进行实证研究，其研究结论表明，帮助他人带来的满足、互惠的益处等动机对员工知识共享有显著影响。

（2）组织因素。影响知识共享的组织环境因素主要有组织文化、领导行为、组织氛围、组织激励等。

1）组织文化。组织文化是指被组织内多数成员所共同认同和遵循的价值观念与行为规范。组织文化是一个组织在其长期的成长、生存与发展中所形成的，是由组织成员的共同意志、特性、习惯与科学文化水平等诸多因素的相互作用而产生的。一些相关研究表明，组织文化能激发组织内成员知识分享的意愿。当组织文化具有开放性时，组织成员就能乐于将自己所拥有的知识与他人分享，组织内知识共享的交易成本也就会降低，从而为组织带来知识共享的良好效果。Schein（1996）研究指出，组织内的知识共享文化能促使个人主动将自己的想法或灵感与他人分享，这有利于提高组织的学习能力与知识创造能力。Ruggles（1998）通过研究发现，知识传递及知识共享的最大障碍也是来自组织文化。这是因为组织文化包括组织归属感、宽容度、信任感等诸多要素（李涛、王兵，2003），组织文化是知识共享的重要影响因素及前提条件（Connelly & Kelloway，2003；Lin，2007）。我国学者曾萍等（2006）对企业研究后也认为，组织文化是影响企业内知识共享的一个重要组织因素。

2）领导行为。领导是影响知识共享的四大因素之一（Lin，2007）。Connelly

和 Kelloway（2003）认为，领导支持会对员工知识共享产生正向显著影响，这是因为员工有更倾向于与其领导管理层保持一致的意愿，当员工感知到其领导管理层支持组织内知识共享时，员工就会有更多知识共享行为；同时，扁平化的组织结构会更有利于企业内员工之间进行知识共享。Srivastava 等（2005）认为，领导授权行为有利于知识共享，即组织内集权化程度如果越高则越不利于员工知识共享，分权则能对员工知识共享起到促进作用。我国学者曾萍等（2006）研究认为，高层领导是影响企业内知识共享的重要组织因素。赵星（2007）通过实证研究分析探讨领导行为对员工知识共享意愿的作用机制，结果表明，变革型领导（采用 Podsakoff 等开发的变革型领导量表）与交易型领导（采用 Podsakoff 等开发的交易型领导量表）是促进员工知识共享意愿（采用 Ajzen 开发的知识共享意愿量表）的重要影响因素。刘晓倩（2011）实证研究结论表明，领导行为显著影响知识共享；并且领导行为的任务导向、关系导向、变革导向三个维度都对知识共享有显著的正向影响作用。赵鑫（2011）实证研究结论表明，领导支持对员工知识共享有显著的正向影响作用。

3）组织氛围。组织氛围包括组织凝聚力、相互信任、组织承诺等要素，组织资源、高层管理者支持组织内员工知识共享的程度也会占到一定比重。实证研究证明，组织氛围对知识共享会存在显著性影响（Bock et al.，2005；Collins & Smith，2006）。赵鑫（2011）以国内企业组织为研究背景，其实证研究结论表明，组织创新氛围（包括组织支持、领导支持、团队支持、工作支持）显著地正向影响知识共享，其中，组织支持又包括资源支持与理念支持，领导支持包括鼓励尊重与失败容忍，团队支持包括协调沟通与他人评价，工作支持包括工作自治与工作压力。人际交往关系也是影响知识共享的重要组织氛围因素。个体间关系越亲密，互动频率及强度就会越多，员工之间开展知识共享的意愿也就越高。Seers（1989）研究指出，团队成员的知识分享效果是成员间的动力交互作用（由团队成员间人际关系、接触频率、整体聚合力组成）的结果。Constant 等（1994）在信息分享理论中，整合了能影响知识共享意愿的个体因素、技术因素及组织因素，研究结论表明，联系频率越高，知识分享意愿也会越高。研究表明亲近的人际关系会积极影响知识转移，而疏远的人际关系则会消极影响知识转移（Baum & Ingram，1998）。Siemsen 等（2009）实证研究证据表明，组织成员间交流频率越高，越能够带来较高的知识分享意愿。人际信任也是影响知识共享的重要组织氛围因素。信任有一定的经济学意义。Zabeer 等（1998）研究表明，组织间或人际间的信任能降低知识共享成本。Levin 和 Cross（2004）实证研究结论表明，信任能有效地促进知识转移。国内学者龙勇、李忠云（2006）通过对技能型战略联盟的实证调查，研究结论显示，技能型战略联盟之间的信任在跨组织知识共享的过程中起到影响作用。赵星（2007）实证研究结论表明，人际信任对员工知识共享有显著影响，人际信任在领导行为对员工知识共享关系中起中介作用。

4）组织激励。适当性的奖励激励结构（Ferrin & Dirks，2003）或激励制度（曾萍等，2006）是知识共享的一个重要影响因素。Qulgley（2007）研究证据也表明，基于团队的激励是促进个体知识共享的重要因素。激励是指通过在组织内设计合理的奖酬形式，依据一定的惩罚性措施及行为规范，借助组织内信息沟通去引导、激发、规范及保持组织内成员的态度与行为，以有效地实现组织或成员个人目标的系统性活动（张瑞玲、丁韫聪，2005）。激励分为两种：一是内在激励，强调内在刺激知识源自愿分享其所拥有的知识；二是外在激励，强调以外在、物质上刺激去达到激励效果。有实证研究证据表明，当存在适当的激励因素的情况下，企业内部知识共享会更为有效（郭强、施琴芬，2004）。这是因为考虑到知识所有权、自身地位、个人利益等诸多因素，知识源会不太情愿与他人分享自己所拥有的新知识、新技术，而激励却能促使知识拥有者积极地共享知识，进而增加组织内的知识存量。研究证据表明，内在激励能促进隐性知识转移；外在激励则未能有效地促进隐性知识转移，有时甚至可能会抵制隐性知识转移，即对内在激励效果产生一定的挤出效应（Crowding - out Effect）（Osterloh & Frey，2005）。何进（2005）结合罗伯特·豪斯创建的综合激励模式，进一步开展了激励机制的实证研究，其实证研究证据表明，内在激励对知识共享有显著的正面影响。Lin 等（2009）则将动机观点进一步融入理性行为研究理论，实证分析了内部动机（包括知识自我效能、帮助他人带来的快乐）与外部动机（包括期待组织的报酬及互惠的益处）对员工知识共享的影响作用，研究发现知识自我效能、帮助他人后的自我满足感、互惠的益处等动机刺激因素对员工知识共享的态度与意向有着重要的影响作用。

2. 知识共享的结果变量

目前，国内外学者对于知识共享所影响的结果变量方面的研究，主要体现在创新能力与组织绩效等方面。

（1）创新能力。知识共享有利于组织内创新能力的提高。Nonaka 和 Takeuchi（1995）研究认为，组织内知识共享可以促进组织内知识创新、提高组织的创新能力。Tsai（2001）进一步研究指出，知识共享能有效地提升组织的创新能力与绩效。这是因为个体之间进行知识共享有利于个体学习及组织学习，而学习能力则是提高创新能力的前提基础（Andrews & Delallaye，2000）；拥有不同知识的个体进行知识共享的相互作用，能产生远远高于个体创新能力所不能达到的组织整体创新能力水平（Ipe，2003）；员工自愿开展知识贡献、知识收集行为与提高企业创新能力存在高度相关性，企业创新需要组织内广泛性的知识共享，这样才能促使企业内新思路、流程、产品或服务不断得以实现（Lin 等，2009）。Lee 等（2011）认为信息共享质量影响创新。Kessel 等（2012）也认为知识共享显著影响创新绩效。基于中国文化背景，赵鑫（2011）、刘晓倩（2011）在中国企业内进行了知识共享与员工创新关系方面的实证研究，其结论表明，知识共享对员工创新产生显著的正向影响作用。

（2）组织绩效。组织内的知识共享能有效地提高组织内部的创新能力与整体绩效（Tsai，2001）。这是因为，知识共享不仅可以提高企业员工创新能力（Nonaka & Takeuchi，1995；Lin et al.，2009；赵鑫，2011；刘晓倩，2011；Kessel et al.，2012）与学习能力（Andrews & Delallaye，2000）；还能使企业的学习曲线迅速下滑，生产边际成本更快地下降，更好地去响应顾客需求，形成企业内的无形知识资本（谢康等，2002）。

组织内跨单位间知识共享会对组织整体绩效产生有利影响。我国学者杜荣等（2005）分析影响组织内部跨单位（组织内部各个不同经营单位）间知识共享效果的权变因素与跨单位知识共享程度的度量指标，建立了跨单位知识共享和企业整体绩效之间关系的系统化研究模型，结论表明，跨单位知识共享对企业绩效会产生显著的正向影响作用。

组织内员工之间知识共享会提高组织整体竞争优势。Keams 和 Lederer（2003）研究发现，组织内部 CEO 与 CIO 之间进行知识共享，频繁地沟通、交流各自专业领域的知识、经验，会不断提升组织能力，进而为整个组织带来更强的竞争优势。

团队内员工之间知识共享会有效地提高团队绩效。Srivastava 等（2005）通过对分权领导、知识共享、团队效能与团队绩效的实证研究表明，团队内部成员通过共享各自的专业知识，提高了团队效能，进而对提升团队绩效有显著性影响。柯江林等（2007）通过进行问卷调查开展实证研究，其实证研究结论表明，团队知识共享对团队知识整合能力、团队效能均能产生正向影响效应；同时，团队社会资本会以知识共享及知识整合为中介变量，进而对团队效能产生间接性正向影响效应。

（四）知识共享研究述评

知识共享的内涵与结构维度还有待深入和统一。对知识共享内涵维度的划分尚未形成统一标准，依内涵维度所编制的知识共享测量量表及测量方法也是众说纷纭。可以说，理论界对知识共享测量方法尚未能达成共识，测量量表还缺乏进一步聚焦。因各位学者在编制各自知识共享测量量表时的研究角度及侧重点都各不同，使用各自量表所得的研究结果也就缺乏可比性，也不利于相互比较及进一步去丰富各自研究成果。所以说，知识共享的内涵与结构维度还需要进一步深入研究。

知识共享的影响因素分析还有待进一步研究与完善，其影响作用的研究也需要更加客观、全面。一些对知识共享影响作用的研究分析多为纯理论性研究，尚缺乏进一步经验研究的实证性客观数据支持。一些对知识共享的经济性分析，过于集中阐述知识共享为个人或组织所产生的种种益处，而对知识共享可能存在的负面效应的实证研究却相对较少。此外，比较缺乏知识共享对个人经济影响作用的研究，知识拥有者和他人共享自己所拥有的知识时的成本与收益比较性研究也较缺乏。所以，在今后研究知识共享的影响作用时，也应去统筹考虑知识共享可能会给个人或组织所带来的正向、负向效应。

四、心理安全理论研究综述

怎样从心理层面应对、降低组织中的不确定性及人际风险，一直是组织行为学、社会心理学等学科领域的重要研究议题。依据不确定性管理理论（Uncertainty Management Theory）（Lind & Van Den Bos，2002），工作情境中的确定性与人际风险会影响个体自我意识上的认知、情感与行为，员工需要在人际交往过程中积极应对这些不确定性与人际风险。因为，这些不确定性与人际风险的体验是令人厌倦与担忧的，这也促使个体产生了降低这些不确定性和人际风险的需要与动机，并在此基础上构建人际信任与安全（Thau et al.，2009）。卡曾巴赫与史密斯（1999）在《团队的智慧：创建绩优组织》一书中揭示了心理安全在组织中的客观存在。可以说，心理安全（Psychological Safety）是关于个体在组织工作情境中对不确定性及人际风险后果的一种心理感知，是一种解释型构念（Explanatory Construct），而不是某种具体管理活动（Edmondson，2002a）。

（一）心理安全的概念界定

到目前为止，作为一项新主题，有关心理安全的理论研究仍然为数较少。心理安全，最初为个体层面的概念，早期的一些相关研究，尽管涉及心理安全，但并未深入全面地去探究。Schein 和 Bennis（1965）在关于个体与组织变革的经典研究中指出，心理安全为群体内成员之间互相支持的一种普遍性感受，这种感受能促使成员愿意且勇于承担具有创新性的任务；为让个体感受到组织内的变革是安全的，并进而产生个体变革行为，组织就有必要去创建以心理安全为特征的组织工作环境。但直到 20 世纪 90 年代，Kahn（1990）、Edmondson（1999）对心理安全概念进行有效界定后，心理安全才真正被纳入组织行为学的研究视野。考察以往研究，可从个体、团体和组织三个层面探讨心理安全的内涵。

1. 个体层面的心理安全定义

心理安全反映个体的内部心理状态及自我感知。从个体层面，Kahn（1990）对心理安全进行了定义，即心理安全是员工认为在表现及展示真实的自我时，不用担心这种行为会遭受负面性的后果或打击而影响到自己的个人地位、自我形象或者职业生涯。

由此，心理安全会影响个体的内部动机及在塑造个体角色时的心理状态，当工作环境能让人们相信自己不会因为某种工作行为表现而受到某种惩罚时，员工就能体验到更多的内心安全，进而就会有更高的工作参与程度；当环境是不清晰的、不一致的、不可预测的或充满威胁时，那么个人行为表现将会被认为是不安全的或者是冒险性的。

2. 团队层面的心理安全定义

Edmondson（1999）在团队学习理论研究中首次引入了心理安全，并称之为团队心理安全，将团队心理安全定义为，团队成员间的一种共同信念，即共同认为“在团队内承担人际风险是安全的”；亦即相信团队不会为难、惩罚或拒绝勇于表达真实意见的人，这种共同信念根植于团队成员的相互信任、彼此尊重与关心。团队心理安全所描述的现象是团队特征，而不是团队内成员的特征的，但是，团队成员是能够感觉到团队内的这种特征的。Edmondson（1999）认为，团队心理安全包含人际信任，但又超越信任。

随后，Edmonson（2002a）认为，心理安全指团队成员对于团队环境内人际风险感知的描述，包括“如果我这样做，会不会遭受伤害呢？会不会遭受批评呢？会不会遭受尴尬或惩罚呢？”等等。个体事先感知人际风险结果，将会影响其是否还需要进一步采取某种行为。

Edmondson（2003a）进一步从群体组织层面的角度（A Group – level Lens）探讨了组织中存在的心理安全，他强调不是团队个人而是团队整体，认为心理安全在团队内是高度相似的，因为团队的成员处于同一组织背景下，他们对心理安全感知会受到组织内共同的、具有代表性的团队经验的影响。这样，Edmonson（2003a）将心理安全描述成“对工作环境内人际风险所带来的后果的一种感知”。

3. 组织层面的心理安全定义

Brown 和 Leigh（1996）认为，组织心理安全是员工知觉到的组织环境特征，具体来说，组织心理安全是指员工对组织氛围特征的一种感知，即知觉到组织内的支持性管理、工作角色清晰与允许自我表达的组织氛围。他们用支持性管理、角色澄清与自由表达这三个组织氛围特征作为衡量组织心理安全的具体指标，即当组织内有更多支持性管理，能给员工明晰的工作期望，且能允许员工自由地去表达声音时，员工在组织内感知到的心理安全程度就会更高。Brown 和 Leigh 对组织心理安全的界定方式与 Edmondson（1999）的团队心理安全内涵相比，二者皆倾向于反映员工所知觉到的一种情境化特征，都表现为共享性信念，只是他们对心理安全感知对象的界定有点不同。

在 Edmondson（2003）对心理安全进一步研究成果的基础上，其他学者对心理安全内涵做了一些扩展与延伸。Baer 和 Frese（2003）将心理安全概念扩展到组织层面，使之成为组织上的心理安全氛围，并将组织层面的心理安全定义为，“一种正式或非正式的组织规范和程序，它指导并支持组织环境内员工之间公开及相互信任的互动”。这样，就将组织心理安全描述成这样的一种工作环境，即组织员工可以放心大胆地、自由地说出个人的想法或观点，不需要过多地担心可能会被他人驳回或受到组织惩罚。

Edmondson（2003）、Baer 和 Frese（2003）的深入研究，使心理安全的概念得到进一步扩充，概念所涵盖的人员规模也进一步扩大，初始在 Edmondson（1999）研究中，团队成员数目仅为 6～20 人，之后随着团队心理安全概念的扩充，其所涵盖的人员规模也从团队层面延伸到整个部门及整个组织。这样一些学者就将 Edmondson 的团队心理安全聚合到组织层面，作为组织内员工心理安全（Carmeli et al.，2009；Siemsen et al.，2009；Carmeli & Gittell，2009；Carmeli et al.，2010；张鹏程、刘文兴、廖建桥，2011；龙静、汪丽，2011）。

考虑到本书主要针对员工感知的包括领导在内的其他人对自己的影响，现将心理安全概念界定为，当员工在表现及展现自我时，相信其自我形象、地位与职业生涯等不会遭受到负面评价的心理感知，也是员工在群体、组织及人际交互中能够感受到人际安全的一种共享信念。

（二）心理安全的测量

通过文献梳理发现，心理安全量表主要有：心理安全一维测量量表（Edmondson，1999）、心理安全二维测量量表（Tynan，2005）、心理安全三维测量量表（Brown & Leigh，1996）、心理安全五维测量量表（杨敏禧，2002）等。

1. 心理安全一维测量量表

（1）Edmondson（1999）7 题项心理安全量表。Edmondson 编制的心理安全量表，最初是为了测量团队心理安全而编制的，包括 7 题项，为 Likert 7 点自陈式量表。他在心理安全理论推演基础上，通过面试、观察、访谈、参加会议等方式来收集相关资料，在对其研究结果的数据测试分析完成后，研制、提出包含 7 个

测量题项的团队心理安全量表。Edmondson 7 题项心理安全量表被大多数的后续相关研究者直接引用（Walumbwa & Schaubroeck，2009）或修订后再用（Baer & Frese，2003；Detert & Burris，2007）。Siemsen 等（2009）、Carmeli 等（2010）在组织情境中运用了 Edmondson（1999）心理安全量表。张鹏程等（2011），龙静、汪丽（2011）基于中国高科技企业组织情境下，实证检验了 Edmondson（1999）开发的心理安全量表。

（2）Detert 和 Burris（2007）3 题项心理安全量表。Detert 和 Burris（2007）编制了包含 3 题项的心理安全量表，用于测量员工的心理安全感知，主要由员工自陈式评价。清华大学、中国人民大学、香港浸会大学的四位学者吴维库、王未、刘军、吴隆增（2012）在其联合研究项目中验证了该量表，在其研究中该量表的信度达到 0.80。

2. 心理安全二维测量量表

Tynan（2005）对心理安全的界定则是对团队心理安全的一种延伸。他将团队成员个体心理安全转化为两个对子水平构念，即自我心理安全和他人心理安全。同时，他开发了主要用于测量双边人际交互中的心理安全，该量表为二元心理安全量表，即自我心理安全量表与他人心理安全量表。此二元心理安全量表包括 12 题项。自我心理安全指个体在情绪上感知他人对自己安全的影响。他人心理安全指在与其他人的人际关系中知觉其他人是否会感到安全。自我心理安全表现为，个体感觉到其他人会不会为难自己，会不会尊重与信任自己。他人心理安全表现为，当个体感知到其他人心理安全时，就会表现出与其人际交往上的积极互动；反之，当个体感觉到其他人有心理不安全时，就会在与其人际交往过程中处处躲避他。从中可以看出，Edmondson（1999）比较关注个体和团队间的团队心理安全，Tynan 则主要关注个体和同事及主管之间的自我心理安全与他人心理安全。

3. 心理安全三维测量量表

Brown 和 Leigh（1996）基于组织氛围视角编制了心理安全测量问卷，主要测量个体从其所在组织中能知觉到的心理安全氛围。他们将组织心理安全划分为三个维度，即支持性管理、角色澄清与自由表达；并根据组织心理安全的三个维度编制了组织心理安全量表。

4. 心理安全五维测量量表

杨敏禧（2002）则开发了心理安全中文量表，包括 19 个题项，共分五个构面，即畅所欲言、共同信念、彼此尊敬、冒险行为、相互信任。叶宜琇（2011）在其论文研究中对杨敏禧心理安全中文量表进行了介绍与使用。

（三）心理安全的前因变量与结果变量

1. 心理安全的前因变量

（1）个体特征变量因素。自我意识（Self - consciousness）、专业地位（Professional Status）等个体特征变量因素会影响个体心理安全。

Nembhard 和 Edmondson（2006）以医疗保健团队（Health Care Teams）为研究被试样本，探索分析个体专业地位对团队心理安全的影响；医疗保健行业重视从业员工的专业化水平，其在团队内专业地位上的构成差异影响个体的心理安全；当个体专业地位较高时，其心理安全水平也随之增高；而当个体专业地位较低时，其心理安全水平往往也较低。但是，领导包容性（Leader Inclusiveness）能够缓解个体专业地位差异所对团队心理安全造成的影响（Nembhard & Edmondson，2006）。

个体自我意识尤其是公共自我意识（Public Self - consciousness），与个体心理安全呈现出显著的负向相关关系（May et al.，2004）。

（2）组织情境因素。从某种程度上说，员工对心理安全的感知就是对组织文化及组织规范的感知（Edmondson，2003a）。Kahn（1990）的实证研究结论表明，人际关系、管理风格及过程、群体及群体内动力、组织规范四个因素会显著地影响心理安全。Edmondson（1999）起初构建了工作团队学习模型，认为情境支持与团队领导指导是影响团队心理安全的两个前因变量；Edmondson（2003a）继而提出团队心理安全五因素模型，进一步探索出了影响团队心理安全的五个因素，即领导行为（Leader Behavior）、非正式群体动力（Inform Group Dynamics）、实践平台的运用（Use of Practice Fields）、信任与尊重（Trust and Respect）、支持性组织环境（Supportive Organization Context）。根据 Kahn（1990）、Edmondson（1999、2003a）等的研究，信任与尊重方面的人际关系、领导行为、组织支持等组织情境因素对员工心理安全影响很大。

1）信任、尊重等人际关系。员工之间的信任与尊重等人际关系是影响心理安全的重要因素（Kahn，1990；Edmondson，1999、2003a）。高质量的人际关系，不仅能帮助员工去交换信息，还能促使其感受自身的价值，进而消除工作中的诸多不确定性，所以员工与其上级或同事间的人际关系能够影响其对组织内心理安全的感知。Edmondson（2003a）认为，员工之间的尊重与信任，能够使组织成员减少对个人言行所可能遭受的打击、报复、危害自身地位的担忧，从而降低组织内的人际风险，提高个人在组织内所感知的心理安全程度。Kahn（1990）也认为，基于信任与支持的人际关系可以提高员工的个体心理安全。Carmeli 等（2009）、Carmeli 和 Gittell（2009）通过两项研究，进一步证实员工的高质量人际关系（包括人际能力、人际体验等两个维度）对心理安全有积极作用，同时也能有效预测组织内员工的心理安全。基于信任与支持的同事关系、增加工作沟通频次等人际互动行为都可提升员工的心理安全（May et al.，2004；Siemsen et al.,2009）。

2）领导行为。作为组织内的正式权力关系，领导行为对组织内所发生的事件及行为的反应，强有力地影响员工对组织内行为、事件、人际关系的风险程度的认知，进而影响到员工后续的行为（Edmondson，2003a）。领导的管理风格与过程（Kahn，1990）、三种领导行为（即公开鼓励员工积极地参与组织活动且能给予及时反馈、领导行为的适当性及可接近性、能够公开性地承认错误）（Edmondson，2003a）都可能会对组织内员工心理安全产生重要影响。作为组织内员工心理安全最有力的预测变量，领导行为特征主要有领导支持性、管理开放性、领导包容性。

①领导支持性与员工的心理安全积极相关：支持、灵活、清晰、开放的管理风格能够提升个体心理安全（Kahn，1990），也就是说，团队中的教练型、支持型领导行为特征，都能够提高员工心理安全（Edmondson，1999、2002a、2003a）；领导的指导及支持行为对提升团队心理安全很重要（Roberto，2002），这是因为支持性的主管能在组织中主动建构起支持性的工作环境，从而让员工在这种环境中能够感知到心理安全（May、Gilson & Harter，2004）；同时，领导支持性也有利于形成良好的领导成员关系，叶宜琇（2011）在我国台湾地区实证检验了领导成员关系对员工心理安全的显著正向影响作用。

②管理开放性方面：Detert 和 Burris（2007）发现，领导的管理开放性能显著地解释团队心理安全变异，但变革型领导对团队心理安全变异解释度却不是很稳定；孟磊（2011）则基于中国组织情境，检验了领导行为模式与员工创造力的关系，其中，变革型领导与心理安全显著正相关的假设仅得到部分支持，交易型领导与心理安全显著正相关的假设得到支持，放任型领导与心理安全显著负相关的假设未得到支持。

③领导包容性（Leader Inclusiveness）也与员工的心理安全积极相关：领导包容性特征能显著性地预测员工的团队心理安全，还能缓冲员工专业地位差异与团队心理安全之间的关系（Nembhard & Edmondson，2006）；Carmeli 等（2010）则在组织情境下，实证检验了包容性领导对心理安全的显著正向影响作用；Walumbwa 和 Schaubroeck（2009）实证研究后认为，伦理型领导对工作组织心理安全有显著正向影响作用；张鹏程等（2011）基于中国知识密集型企业组织情境，检验了魅力型领导对员工心理安全的显著正向影响作用；吴维库等（2012）在中国组织情境下进行了实证研究，认为领导的辱虐管理行为（即领导对下属在

情绪及心理上实施持续的非善意对待）会对心理安全产生显著的负向影响作用。基于以上实证研究，可以说，领导行为是员工心理安全的一个最强有力的预测变量（Tynan，2005）。

3）其他组织情境变量因素。影响员工心理安全的其他组织情境因素包括组织信任、组织支持、情境的不一致性（Inconsistency）、群体活动与结构等。组织方面的信任与支持能提高员工心理安全（Edmondson，2003a）；组织支持通过降低团队不安全感与自我防御来影响团队成员心理安全（Pearce & Herbik，2004）；组织支持可分为组织对个人、组织对团队、团队对个人支持（Howes et al.，2000）；其具体内容包括组织为个人、团队提供人力、资源、培训等必要性工具。李宁、严进（2007）的研究证实，组织信任能对员工心理安全产生积极作用。Lee 等（2004）基于提高创新行为的三种情境成分（即价值规范、工具性奖励、评估压力）研究，探讨情境不一致性问题对员工的组织心理安全所产生的影响，即当这三种情境都支持创新（即有支持创新的价值规范、对创新失败不予惩罚、评估压力小）时，员工组织心理安全就较高；而只要某种情境不支持创新（即有抵触创新的价值规范，或对创新失败予以惩罚，或有较大评估压力），或当这三种情境成分出现对创新行为作用不一致时，员工的组织心理安全就较低（Lee et al.，2004）。影响心理安全的群体活动与结构特征则有，团队边界工作（Team Boundary Work）、团队目标和设计、团队地位差异、群体断裂（Faultlines）、群体动力等（Faraj & Yan，2009；Edmondson，1999；Roberto，2002；Lau & Murnighan，2005）。

2. 心理安全的结果变量

（1）心理安全的直接作用。心理安全会对员工学习行为、建言行为、创新行为、工作绩效、工作敬业度、组织承诺及工作满足等产生正向影响。Edmondson（1999）认为，人们只有在感知安全的氛围中，才能产生积极的学习行为与创新行为等行为表现。

1）学习行为。Edmondson（1999）将团队心理安全作为改善团队学习行为的前置因素，认为团队心理安全给个体提供心理上的有效保证，团队不会惩戒其在学习过程中的失败行为。之后，Edmondson（2003a）又将团队心理安全对学习行为的积极影响进一步扩展到五个方面，即求助、寻求反馈、指出错误及忧患、创新行为、边界跨越行为（Boundary Spanning）。再后，其他学者也开始研究心理安全与学习行为间的关系，实证研究表明心理安全能积极影响诸多学习行为，如团队学习行为（Edmondson，1999；Carmeli et al.，2009；Edmondson et al.，2001；Edmondson，2002b）、从错误中学习（Learning From Mistakes；Tjosvold et al.，2004）、吸取教训（Learning from Failure；Carmeli，2007；Carmeli & Gittell，

2009)、程序学习（Learn - how；Tucker et al.，2007)、知识分享（Siemsen et al.，2009）以及创新行为（Edmondson，2002a；Lee et al.，2004；Carmeli et al.，2010；Kessel et al.，2012）等。张鹏程等（2011）在中国知识密集型企业组织情境下，检验了心理安全对员工知识共享的显著正向影响作用。在这些研究中，心理安全常作为学习行为的中介变量，表现出心理安全和学习行为间的紧密关系。

2）建言行为。心理安全能提高员工表达建议的意愿或可能性，员工能充分、自由地表达观点，甚至可以讨论本组织中所存在的失误及不足（Edmondson，1999)。这是因为与学习行为类似，员工在进谏或建言行为（Voice Behavior）过程中，也同样包含人际风险及不确定性，在无安全可靠的组织情境下，员工不会轻易地做出进谏行为（段锦云、钟建安，2005)。在建言行为研究中，心理安全常作为建言行为的前提条件，在该条件得到满足时，员工建言的可能性会更大（Edmondson，2003b；Van Dyne et al.，2003；Liang et al.，2008；Detert & Burris，2007)。Liang 等（2008）研究发现，个体心理安全能积极预测促进型建言行为（Promotive Voice）与抑制型建言行为（Prohibitive Voice)，心理安全对这两种建言行为无预测效果上的显著性差异（Liang et al.，2008)。Walumbwa 和 Schaubroeck（2009）实证研究进一步证实，员工心理安全对于员工的建言行为有显著正向影响作用。吴维库等（2012）基于中国组织情境下，检验了心理安全对员工建言行为的显著正向影响作用。

3）创新行为。团队心理安全能够促进员工创新（Edmondson，1999、2002a、2003a)。Edmondson（2001）以心脏外科团队为样本的实证研究发现，心理安全感知水平更高的团队会参与更多的过程创新中去。Kark 和 Carmeli（2009）研究发现，组织心理安全能增强员工积极去参与创新性工作的意愿。Carmeli 等（2010）研究证实了心理安全对员工参与创新的显著正向影响作用。Lee 等（2011)、Kessel 等（2012）认为心理安全显著影响员工创新。孟磊（2011)，龙静、汪丽（2011）分别基于中国组织情境下，检验了心理安全对员工创造力的显著正向影响作用。

4）工作绩效。Baer 和 Frese（2003）研究发现，组织心理安全与企业绩效（包括两种指标，即纵向变化的资产收益率及公司目标是否实现）之间呈正向相关关系。一些研究认为，心理安全与工作绩效间的影响机制会主要遵循两种路径。路径之一为，心理安全通过促进员工学习与创新行为来提升工作绩效（李宁、严进，2007)。Edmondson（1999、2001）研究发现，团队心理安全会通过提升团队学习行为而进一步提升团队绩效。路径之二为，心理安全通过提高成员工作投入来提高团队绩效。团队心理安全和团队成员的工作投入（Engagement at Work）呈正向相关（May et al.，2004)。作为个体工作动机中一个维度的心理安全，会通过工作卷入（Job Involvement）影响个体的工作绩效（Brown & Leigh，1996）。Abraham（2004）在文献梳理后提出个体心理安全、心理意义、动机及工作卷入度与绩效间的关系框架，并确认个体心理安全能提升员工工作卷入度。心理安全以成员工作投入为中介变量来提高团队绩效的逻辑关系，当成员在团队内有较高心理安全时，他将会投入更多精力于工作中，进而带来较高的团队绩效；反之，低心理安全的员工为了避免遭受组织政治困扰而自我防卫时，会将过多精力与时间投入与其工作无关联的领域中，其团队绩效由此必然会受到限制或消极影响（Mayer et al.，1995）。

5）工作敬业度。有三种心理条件可以提高员工的工作敬业度（Job Engagement），即心理安全、心理意义与心理有效性（Kahn，1999）：当员工相信自己工作参与行为的结果不会遭受到负面评价时，就会表现出更高的工作敬业度，会在工作中投入更多时间与精力，也会更愿意参加组织中的各种工作事务。

6）组织承诺与工作满足。叶宜琇（2011）在台湾地区实证检验了心理安全对员工组织承诺、工作满足的显著正向影响作用。

（2）心理安全的内在作用机制。

1）心理安全会通过创新或学习等中介变量来影响工作绩效等结果变量。如组织心理安全可以积极影响员工的工作卷入度，并通过工作卷入度进一步作用于员工工作努力与工作绩效（Brown & Leigh，1996）；团队心理安全通过组织公民行为这一中介变量的中介传导作用来提高团队创新（唐翌，2005）；心理安全也可通过两种影响机制发挥作用，即一方面通过创新与学习来影响个体绩效，另一方面通过促使员工提高工作投入来提高个体绩效（李宁、严进，2007）；团队心理安全也通过程序学习来促进组织成功实施新技术变革（Tucker et al.，2007）；团队心理安全与团队学习的九种子能力（包括发现、发明、选择、执行、推广、反思、获取知识、输出知识、建立知识库）间存在正向相关关系，同时，团队学习总体能力会在心理安全和团队绩效关系之间起中介作用（陈国权等，2008）；Kark 和 Carmeli（2009）认为，组织心理安全还能促进人际关系活力，再通过人际关系活力进一步提高员工创新工作卷入度。Kessel 等（2012）认为，心理安全通过知识共享的中介作用进一步影响创新绩效。

2）心理安全也会起到中介变量或调节变量作用。如变革型领导和管理开放性会通过团队心理安全这一中介作用积极地影响员工的建言行为（Detert & Burris，2007）。组织心理安全会调节过程创新和企业绩效之间的关系，即当组织心理安全氛围较高时，过程创新和企业绩效间会存在正向关系；而当心理安全氛围较低时，过程创新和企业绩效间则存在负向关系（Baer & Frese，2003）。龙静、汪丽（2011）基于中国高科技企业组织情境，检验了心理安全对威胁感知与员工

创造力之间关系的调节作用。

（四）心理安全研究述评

基于文献回顾，本书认为，心理安全是一个多层面（个体层、团体层、组织层）的解释型构念。员工个体特征、人际关系质量、领导特征、群体活动与结构等都会对员工心理安全产生预测作用；心理安全也会对员工的学习行为、建言行为、创新行为、工作绩效等产生积极影响。

领导行为是员工心理安全感知最强有力的预测变量，员工是否能感受到心理安全，在很大程度上会依赖直接领导者对于他们的直接影响（Edmondson，1999；Tynan，2005）。May 等（2004）认为，当前较少有文献对心理安全及其前因变量、结果变量进行深入细致的研究。因此，进一步开展对心理安全的深层次实证研究就非常有必要。所以，本书将主要考察可能与员工心理安全联系紧密的三种领导风格（即变革型领导、交易型领导、伦理型领导），以进一步探讨变革型领导、交易型领导、伦理型领导是如何影响员工心理安全，进而影响员工创新行为。

现有的研究，大多采用 Edmondson（1999）及 Brown 和 Leigh（1996）开发的心理安全量表。其中，Edmondson（1999）开发的心理安全量表具有较好的信度、效度，被广泛引用或修订使用。他在编制心理安全量表时，是以组织内团队学习过程作为研究背景，即用于衡量员工个体在有学习行为时会受到信任、尊重、支持及不会受到负面性评价的程度。因此，本书拟采用 Edmondson（1999）开发的心理安全量表，同时，根据中国本土化研究需要将考虑该量表的中西方文化差异性。我国本土文化向来重视中庸的观念，不倾向于向他人暴露自己的异议，同时，也不太愿意向他人尤其是向领导直接表达自己的创意或新想法，如果用提出异议、表达激烈观点等方式去衡量心理安全，势必会在测量上出现偏差。因此，我们在应用 Edmondson（1999）心理安全量表时，将进一步重点考虑其在不同组织情境及水平下的结构问题，以及跨中西方文化研究的测量及结构问题等，会做进一步的修改，以适应中国文化情境。

五、创新自我效能理论研究综述

Bandura（1977）首先提出自我效能（Self – efficacy）概念；随后，Bandura（1997）又把自我效能引入创新领域，将自我效能视为员工创新的必要条件。Tierney 和 Farmer（2002、2004）在自我效能基础上进一步提出并验证了创新自我效能概念，并认为与一般意义上的自我效能概念相比，创新自我效能与创新行为之间的关系更显著。相对国外研究而言，国内学者对创新自我效能这个 21 世纪新概念的相关研究还远远不够。

创新自我效能强调，在某个特定情境下，个体对自己依据目标任务要求产生创新性的想法、问题解决方案、技术等行为的能力的信念，是作为一般自我效能的一部分而在特定创新领域的具体运用。人口学因素、个体特征因素和工作情景因素，及三者的交互作用都会影响创新自我效能；外在有利因素的干预或影响，可进一步提高创新自我效能，并表现一定持续性；当创新自我效能作为自变量时，能有效预测创新行为或创新绩效等。已有的、比较常用或新近开发的创新自我效能量表中，各测量题项数不一、维度各异，有的却又缺乏应有的效度检验，新开发的量表也缺乏进一步的实证支持。所以，尽管国内外学者们对创新自我效能概念越来越感兴趣，但无论对于创新自我效能的内涵还是测量工具的研究，学术界尚未形成统一的认识。目前的研究又多集中于中小学、高中、大学等学校情境，内在影响机理研究也不够深入，未来研究更应关注更多组织情境下创新自我效能的影响前因、后果变量及其作用机理。

（一）创新自我效能的概念界定

1. 创新自我效能的理论前身——自我效能

基于社会认知理论，Bandura（1977）通过对人性及三元交互决定论的因果决定模式的准确把握，最早提出自我效能概念。认为人是行动的动因，自我效能正是行动能力的信念，它引导个体思想及行为方式。自我效能是个体能动性的基础，不仅能直接影响个体适应与变化，还能通过认知、情感激发、动机、生理唤醒等方式进一步调节个体思想变化及行动选择。Bandura 又指出，自我效能是个体对自己勇于承担任务且具有获得预期结果能力的信心。从中可看出，自我效能强调主观认定个体自身能力，而不对技能、行为进行客观衡量。Bandura（2007）进一步强调，自我效能是个体能力的信念，而非能力本身，通过信念进一步影响任务的选择、实施、实现等整个过程中的努力程度；尤其是在竞争或压力状态下，自我效能信念越强就越能激励个体不断调整自我、不断坚持，而不是怀疑、否认自身能力，更不是放弃任务或拒绝未来的类似任务。

Bandura（1986、1997）认为，自我效能的主要来源有，一是个体根据以往的成功经验，判断当前任务难易程度、付出努力程度，即成功经验将进一步提升自我效能，失败经验则会降低自我效能；二是通过替代经验，当发现能力相仿的他人在某一特定活动获得成功时，就会促使个体相信自己也应具备相似能力，进而提高自我效能；三是听取他人劝说，相信自己具备完成任务的能力，随之提高自我效能；四是个体根据生理和情绪状态，判断是否具备完成任务的能力，即在焦虑不安状态下，会怀疑自身能力，进而弱化自我效能信念，而在沉着冷静状态下，则会强化自己已具备相当能力的内心信念，进而激发个体能够圆满完成任务的自我效能信心。当然，在所有特定情境下，个体将适时选择自我效能四个主要来源中的单个或多个组合来发挥影响作用。

自我效能与一系列不同情境下的其他变量有高度关联性（Gist & Mitchell，1992；Bandura，1997）。自我效能可分成三类，即一般自我效能、特定任务自我效能及特定领域自我效能。其中，一般自我效能指个体对完成所有任务的总体能力的自信程度；特定任务自我效能指个体对完成某一特定任务的能力的自信程度；特定领域自我效能指个体对完成特定情境下职责的能力的自信程度（Bandura，1997）。特定领域自我效能已成为当前被广泛研究的自我效能类型。各种自我效能类型是在不同情境下的具体运用，强调与其他变量的关联影响性。

将自我效能运用于创新领域中，探讨自我效能与创新的关系，进而研究创新自我效能还是一个崭新的课题。Ford（1996）曾提出个体创新行为理论模型，将自我效能看作个体创新行为模型中动机的重要组成部分，认为自我效能影响员工创新。虽然自我效能和创新有着潜在联系，但是极少有文献把自我效能直接运用于创新行为的情境中（Tierney & Farmer，2002）。所以，作为新近发展起来的非一般自我效能意义上的新型自我效能，对创新自我效能的研究还有待进一步深入。

2. 创新自我效能的理论产生与内涵

尽管国内外学者对自我效能越来越感兴趣，但对于自我效能内涵及测量工具的研究，学术界尚未形成较为统一的看法或观点（Bandura & Locke，2003）。其原因是学者们对自我效能关注的焦点产生了分歧，除一般自我效能外，特定任务的自我效能及特定领域的自我效能恰因与其相关的各自任务与领域不同，对其相应的概念内涵、测量工具自然也就不同。Bandura（1997、2003）认为，自我效能会影响个体努力程度、坚持度、任务选择等行为，而社会认知论指出了社会、环境等因素又会影响个体自我效能，即自我效能会随着具体任务与情境的变化而发生相应的变化，故而为提高自我效能预测效果，就须针对特定任务、领域的自我效能进行深入研究。Bandura（2003），陆昌勤等（2004），顾远东、彭纪生（2010）等学者一致认为，与一般自我效能对比而言，针对特定领域、任务或问题的自我效能在特定行为或绩效方面最具预测性。

对于创新领域或创新特定任务，在很大程度上说，创新则需要在做事情或执行特定创新性任务时探索或尝试新的观点、方法或想法。对于创新个体而言，需要在时间、资源与精力上有大量性、长期性、累积性投入，然而在创新过程中却会不断地面对任务成功完成前的一个又一个的、暂时的、却会令人沮丧的多次打击与失败。因此，创新过程中，更需要个体能具备一种不可动摇的、对自我创新能力有充分自信的信念，进而在创新方面能做出坚持不懈的长期性努力（Bandura，1997）。对于创新领域的特定自我效能，即创新自我效能概念的形成，学者们做出了大量的、有益的、探索性的研究（Tierney & Farmer，2002、2004；Choi，2004a、2004b）。

Tierney 和 Farmer（2002）根据特定领域自我效能内涵，结合 Amabile、Scott 等的创新理论，进一步提出创新自我效能概念，强调创新自我效能是“个体对于自身可取得预期创新成果之能力的信念”。其概念中的创新主要是指个体能在工作中产生新想法及能切实解决问题的新办法。从中可知，创新自我效能既指能产生创新性思维方法的信念，也指可获取预期创新成果的信念。创新自我效能区别于一般自我效能，一般自我效能指个体对跨领域的能力的自信程度；创新自我效能特指个体对创新领域自我能力的自信程度（Chen et al.，2001）。

因此，Tierney 和 Farmer（2002）认为，创新自我效能是指个体对自身能在工作中有创新性表现并可获得预期创新性成果的内心信念，这一信念既针对创新行为结果，也针对创新行为过程，包括有创新思维以克服困难和挑战，有信心创新性地成功完成特定工作任务等自信程度。

（二）创新自我效能的测量

国内外学者逐渐开始关注创新自我效能，但对于创新自我效能测量工具的研究，却未形成统一的观点。其原因是学者们对创新自我效能关注的焦点——创新概念产生了分歧，除了要认真领会一般自我效能的内容实质外，还须关注创新内涵，这样才能有效地、准确地把握创新自我效能。在创新概念理解上的分歧，造成对创新自我效能概念界定的不一致，自然也使得创新自我效能所对应的测量工具有所不同。本书将着重介绍几种具有代表性的创新自我效能量表。这些创新自我效能量表维度各异，虽有一定的理论基础，但仍需进一步的实证证据支持。

1. 创新自我效能的单维度测量量表

（1）Tierney 和 Farmer 创新自我效能量表。目前，应用较广泛、较成熟的创新自我效能测量工具，以 Tierney 和 Farmer（2002、2004）编制的创新自我效能量表最具代表性，包括三个测量题项，量表采用 Linkert 7 点计分。

为了发展创新自我效能量表，Tierney 和 Farmer（2002）对自我效能理论（Bandura，1997）与创新理论（Amabile，1988；Woodman et al.，1993）等相关文献进行了深入研究后，提出一组初始测量题项。初始测量题项内容，主要反映“员工在工作中对自己创新能力的自信程度”（Tierney & Farmer，2002）。首先以不同行业的46名员工为标本，依据调研结果删除部分题项，保留了13个题项；随后，又选取233位员工的独立样本，通过探索性因子分析（EFA），删除部分题项，仅保留3个题项（即产生想法、解决问题、精加工或改善他人想法），从而最终得到单维量表；后又通过制造部门584名员工及业务部门158名员工等两批样本的检验，结果显示该量表具有良好的信度（制造部为0.83；业务部为0.87）和效度。他们在随后的研究中，进一步运用并检验了该量表。

（2）Beghetto创新自我效能量表。基于Tierney和Farmer（2002）量表及Bandura（1997）、Plucker等（2004）前人研究成果，Beghetto（2006）以1322名初中生、高中生为样本，编制了自己的创新自我效能量表。该量表适用于教育领域，主要衡量学生对其学术能力的自信程度。其实证研究表明，创新自我效能较高的学生，更会积极地参加课外学习和课外各项团体活动，对所有学科的成就能力表现出更多的、积极的信念，对考上大学的信心也显著地高于创新自我效能较低的学生。

为评估学生在特定科学领域中的创新自我效能，Beghetto（2009）基于原量表进一步建构了在科学领域中的创新自我效能量表，共5个测量题项，信度为0.83。但是该量表存在较大争议，主要是因为至今未有相关效度报告。

（3）Carmeli和Schaubroeck创新自我效能量表。Carmeli和Schaubroeck（2007）以金融服务业员工为被试样本，对有关测量项目内容进行修改并加入创新领域的内容，从而编制出含有8个测量题项的创新自我效能量表，其信度为0.92。该量表让样本对象评估个人创新性表现的信念。

顾远东等（2010）在中国情境下运用并检验了Carmeli和Schaubroeck（2007）创新自我效能量表，其量表信度值为0.886，分半信度为0.811，表明该量表信度良好；通过了验证性因子分析（CFA）检验，且为单一维度，模型与样本数据拟合度良好，表明该量表有良好的结构效度。

2. 创新自我效能的三维度测量量表

（1）Hill等创新自我效能量表。基于Beghetto（2006、2009）创新自我效能量表，结合Amabile创新三成分模型，Hill等（2008）编制了高中生创新自我效能量表。该量表包含能力自我效能、认知自我效能（认知风格方面的效能）及任务自我效能（任务完成方面的效能）三个维度。其创新自我效能量表包括10个测量题项，信度为0.820，采用Likert 5点计分，包括“非常不符合、比较不符合、说不清楚、比较符合、非常符合”五个评分等级。

（2）林碧芳创新自我效能量表。在Tierney和Farmer（2002）创新自我效能结构基础上，我国台湾学者林碧芳（2004）编制了教学领域中教师创新自我效能量表。林碧芳创新自我效能量表也由三个维度组成，包括教师自身的正面创新自我效能信念、教师自身的负面创新自我效能信念、抗衡外在环境的创新自我效能信念。

3. 创新自我效能的七维度测量量表

结合 Torrance 的发散性思维理论及 Csikszentimalyi 的创新绩效理论，Abbott（2010a、2010b）编制了创新自我效能量表。该量表包含创新思维自我效能与创新绩效自我效能两个分量表。

CFA 结果表明，Abbott（2010a、2010b）创新自我效能量表的结构效度区分效度较好，创新思维自我效能分量表、创新绩效自我效能分量表与 Beghetto（2006、2009）创新自我效能量表之间的相关系数分别为 0.53、0.69，和大五人格量表中开放性的相关系数分别为 0.45、0.53。但也存在一些问题，如该量表的两个分量表没一个基本的创新自我效能维度。

（三）创新自我效能的前因变量与结果变量

1. 创新自我效能的前因变量

社会认知理论认为，个体行为反应受到个体特性、信念、工作特征、领导支持、领导期望、组织氛围等多种因素的影响，创新自我效能在诸多因素互动过程中扮演着重要角色。

（1）人口学变量因素。创新自我效能在性别、年龄、教育水平、学科、专业、社会经济地位等人口学变量因素上存在较大差异。

1）性别变量。性别对创新自我效能的影响结果存在较大分歧。Beghetto（2006）研究发现，男性创新自我效能高于女性。王晓玲（2008）以小学高年级在校生为样本的研究结果则相反，认为女性创新自我效能高于男性。阳莉华（2007）、黄春艳（2009）等以大学生及研究生为样本的研究结果显示创新自我效能不存在性别差异。这却与 Beghetto（2006）、王晓玲（2008）的研究结果存在分歧，可能是因为以学生作为抽样对象，在教育水平等方面所存在的巨大差异性所致。而 Mathisen（2011）以冶金制造业的 240 名员工作为样本，研究结果显示创新自我效能在性别变量上存在显著性差异，男性在创新自我效能上的得分显著高于女性（$F=8.26$，$p<0.01$）。但在 Tierney 和 Farmer（2002），顾远东、彭纪生（2010），Chong 和 Ma（2010）等学者的研究中，却并未对性别变量与创新自我效能的关系进行深入分析。

2）年龄或教育水平变量。创新自我效能在年龄变量或年级等教育水平变量上是否具有差异的研究结果，也存在一定分歧。以在校生为研究样本，一些研究者认为创新自我效能存在年龄或者年级差异（阳莉华，2007；王晓玲，2008），且存在中德两国青少年文化差异（师保国等，2009）。但创新自我效能在年级等教育水平变量上的差异方面，也存在细微差别。阳莉华（2007）在对大学本科不同年级学生创新自我效能进行F检验时，表明组间并未出现显著差异；但LSD多重比较的深入分析结果却表明，在创新自我效能总分均值上，大一学生创新自我效能水平最高，且大一显著高于大二、大三（$p < 0.05$），而其他各年级学生创新自我效能却没有显著差异。黄春艳（2009）研究结果显示，研究生的创新自我效能存在显著的年级差异效应，其得分顺序是研三 > 研一 > 研二。Tierney 和 Farmer（2002）在企业组织中的实证结果则部分支持“教育水平正向预测创新自我效能的研究假设”。而 Mathisen（2011）以冶金制造业员工为样本的研究结果却表明，创新自我效能在年龄与教育水平变量上不存在显著性差异。Tierney 和 Farmer（2002），顾远东、彭纪生（2010），Chong 和 Ma（2010）等以各类型企业组织员工为样本的研究，未对年龄变量与创新自我效能的关系进行深入分析。

3）学科或专业变量。创新自我效能是否具有学科或专业差异的研究结果也存在分歧。阳莉华（2007）对大学生独立样本进行T检验，比较了理工科与文史科学生创新自我效能的差异，结果显示，除创新自我效能的独创性因子外，文史科学生在敏感性、流畅性、灵犀性等因子上的得分皆显著高于理工科学生，最后得出结论认为“文史科学生创新自我效能与理工科学生存在显著差异”。而黄春艳（2009）从专业差异数据上看，无论专业是文科、理科还是工科，研究生创新自我效能并无显著差异，最后得出结论认为，专业对研究生创新自我效能影响不大。

4）社会经济地位变量。创新自我效能在个体的社会经济地位变量上存在显著差异。Karwowski（2010）研究认为，社会经济地位是创新自我效能与创新行为关系的调节变量，当社会经济地位较高时，创新自我效能与创新行为关系会更强；且性别变量与社会经济地位变量之间存在的交互作用比较显著，即社会经济地位较高的男性的创新自我效能较高。Karwowski（2010）研究结论表明，社会与家庭层面上的文化资本等社会经济地位变量在个体创新自我效能发展上起着关键作用。

5）其他人口学变量因素。Tierney 和 Farmer（2002）、Shin 和 Zhou（2007）的研究结果发现，工作年限等也会成为影响创新自我效能的前因变量。

（2）个体特征变量因素。个体对未来预期、创新角色认同、工作自我效能、生活满意度、学习定向等个体特征变量会对其创新自我效能产生影响。

1）未来预期变量。在创新内外环境影响下，个体信念及对未来行为预期将会影响创新自我效能强度，进而影响未来行为表现。影响创新自我效能的未来预期表现在两个方面，即结果预期（Response - outcome Expectancy）与效能预期（Efficacy Expectancy）。结果预期指个体对某一行为将会导致某种结果的期望，如因创新行为表现优异而期待得到社会赞赏、组织奖励与自我满足等，是个体对结果的一种期望；效能预期则指个体对自身是否可以完成某一行为的能力的期望，如个体有信心完成某项创新。

2）创新角色认同变量。Gist 和 Mitchell（1992）研究认为，个体对自身能力的信念在部分程度上取决于如何看待自己，认同理论的角色认同影响个体如何看待自身，某领域的自我效能将经常以该领域的自我认同为前提基础。更直接的实证证据说明，认同与学业相关的自我效能之间的关系是一种因果关系（Tierney & Farmer，2010）。Tierney 和 Farmer（2010）追踪性实证研究表明，创新角色认同与创新相关，创新角色认同是个体对自己实施工作创新认同程度的一种自我概念，把创新活动视为自我的核心成分，创新自我效能随个体对创新角色认同的改变而发生相应的变化。

3）工作自我效能变量。Tierney 和 Farmer（2002）针对两批样本对象进行实证研究，分析工作相关知识、工作自我效能、领导支持、工作复杂性与创新自我效能关系，研究结果发现工作自我效能显著地影响创新自我效能，而且影响程度最强烈。

4）其他个体特征变量。有研究认为，个体内在动机、外在动机、创新的性格、谨慎的性格、创新能力（Choi，2004a），员工对领导创新期望的感知（Tierney & Farmer，2004），个体的生活满意度（Hill et al.，2008），员工的学习定向（Gong et al.，2009），个体的创新内隐观、时间管理与长期规划（Karwowski，2010）等变量都与创新自我效能存在显著关系。

（3）工作特征变量因素。工作复杂性、工作创新性要求等工作特征变量将影响创新自我效能。

1）工作复杂性变量。工作本身的复杂性会激发个体更大的创新自我效能。Tierney 和 Farmer（2002）以生产制造部门蓝领工人与高科技公司业务部门白领人员两批独立样本的实证研究发现，工作复杂性显著影响创新自我效能；但对于生产制造部门样本，工作复杂性与工作年限存在交互作用于创新自我效能。

2）工作创新性要求变量。Tierney 和 Farmer（2010）追踪研究发现，创新自我效能会随着工作创新性要求的提高而下降，即对于创新性要求程度高，却又是复杂的、具有挑战性的工作任务，如果经验丰富的个体的控制感较低，则会降低创新自我效能，工作创新性要求上的工作变更则会进一步增加工作压力，降低个体工作控制感与创新自我效能。但该研究却并未检验出工作变更与创新自我效能相关关系的显著性，这可能是因为追踪研究仅持续 6 个月。如果追踪研究持续时间更长些，可能会发现，经过更长时间以缓解、调适因工作创新性要求上的工作变更可能带来的工作压力与控制感降低的状况，从而提高员工创新自我效能，当然这需要进一步的实证证据。Mathisen（2011）实证证据则表明，工作创新性要求与创新自我效能呈显著正相关，标准路径系数为0.61（$p<0.01$）。

3）其他工作特征变量。有研究认为，工作技能要求（Tierney & Farmer，2004）、工作自主性（Mathisen，2011）等变量对员工创新自我效能有显著正向关系。

（4）工作情境变量因素。领导支持、领导创新期望、组织创新氛围、部门属性等工作情境变量也是影响创新自我效能的前因。

1）领导支持变量。领导对创新活动提供更多重要资源、为创新任务提供便利、对创新行为给予物质或精神的奖励等领导支持将有助于激发部属形成创新方面的信心（Deci & Ryan，1985），而且领导在影响员工自我效能方面也起着关键作用（Bandura，1986）。所以，企业领导如能真正关心员工需要与感受、积极地反馈、鼓励员工表达想法、发展员工技能、帮助员工有效地解决工作中遇到的难题，将极大地提高员工自我效能与工作兴趣（May et al.，2004）。诸多研究也表明，领导支持与个体创新自我效能关系显著。Tierney 和 Farmer（2002）以来自两个不同业务类型公司的样本数据，对创新自我效能的效度进行了检验，其结果表明，领导支持行为对创新自我效能有显著正向影响。Choi（2004a）的研究结果支持了该观点。Beghetto（2006）研究表明教师支持行为可提高学生创新自我效能。Shin 和 Zhou（2007）、Gong 等（2009）的研究结果发现，变革型领导也影响员工创新自我效能。Tierney 和 Farmer（2010）以研发人员样本数据的实证证据，进一步验证了领导支持行为对创新自我效能的显著正向关系。Ahearne 等（2005）验证了授权行为对员工自我效能具有显著正向影响。耿昕（2011）则在此基础进一步通过实证验证了领导授权赋能行为对员工创新自我效能具有显著正向影响，而且领导授权赋能行为的五个维度，即以身作则、参与决策、提供指导、信息分享、关心下属也对创新自我效能具有显著正向影响。Mathisen（2011）实证证据也表明，领导支持与创新自我效能关系显著。

2）领导创新期望变量。领导对员工的创新期望可通过言语劝说、鼓励成员间协作、树立创新榜样、公开表扬创新行为等各种形式表达出来（Amabile，1988；Woodman et al.，1993）。Bandura（1997）进一步指出，领导榜样作用既是促进员工创新的重要情境因素之一，也是员工在更复杂的、富有挑战性任务中提升自我效能的重要因素。领导榜样作用是员工追求高工作绩效的重要标尺，而且领导鼓励成员间工作协作与互动过程中的信息分享也有助于提高个体自我效能（Gist & Mitchell，1992）。通过不断的研究，Tierney 和 Farmer（2004）发现领导创新期望与员工创新自我效能之间存在显著关系，其结论验证了领导创新期望通过领导创新支持行为影响员工创新期望感知，进而作用于员工创新自我效能的皮格马利翁效应。Tierney 和 Farmer（2010）的追踪研究结果进一步支持该结论，认为创新自我效能随着领导对员工创新期望的增强而提高，其影响机理是，领导对员工创新期望越强，给予员工的创新支持行为就会越多，员工自身的创新期望就会增强，进而提高创新自我效能。

3）组织创新气氛变量。诸多实证证据表明，组织创新气氛对创新自我效能有正向影响。Beghetto（2006）研究结果说明，可以通过改善课堂氛围、教师支持行为来提高创新自我效能。Shin 和 Zhou（2007）研究发现，组织创新氛围是影响创新自我效能的前因变量。顾远东、彭纪生（2010）以南京、苏州两地高新技术开发区和工业园区内的478名高新技术企业员工为调研对象，对组织创新气氛、创新自我效能与员工创新行为变量之间的关系进行了实证分析；其结论认为，组织创新气氛对创新自我效能产生正向显著影响。

4）其他工作情境变量。有研究发现，团队开放气氛（Choi，2004a），团队异质性、团队聘期（Shin & Zhou，2007），组织层级水平、部门属性（Tierney & Farmer，2010），同事关系（Mathisen，2011）等工作情境变量也是影响创新自我效能的前因变量。

2. 创新自我效能的结果变量

在明确提出创新自我效能概念前，已有关于自我效能和独立承担任务、创新思维等创新结果变量之间关系的实证研究。Tierney 和 Farmer（2002）提出创新自我效能概念，专门用于探讨创新自我效能在创新领域中的应用。之后，诸多国内外学者开始研究创新自我效能对创新结果变量的影响关系，但在其中的一些研究文献中，对创造性、创造性思维、创造性行为、创造性绩效、创新行为、创新绩效等创新结果变量未加以细致区分。而且有些研究者却又用相同的创新行为量表测量创新行为、创造性、创造性绩效、创新绩效等变量时，也存在创新术语混用现象。为了能较清晰地说明问题，本书用创新行为（包括产生创新构想、寻求创新支持、执行创新构想，含有创新绩效或创新表现的意思）统一代表创造性、创造性思维、创造性行为、创造性绩效、创新行为、创新行为表现、创造性等级、创新绩效等创新结果变量。由于创新自我效能主要体现在创新领域的个体心理信念，故本书主要讨论在创新领域或创新任务中受创新自我效能影响的相关结果变量，主要为创新行为、目标定向、创新工作卷入等。

（1）创新变量。一些研究结果表明，无论是在各级学校、政府部门还是企业工作背景下，创新自我效能都是个体创造力或创新行为的重要前提。因此，在教育、制造业、高科技、金融、保险服务业、科研机构及政府行政部门等诸多情境下，创新自我效能既与个体创造力或创新行为、团体创新行为相关（Shin &

Zhou，2007；Mathisen & Bronnick，2009），又在诸多个体或情境因素与员工创造力或创新行为之间起到中介作用（Shin & Zhou，2007；Gong et al.，2009；顾远东、彭纪生，2010）。

1）创新自我效能对学生创造力影响的实证研究。Choi（2004b）实证研究表明，本科生的创新自我效能与教师对学生评定的创造力正相关。王晓玲（2008）以小学高年级学生为被试，也认为创新自我效能与创造力之间显著正相关。黄春艳（2009）以研究生为被试，其结论支持创新自我效能与创造性表现总分显著正相关。同时，Choi（2004b）、王晓玲（2008）、黄春艳（2009）等研究进一步说明，创新自我效能在其他前因变量与学生创造力结果变量之间也起到部分或完全中介效应。

2）创新自我效能对员工创造力或创新行为影响的实证研究。Tierney 和 Farmer（2002、2004、2010）以不同样本的横断或追踪研究的大量实证证据都表明，创新自我效能可以显著预测上司评定的员工创新等级；在控制工作自我效能等变量的情况下，创新自我效能可以显著地解释影响员工创造力表现的大部分变异；同时创新自我效能在领导期望、领导支持与员工创造力之间起到中介效应。Mathisen 和 Bronnick（2009）以教师和市政职工为样本的实证研究发现，创新自我效能与创新（发散性思维）之间存在正向相关。国内学者顾远东、彭纪生（2010）以高新技术企业员工为被试，在中国情境下检验了创新自我效能与员工创新行为（采用由黄致凯翻译修订的 Kleysen 和 Street 个人创新行为量表，量表包括 12 个项目）的正向相关关系，而且创新自我效能与“产生创新构想、执行创新构想”等员工创新行为两个子维度的关系也是正向显著相关，即员工创新自我效能越强，产生创新构想、执行创新想法的行为表现也就越多；同时，创新自我效能在创新氛围情境因素与员工创新行为之间起着中介效应。顾远东、彭纪生（2011）又进行了深入的拓展性研究，不仅检验了创新自我效能对员工创新行为的直接影响，而且还以社会认知理论为基础，进一步验证了创新自我效能通过成就动机与工作卷入两个变量的中介作用来间接影响员工创新行为，回答了“如何激发员工创新行为”问题，从而进一步揭开创新自我效能对员工创新行为影响机理的“黑箱”。耿昕（2011）的实证证据也支持创新自我效能对员工创新行为的显著影响，同时也检验了创新自我效能在领导授权赋能行为与员工创新行为（采用由 Scott 和 Bruce 编制的员工创新行为问卷）之间的中介作用。

（2）目标定向变量。班杜拉（2003）认为，特定领域的自我效能是该领域行为绩效强有力的预测变量。自我效能有助于个体掌握目标定向，使用元认知与自我调节等学习策略，而这些活动及策略常常与创新活动联系起来；最近研究也表明，创新自我效能与目标定向相关（Beghetto，2006；Hill et al.，2008）。

Beghetto（2006）强调，与创新自我效能低的学生相比，创新自我效能强的学生，会更多地参加课外学术及团队活动的创新研究和实践，对自己在各个学科领域的学术研究能力更有积极评价，信心感强，会更多地、积极地为自己升入大学这一目标定向做规划。

（3）其他结果变量。创新自我效能与个体创新工作卷入（Carmeli & Schaubroeck，2007；顾远东、彭纪生，2011）、成就动机（顾远东、彭纪生，2011）等结果变量也存在显著相关性。

（四）创新自我效能研究述评

创新自我效能概念提出的时间不长，有关创新自我效能的研究也刚刚起步，虽然从现有研究中得出了一些结论，但仍存在许多需要进一步深入研究的问题。

在创新自我效能概念内涵与测量方面，虽然 Tierney 和 Farmer（2002）、Beghetto（2006、2009）等编制的量表具有较好信度，但有的只有三四个题项、有的却有许多题项，这反映了创新自我效能的概念内涵、测量存在多种观点的现象。未来研究中，需要更清晰地界定创新自我效能的概念内涵，开发出更细致、统一的创新自我效能量表。

在创新自我效能的影响因素方面，未来研究应该纳入更多的家庭因素、组织情境与教育变量，如父母态度、父母儿童关系、师生关系、领导下属关系、领导行为方式、特定教师行为、父母的教养方式、组织或家庭创新氛围、创新期望等变量对创新自我效能的影响，并进一步探讨如何有效地提高个体创新自我效能。同时，需要以更多的样本、更多情境来检验个体创新自我效能在性别、年龄、学科或专业、教育水平、社会经济地位等变量上所存在的差异性。

在创新自我效能对结果变量的影响方面，需要深入地探讨更多的、可能会受到创新自我效能影响的创新结果变量，如组织或个体创新行为、创新工作卷入、创新知识共享等，并分析创新自我效能作用于创新行为等结果变量的内在机理。

在创新自我效能相关的研究方法方面，现有研究大部分属于横断研究，未来需要开展持续时间更长的追踪研究，探讨创新自我效能及前因变量、结果变量之间的动态关系，并深入分析其内在作用机理。另外，大部分现有研究中，多采用创新自我效能与创新行为的自我报告测量方式，其中可能会因共同方法偏差导致结果变异的混淆，未来研究可能需要采用多边数据，从多水平及跨层次的研究视角（Tierney & Farmer，2010），以提供更精确的实证证据。

六、本章小结

本章对相关理论及文献进行回顾和述评，为本书奠定了理论基础。在领导行为理论方面，主要阐述了领导理论发展史、变革型领导与交易型领导、伦理型领导。本章还对员工创新行为、知识共享、心理安全、创新自我效能等相关理论进行了详细阐述。通过文献综述，可以为本书找到理论上的支撑点，并发现以往研究中需要进一步探讨的理论与现实问题，明确未来研究的努力方向。

第三章　理论拓展与研究假设

本章主要内容是提出本书的理论假设及进行总体构想的研究设计。其中包括总结以往理论研究的主要成就，分析以往研究中尚有待进一步研究的问题，提出研究所拟解决的关键问题；提出本书相关问题的具体假设及总体研究构念。

一、以往研究的总体评述和本研究的努力方向

（一）以往研究的成就

目前，现代企业组织皆处于复杂的市场经济环境中，这个经济环境变化得越来越快、充满了不确定性、同行间竞争也日趋激烈、以创新求发展的诉求意愿也更加强烈。在众多影响员工创新行为的因素中，领导行为是能对员工创新行为产生实质影响的关键性因素。因此，为了促进企业创新发展，也需要越来越多地关注领导风格与员工创新行为关系这个重大课题。文献梳理结果表明，研究者们正试图从理论研究及实证分析两方面去努力探索领导风格是怎样影响员工创新行为的，但迄今为止，此方面的实证性研究仍处于初级实践探索阶段。本书试图对以往学者们有关领导风格与员工创新行为方面的理论与实证研究做个文献梳理。通过文献归纳及总结发现，领导风格主要从三个方面来对员工创新行为产生影响。

1. 领导自身因素对员工创新行为的影响作用

单就领导自身因素与员工创新行为有效性关系来说，通过对以往实证研究的文献总结发现，领导风格方面所表现的各种领导者自身因素，如领导者特质、领导行为等都会对员工创新行为产生影响作用。

影响员工创新行为的领导者特质有多种因素，包括领导者对创新的敏感性（Basadur，2004）、领导者的智商（Gibson et al.，1993；Zhou & George，2003）、

领导者自身的创新能力（Mumford et al.，2002）、领导者的认知风格（Kirton，1976；Marta et al.，2005）、计划能力（Marta et al.，2005）、领导者个人动机（Amabile，1988；Farris，1988；Tierney et al.，1999；Sternberg et al.，2003）。

领导行为是影响员工创新行为的重要方面。影响员工创新行为的领导行为方式，即为领导风格及其相关子维度等。领导行为对员工创新行为的影响主要表现为，领导授权（Zhou，2003；Amabile et al.，2004；Krause，2004；Choi，2004）、领导支持（Kanter，1988；Amabile et al.，1996；Frese et al.，1999；Madjar et al.，2002；Tierney & Farmer，2004；Janssen，2005；George & Zhou，2007）、领导重视（Mumford & Gustafson，1988；Scott & Bruce，1994；Tierney & Farmer，2002）、变革型领导（Sosik et al.，1999；Jung et al.，2003；Shin & Zhou，2003；郭桂梅、段兴民，2008b）及变革型领导的智能激发等相关子维度（Sosik et al.，1998）。

另外，有实证研究表明，领导成员交换也会对员工创新行为产生重要的影响作用（Amabile，1988；Basu & Green，1997；Tierney et al.，1999；Van Dyne et al.，2002；孙锐等，2008）。当某些员工能得到其领导较多的个性化关怀时，他们会更有效地去应对各种不确定性事件，并会在创新活动中表现出更大的热情（Kahn，1998）。

2. 领导行为影响员工创新行为的内在机制：员工自身特征的中介作用

实证研究结论表明，领导行为除了会直接影响员工创新行为，还会通过有利于员工创新行为发生的员工自身特征等多种中介变量来影响员工创新绩效。如果说领导行为能在很多方面去影响员工创新，那么就需要透过现象看本质，通过不断地深入探讨，努力找到能够解释领导行为与员工创新行为之间关系的复杂模式。由于创新的复杂性（Amabile，1988），领导行为对员工创新行为的影响机制并不简单。搞清楚领导行为影响员工创新行为的内在机制，将为探讨分析员工创新行为是如何被激发，又是如何开始、发展等形成过程迈出重要的一步。

以往研究表明，领导会通过影响员工的创新认知、创新能力、创新动机及自我概念等中介变量，再进一步作用于员工创新行为。考虑到员工创新行为不是孤立的，而是系统性创新表现，企业组织应为员工创新提供必要的、能激励创新的创新工作氛围或创新工作环境（Amabile，1988）。领导者作为影响员工创新行为的工作情境内的核心人物，会通过各种领导行为方式，积极地为员工创造一个有利的创新工作环境，通过激发员工创新想法、提升员工创新能力、刺激员工创新内外在动机及提高员工创新自我概念等中介作用，来进一步激励员工有更多的创新行为表现（Amabile et al.，1996；Kanter，1988）。

3. 组织内不同类型领导行为风格对员工创新行为的影响作用

变革型领导、交易型领导等领导风格自提出以来，得到国内外学者的多方关注，使得这些领导行为理论研究逐渐成为当代领导理论研究的主要范式。而有关变革型领导与员工创新行为关系的研究还不多（多数学者实际上探讨的是变革型领导与员工创造力或创造性的关系），而有关交易型领导与员工创新行为关系的研究就更少。伦理型领导是新近提出的新型领导风格，虽逐渐引起研究者的兴趣，但有关伦理型领导影响员工创新行为的研究尚未有文献提及。从理论上说，变革型领导、交易型领导、伦理型领导与员工创新行为之间应该会存在较密切的关系。如组织内变革型领导行为，倾向于向员工授权，也在组织内营造一个创新支持性的工作环境等，而这些行为会进一步对员工创新行为起到促进作用（Jung et al. ，2003）。这些也暗示着对变革型领导、交易型领导、伦理型领导与员工创新行为之间关系的研究具有一定的可操作性及可实现性。

而且在员工创新行为、心理安全、创新自我效能、知识共享、领导成员交换等理论方面，经过多位学者的前期研究，历经分歧，虽还存在角度分析等方面的差异，但这些概念的操作化定义、维度及测量也已经开始逐渐受到西方理论界的认可。同时，我国的一些学者也根据中国文化的特殊背景，开发了中国文化背景下的组织行为学相关量表及问卷，并且表现出较好的信度及效度。这些，都为进一步的实证研究奠定了良好的实践经验与理论基础。

（二）有待进一步研究的问题

从已有的相关研究进展及本书所概述的领导风格与员工创新行为之间关系的多方面研究成果来看，对领导风格影响员工创新行为这一研究主题，在今后仍有值得进一步研究的问题。

1. 变革型领导和交易型领导的研究结果还存在不一致性问题

自 Burns（1978）在政治领域中首先提出变革型领导与交易型领导风格后，对变革型领导及其有效性的研究，成为国外领导理论研究界的热点领域。在近年，国内才开始关注变革型领导及其有效性。但从文献分析来看，无论国外还是国内理论界，常过多关注变革型领导，而忽视对交易型领导的研究，甚至将变革型领导与交易型领导对立起来，或认为交易型领导只有负向影响作用。而且对于变革型领导和交易型领导的有效性还缺乏一致性的研究结果（时勘，2007）。变革型领导与交易型领导究竟是对立关系、包容关系还是累加关系，不同学者的实证研究却得出了完全不同的研究结论（Bass，1998）。这两种风格的国内研究结果也存在差异，在员工创新过程中，孰优孰劣尚无定论。因此，从领导风格影响员工创新行为的作用机制入手，探讨其影响作用大小，能为企业管理者去选择更有效的领导行为风格提供有价值的参考或建议。而且在领导概念及测量方面一直过于单纯化是领导理论研究方面所存在的一个不足，简单的双因素模型并不能较充分地反映、评价领导行为及与其潜力相关的系列因素（House & Aditya，1997）。与此同时，变革型领导理论也一直因为概念缺乏清晰度而不断地受到学界的多方批评。在中国文化情境下，交易型领导、伦理型领导的概念会不会也存在差异呢？

2. 需要进一步深入探讨与创新行为相匹配的领导行为方式

通过领导者可能会采取不同领导风格中的不同行为方式，如智能激发、个性化关怀、伦理影响、权变奖励、积极例外管理等，可能会在不同程度上激励员工创新行为。因此，在今后研究中，需要进一步考虑不同领导风格的差异性表现，以便得出与员工创新行为相匹配的领导行为的有效性及其作用机制方面更为准确的结论。

3. 高度关注中国文化情境下或东西方文化冲突融合影响下的领导风格与员工创新行为的关系

Farmer 等（2003）曾强调，研究者需要更多地关注在不同国家或地区的特定文化背景下，环境因素、工作情境及个人因素会如何影响员工创新行为。随着世界范围内经济贸易的迅速全球化，世界上越来越多的不同经济体逐渐融入全球化经济发展的大浪潮中，国外跨国公司更是在全球范围内快速发展壮大并通过合资等方式扩大其影响力。随着中外合资公司的增多，包括全资国企在内的所有国内企业组织也必然会面临着其他国家或地区的文化冲击。到目前为止，除美国外，在其他国家特定文化背景下，去深入探讨领导风格对员工创新行为影响的实证性研究还较少。而且大多数领导理论等组织行为学理论都是在美国文化背景下诞生的。因而，在中国文化情境下，在国内企业，包括在中外合资企业或跨国公司中去开展此方面的特定文化性质的创新理论研究也将是具有现实意义的。

4. 需要扩展领导风格与员工创新行为关系的研究领域，考察更多的组织类别与职能部门

尽管探讨创新的早期实证性研究多集中于比较重视创新绩效的特定工作环境中（Elkins & Keller，2003），但也有一些相关研究是在“不太需要创新”的其他工作环境中（如制造型企业）进行的（Madjar et al.，2002；Tierney & Farmer，2002）。Tierney 和 Farmer（2002）在两个不同组织内分析探讨创新绩效，结果发现，影响员工创新行为表现的个人及情境因素却在这两个组织中显示出差异化。上述这些研究结论显示，如今的创新不仅局限于研发等相关科技部门，许多其他不同的组织及职能部门也都需要创新。因此，有必要进一步在不同性质的组织环境及职能部门，如在行政事业组织、非营利组织、金融服务行业以及企业组织内的管理部门或营销（市场）部门或策划（战略）等领域或部门中探讨员工创新行为，这对于深入研究探讨领导风格影响员工创新行为会具有在理论与实践上更

加重要的指导意义。

5. 领导风格对员工创新行为作用机制的“黑箱”还缺乏进一步的深入研究

还需探讨是否有其他中介变量起着创新机制上的传导作用，是否有其他调节变量在产生调节效应。国内外学者，在变革型领导与领导有效性之间关系的研究方面，已取得了一些进展，但相对而言，变革型领导作用机制的研究还较少，交易型领导作用机制的研究就更少了。不仅变革型领导与员工态度或行为表现间中介作用过程的理论研究仍处于初期阶段（Shamir，1991），而且对于变革型领导和交易型领导的有效性还缺乏一致性的研究结果（时勘，2007）。作为组织中变革型领导理论的提出者，Bass（1999）在回顾20年间变革型领导的理论研究进展时也特别指出，变革型领导理论的未来研究方向之一，就是研究变革型领导的作用机制。由于伦理型领导更是一种新型领导风格，国外研究也只是刚起步，国内则以对国外文献作综述性研究居多；无论对国外还是对国内来说，对伦理型领导自身的研究及其作用机制的实证性研究还存在太多的空白点。进一步来说，从变革型领导、交易型领导、伦理型领导这三种领导风格影响员工创新行为入手，探讨其影响作用是否存在、其影响大小如何，以及深入分析探讨领导风格影响员工创新行为的内在作用机制的研究就更少了，这更是未来研究的努力方向。

（三）拟解决的关键问题

在前人研究的基础上，本书将主要针对四个方面的关键性理论问题进行深入研究，进而有效地揭示领导风格对员工创新行为影响关系及其影响机制。

1. 领导风格与员工创新行为关系的概念模型构思

通过阅读文献，我们初步认为，变革型领导、交易型领导、伦理型领导这三种领导风格与员工创新行为、心理安全、创新自我效能、知识共享、领导成员交换之间可能会存在某种内在有机联系。那么，如何从中探讨并推导出领导风格与员工创新行为关系的概念模型就成为本书首要的关键性问题。在深入收集、回顾、梳理文献后，还需要有充分理由来进一步从理论上假设，即变革型领导、交易型领导、伦理型领导这三种领导风格在理论上应该能够显著地正向影响员工创新行为；能够对员工的心理安全、创新自我效能、知识共享产生正向的显著性影响；员工心理安全、创新自我效能、知识共享能够对员工创新行为产生正向的显著性影响；员工心理安全、创新自我效能、知识共享这三个变量两两之间的相关关系可能会存在显著性。在探讨上述双变量之间关系后，还需要深入挖掘领导风格与员工创新行为之间的中介变量及调节变量影响关系。解决这些诸多问题之后，才能真正架构起“领导风格与员工创新行为关系的概念模型”。当然，理论推导出的概念模型中各变量之间的假设关系还需要以问卷调研的实证数据去验证，实证检验将又是一个亟须切实解决的关键性问题，只有通过了实证研究检验才能证明概念模型中变量之间的理论假设关系的合理性。

2. 领导风格对员工创新行为的作用机制

尽管以往关于变革型领导及交易型领导风格与员工创新之间的少数研究也已有一定时间，但是这些研究一直未能得到比较令人信服的结论，或者说对于变革型领导和交易型领导的有效性还缺乏一致性的研究结果（时勘，2007），以致有的研究者已经对这个话题失去兴趣。但是，鉴于本书所提出的概念模型和以往的其他模型存在较大差异，而且我们认为，这一研究模型极有可能会在一定程度上解决领导风格和员工创新行为之间关系的一些争议，如大部分学者认为变革型领导对员工创新行为有正向的促进作用（Shin & Zhou，2003），但仍有一部分学者对此作用提出质疑，认为只有部分维度有正向影响、部分维度对员工创新行为无任何影响；或者认为变革型领导和创新行为呈现负向相关关系（Basu & Green，1997）；而且交易型领导对员工创新行为的影响也存在分歧或争议等。所以，需要对这三种领导风格对员工创新行为的影响模式做探索性与验证性的深入研究。变革型领导、交易型领导、伦理型领导这三种领导风格对员工创新行为的影响可能会是外化向内化转变的过程，关于变革型领导、交易型领导风格对于员工创新行为（而非仅仅为创造力）的内在作用机制的研究还不多，而伦理型领导对员工创新行为作用机制的研究更是一片空白。因此，探索这三种领导风格对员工创新行为的作用机制，找出两者之间关系的桥梁，既为技术创新领域提供新的研究方向，同时也能为企业管理者如何选择有效的领导风格来激励员工的创新行为提供新的发展思路。心理安全、创新自我效能、知识共享也是较新的研究热点。根据以往文献深入研究与回顾，我们进一步地思考，它们会不会是领导风格与员工创新行为关系之间的桥梁呢？如果是桥梁，这些桥梁的质量又会是怎样的呢？等等。这些太多的理论设想性问题也都需要进一步深入地去探索，努力以实践求真知。为此，本书需要从理论上再进一步探索，心理安全、创新自我效能、知识共享能否在领导风格（变革型领导、交易型领导、伦理型领导）与员工创新行为关系中起到较显著的中介影响作用；领导成员交换能否在领导风格（变革型领导、交易型领导、伦理型领导）与员工创新行为关系中产生较为显著的调节作用？为解决这些问题，我们还需要进一步通过企业实地访谈、问卷调查研究，运用专业性的统计分析方法，实证分析检验领导风格（变革型领导、交易型领导、伦理型领导）对员工创新行为的作用机制。

3. 探讨变革型领导、交易型领导、伦理型领导对员工创新行为影响的差异性

集中探讨变革型领导、交易型领导、伦理型领导与员工创新行为关系的研究

还不多见。我们还需要对这三种领导风格与员工创新行为建立回归分析数理模型，探讨各领导风格在对员工创新行为影响上的显著差异性。回归理论模型的构建、实证数据的取得、运用实证数据对回归理论模型进行检验将又是本书的关键性问题。

4. 中国文化背景下有关变量的文化适用性检验

Farmer 等（2003）认为，研究者需要更多地关注在不同国家或地区的特定文化背景下，环境因素、工作情境及个人因素会如何影响员工创新行为。东方集体主义文化与西方个人主义文化存在本质上的区别。中国文化与美国文化恰属于东方集体主义文化与西方个人主义文化中的两个典型。而大多数领导理论等组织行为学理论都是在美国文化背景下诞生的，能否适用于中国文化还需要进一步检验。单从组织文化来说，组织文化可能是组织层面上的、影响变革型领导和交易型领导内在作用机制的重要情境变量。也就是说，组织文化会影响变革型领导与交易型领导的作用发挥，影响员工对领导行为的接受程度；某些组织文化与另外一些组织文化相比，可能会更愿意接受变革型领导；某些组织文化中的组织价值观，可能会更适合或有利于产生变革型领导（Vandenber - ghe, 1999）。研究结果表明，组织文化中的主导价值观如果是支持性的或者是创新的，其组织内部的部门领导一般会被描述成具有变革特质（Hartog et al. , 1996）。然而，以强调内部控制、强调规则导向价值观的组织文化，则更容易产生出交易型领导（Lowe et al. , 1996）。组织文化恰是一国文化的缩影。从权变观点看，变革型领导和交易型领导的领导有效性皆要受到情境因素、被领导者因素等方面的影响（徐长江、时勘，2005）。Bass（1999）特别强调，研究者们需要更多关注影响领导行为作用的组织环境因素，以对变革型领导的作用机制以及对员工的价值观与信仰是如何从服从到认同、再到内化的内在变化机制给予更多的解释。组织情境（包括环境因素及工作情境等）是组织文化的内容或范畴，更是一国文化的浓缩。

在全球化影响下，随着中外合资公司的增多，国内企业组织无论其资产性质是否有差异，都将必然地面临着其他国家或地区的文化冲击以及文化交融的影响。文化的冲击会影响企业组织文化、影响组织情境，进而影响员工思维与行为方式。因此，需要高度关注中国这个特定文化情境下企业组织内的伦理型领导、变革型领导、交易型领导、员工创新行为、心理安全、创新自我效能、知识共享、领导成员交换等变量的结构维度是否存在不同文化上的共同性以及中国文化的特殊性或差异性。这样，对变革型领导等概念的理解及操作化定义、变量量表的正确选用及恰到好处的“本土化”修订就成为本书的又一大关键性问题。

二、研究假设

（一）领导风格直接作用效果假设

1. 领导风格对员工创新行为的直接影响

理论研究界的学者们及企业管理实业界的企业家们，一直也都在探讨领导风格对员工创新行为的作用。对企业员工而言，领导者的重要性是不言而喻的。在企业组织活动中，领导有效性体现在提供高质量、高效能的产品或服务，注重塑造组织凝聚力，帮助员工个人发展、提升员工工作满意度，向员工描述愿景与目标，构建优良的创新机制，营造激励创新的组织文化氛围等。学者们分析并提出了一些能对创新起促进作用的领导角色（Farris，1988；陈晓萍，2006），其中包括思想产生者、项目领导者、守望者、资源提供者、发起人及指导者等（Roberts & Fusfield，1981）。Farris（1988）提议要多做些研究来进一步关注技术创新活动中的领导。可以说，领导者的领导风格越来越成为企业内创造力的决定性因素（Dess & Picken，2000）。影响员工创新的领导行为主要表现在这些方式上，即向员工提供与员工自身相关目标、问题及问题解决办法所相适应的企业工作环境（Redmond et al.，1993；Amabile，1998）；或通过描绘未来愿景，指引企业员工朝向创新工作过程及创新结果而不断努力（Amabile，1996）；或通过在组织内营造创新气氛而影响创新（Ekvall & Ryhammar，1999）；或向企业员工提供内在及外在奖励来激励企业内各种创新活动，以不断强化员工参与创新行为，努力提高创新绩效（Mumford & Gustafson，1988；Jung，2001）。一些实证研究发现，领导风格（领导魅力及创新灵感等）和员工的创新能力（新方法或技术方面的研发创新等）相关（Lee & Chang，2006）。Garcia - Morales 等（2006）研究认为，领导风格对提升企业内的创新能力有着重要影响作用，变革型领导风格比交易型领导风格更能够促进创新。

在很多情况下，变革型领导被验证能够提升下属的创造力和动机，更能促进创新（Bass，1985、1999；Garcia - Morales et al.，2006）。变革型领导的实质在于主动改变固有的或寻常的做事方式（Tichy & Ulrich，1984）；变革型领导的一个重要特征为善于在组织内创造鼓励创新的氛围或环境，能激发员工的创造性或革新精神，激励勇于探索及尝试新颖的方法来执行特定任务，进而提高组织的整体创新水平（Bass，1985、1999）。变革型领导的具体做法是，主动质疑原有事情或问题的关键性假设，不断推陈出新（Bass，1985、1999），认识到变革的现实需要，自愿作为变革推动者，掌控转变的整个过程（Tichy & Devanna，1986），能运用非传统的创新性策略（Conger & Kanungo，1987），采用试验方法来鼓励创新，并且不断检验新的产品或程序（Bennis & Nanus，1985）。Howell 和 Higgins（1990）在企业内研究时发现，技术创新的优胜者会比其他人采取更多的变革型领导行为方式。Waldman 和 Bass（1991）实证检验了所构建的变革型领导与组织创新过程的理论模型，其结论表明，变革型领导的创新愿景与提供智能激发行为在创新过程的早期阶段是有必要的，在创新过程的后期阶段，变革型领导的领导魅力行为则与项目的效果密切相关。这是因为，从员工创新发展观来分析，变革型领导的智能激发维度能在很大程度上引起员工的创造性及独立思考怎样去解决问题的办法，并能引导员工在解决问题、做决定时主动向他人寻求建设性意见（Bass，1998）。Basu 和 Green（1997）在一项研究中发现变革型领导和创新行为呈现负向相关关系，这和大家期望的结论或大多数理论研究相反，即变革型领导应与创新行为存在正向相关关系（Bass，1985；Tichy & Ulrich，1984；Tichy & Devanna，1986）；其违背常理的原因可解释为，被研究组织中可能存在一些异常性质的干预因素，在这种情形下，变革型领导可能会反而阻止创新。因为，更多研究表明，变革型领导与创新存在正相关。如 Sosik 等（1998）在电子会议环境下的实证研究结论支持变革型领导对团队创造性有显著正向影响的观点；Shin 和 Zhou（2003）以韩国企业的知识型员工为被试样本进行了实证研究，发现变革型领导对于员工创新具有促进作用；Gumuluoglu 和 Ilsev（2009）则以 163 名研发人员作为被试样本进行实证分析，发现变革型领导和个体层面及组织层面的创新呈正相关。

交易型领导风格的领导有效性表现，可能更复杂一些，有积极的一面也会产生一些负面影响。Goodwin 等（2001）研究认为，交易型领导与 OCB 存在正相关；建立在认可基础上的交易型领导风格（即隐性契约关系），相对于建立明确契约关系上的交易型领导风格，其组织员工更可能表现出 OCB；显著的交易型领导风格对于建立在具体期望与目标水平上的绩效，会表现出更多认同。多数研究表明，权变奖励与积极的组织结果相关（Howell & Avolio，1993；Lowe et al.，1996）。Goodwin 等（2001）验证了 MLQ 中权变奖励维度与变革型领导之间会比其与交易型领导之间表现出更高的相关性。一些研究已表明，交易型领导的论功行赏行为与员工承诺、满意度及绩效存在正向相关（Podsakoff et al.，1984；Bycio et al.，1995），但也可能在个别情况下，出现相反的结果（Yammarino & Bass，1990）。而交易型领导下的例外管理则植根于权变性强化理论（Bass，1990），下属会因为特定的行为而被奖励或被惩罚。例外管理一般可能会对员工满意度及绩效产生负面影响，特别是在领导未事先设定标准或事先采取任何必要性的措施或行动时，而员工则消极地静候问题或矛盾出现，进而产生了更大的负面影响（Yammarino & Bass，1990；Bass & Yammarino，1991）。对例外管理的研究表明，例外管理既会有优势又会有劣势（Bass，1990；Brownell，1983；Ricketts & Nelson，1987），优势包括不需要对企业内所有员工的所有行为保持过分警惕，而仅需要在发生意外时；产生较少的决策；改进服务及提高生产力。当组织内交易型领导风格侧重任务导向时，会把创新任务实行层层下放，尽管员工不是自愿开展创新，但在任务导向的情境下员工也能达到一定的创新目的，进而也可能会积极影响员工创新。

伦理型领导与员工态度及行为存在正向相关关系。伦理型领导能提高员工工作绩效、工作参与度、情感承诺，并能降低员工机会承诺；伦理型领导也与对领导者的信任呈显著正相关。最近的实证研究，证实伦理型领导与一些积极的员工态度和行为相联系，即在伦理型领导下，很少有绩效欺骗、员工操纵、资金浪费等不良现象（Rooplekha & Damodar，2004）；伦理领导者的公平、诚实、可信赖、关爱他人与社会行为，能够预测员工效能感、满意度、额外工作努力和投入、提供建议、主动报告问题等（Brown et al.，2005）；实证分析检验了高层伦理型领导的形成机理与效能机制，验证了伦理型领导对员工—组织关系的显著正向影响（De Hoogh & Den Hartog，2008）。Walumbwa 和 Schaubroeck（2009）以美国金融机构中的 894 位员工及其 222 位直接管理者所报告的自我感知数据，通过实证分析发现，伦理型领导是促进员工进谏行为的重要因素，这也验证了 Brown 等（2005）有关伦理型领导和员工主动性行为显著相关的重要结论。

在中国文化背景下，学者们也比较关注领导风格与员工创新行为关系的研究。郭桂梅、段兴民（2008a）基于中国企业数据的实证研究结论证实，变革型领导和个体层面及组织层面的创新呈正相关。丁琳等（2010）认为，变革型领导能够促进与员工的良好关系，并借此进一步对员工创新行为产生影响作用。曲如杰等（2010）则指出，变革型领导会通过构建员工对领导者的个人认同进而影响员工创新（采用 George 和 Zhou 于 2001 年编制的员工创造力量表）。丁琳等（2009）通过实证研究进一步发现，变革型领导与交易型领导（包括权变奖励及例外管理）能够共同地积极影响员工创新（采用 Podsakoff 等于 1990 年编制的变革型领导量表，Tierney 等于 1999 年编制的员工创造力量表）。曾湘泉、周禹（2008）通过实证研究发现，薪酬激励可以促进员工创新行为；深入分析后又发现，外在报酬（即团队激励、长期激励、工资增长、绩效奖金及福利保障等）对员工创新行为的影响关系呈现倒“U”型，即组织可以通过一定的外在报酬来促进员工创新行为，但过度的外在报酬却削弱员工创新的内在动机，从而不利于员工创新行为。而伦理型领导和员工创新行为关系的理论及实证研究还比较缺乏。

大量研究表明，领导者会在促进员工创新行为上发挥着重要的影响作用（Scott & Bruce，1994）。领导者通过自身特性或行为、领导成员关系这两种形式来影响员工创新（Clapham，2000）。陈晓萍（2006）对企业领导者进行了访谈，进一步总结出六种能对员工创新有直接的、积极影响的具体领导行为，即个性化关怀员工发展、配备资源并支持员工实现创意、树立创新榜样且有积极的创业精神、宽容失败、将创新绩效纳入工作考核标准以激励员工创新、下放权力给员工并支持员工自由自主地去实现创意。这几种具体的领导行为表现，也在一定程度上体现了变革型领导、交易型领导和伦理型领导这三种领导风格与员工创新行为之间可能会存在着的紧密关系。

基于以上理论基础及理论推演分析，提出以下假设：

H1－1：变革型领导会对员工创新行为产生显著的正向影响作用。

H1－2：交易型领导会对员工创新行为产生显著的正向影响作用。

H1－3：伦理型领导会对员工创新行为产生显著的正向影响作用。

2. 领导风格对员工知识共享的直接影响

组织内的知识性资源是组织赢得或者创造市场竞争优势的重要战略性资源。组织内知识共享的有效性在于，它能直接影响组织内知识创新的速度及规模。Hendriks（1999）认为，知识共享可以是一种沟通过程，但知识不能像商品那样可以自由地被传递。当组织内某成员向其他人学习知识的时候，必须要对接收到的知识再次进行重建，以内化成自身的内在知识。而领导者作为组织内的重要因素，其领导行为方式会对员工知识共享的态度与行为产生重要影响作用。可以说领导是影响知识共享的四大因素之一（Lin，2007）；领导者的行为支持对组织内开展知识管理具有非常重要的现实意义（Buren，1999）。Edmondson（2003c）进一步指出，领导作为组织管理中的一项最重要因素，高层领导者的态度和行为能对组织推行知识管理的有效性产生决定性的影响，会在员工知识、经验的整合及再整合过程中发挥至关重要的作用。陈国权、周为（2009）对领导行为、组织学习能力及组织绩效之间关系进行了实证研究，其结论表明，领导行为对组织学习能力（组织学习能力包括共享知识能力，即获取知识与输出知识的能力）有显著影响。赵鑫（2011）的实证研究结论也表明，领导支持对员工知识共享有显著的正向影响作用。

多数学者认为，变革型领导能影响员工创新的主要原因是智能激发、个性化关怀、感召力等行为维度可激发员工的创新意愿与内在动机（Shin & Zhou，2003；Sosik et al.，1998；Tierney et al.，1999）。变革型领导者本身就能不断创新，会起到模范带头作用，更会积极支持、鼓励、培养员工创新性思考能力、创新实践能力，领导对员工创新能力的培养本身就属于知识共享的范畴，因为创新过程中必然包括知识共享（领导与员工之间、员工与员工之间），而知识正是创新的源泉。变革型领导以高层领导居多。我国学者曾萍等（2006）研究认为，高层领导是影响企业内知识共享的重要组织因素。赵星（2007）通过实证研究分析探讨领导行为对员工知识共享意愿的作用机制，结果表明，变革型领导（采用Podsakoff等开发的变革型领导量表）与交易型领导（采用Podsak - off等开发的交易型领导量表）是促进员工知识共享意愿（采用Ajzen开发的知识共享意愿量表）的重要影响因素。因此可以说，变革型领导行为会促进员工知识共享。

交易型领导比较关注组织内任务的完成、组织目标绩效的实现，员工为了顺利或较高质量地完成任务，便会主动地向领导或其他同事咨询、收集完成任务所必需的知识、技能、经验、信息等，这些知识的交流也就促进了员工之间的知识共享。交易型领导在任务分配、执行等过程中，会对员工进行一定的授权。Srivastava等（2005）认为领导授权行为有利于知识共享，即组织内集权化程度越高则越不利于员工知识共享，分权则能对员工知识共享起到促进作用。交易型领导与员工之间相处的机会与时间会更长，会对员工产生较大的影响力，员工也就会主动与交易型领导保持工作行为、意愿等方向上的一致，以主动寻求领导的工作支持。可以说，领导支持会对员工知识共享产生正向显著影响，这是因为员工有更倾向于与其领导管理层保持一致的意愿，当员工感知其领导管理层支持组织内知识共享时，员工就会有更多知识共享行为；同时，扁平化的组织结构会更有利于企业内员工之间进行知识共享（Connelly & Kelloway，2003）。因此，交易型领导行为可能会对知识共享产生一定程度上的促进作用。

伦理型领导的行为表现特征是，正直、执行伦理决策、关心员工、值得员工信赖等。当企业领导重视、支持组织内知识共享时，该企业的员工就更愿意进行共享知识（Madhavan & Grove，1998）。Ives等（1998）进一步研究认为，知识共享必须经由能对员工进行真诚地信赖与关心的领导方面的支持，才能够培育出员工主动愿意开展知识共享的良好习性。伦理型领导能倡导创新、学习的价值观及良好的伦理道德规范，尊重、关心下属，在倾听员工心声的过程中，培养并增进了企业内的人际互信与支持，使员工之间积极支持并营造比较融洽的组织氛围，员工与领导之间、员工与员工之间会更乐于共享自己所拥有的知识、经验、技能、信息等。因此，伦理型领导可能会对员工之间的知识共享起到很大程度上的促进作用。刘晓倩（2011）实证研究结论表明，领导行为显著影响知识共享，并且领导行为的任务导向、关系导向、变革导向三个维度都对知识共享有显著的正向影响作用。

基于以上理论基础及理论推演分析，提出以下假设：

H2－1：变革型领导会对员工知识共享产生显著的正向影响作用。

H2－2：交易型领导会对员工知识共享产生显著的正向影响作用。

H2－3：伦理型领导会对员工知识共享产生显著的正向影响作用。

3. 领导风格对员工心理安全的直接影响

当觉察到强有力的组织支持（主要表现为领导支持）时，员工会感知以创新性方法解决问题的行为能得到组织的认可，在组织中有很高的价值或评价，就更有利于员工心理安全的创建（Edmondson，1999）。领导的行为及态度能对组织气氛产生积极影响（Edmondson，1999），支持性的组织气氛可以营造出合作与开放的工作氛围（张震等，2002），正是这种积极氛围，让员工在提出新观点、积极表现自我时不用担心会带来任何负面性人际风险或遭受他人的批评，从而使员工表现出很高的心理安全感知。这是因为作为组织内的正式权力关系，领导行为对组织内所发生的事件及行为的反应，会强有力地影响员工对组织内行为、事件、人际关系的风险程度的认知，进而影响员工后续的行为（Edmondson，2003a）。领导对组织文化及组织规范有着重要的影响，而从心理安全角度来说，员工可以通过感知组织文化及组织规范来进一步感知领导行为。可以说领导的管理风格与过程（Kahn，1990）及三种领导行为（即领导行为的适当性与可接近性、公开鼓励员工参与组织活动且能给予及时反馈、能够公开承认错误）（Edmondson，2003a）都会对组织内员工心理安全产生重要影响。

教练型、支持型领导行为特征，也都能够提高员工心理安全（Edmondson，1999、2002a、2003a）。变革型领导通过智能激发，鼓励员工勇于跳出既定的思考框架，挑战原有的价值观、传统与信念，积极探索或采用新的、更合适的思维或工作方式，所以员工不用担心创新所可能带来的风险、不确定性或失败，反而能乐于积极参与创新（Avolio et al.，1999）。通过个性化关怀，能够关注并支持员工的个人发展需求，对员工的创新行为给予支持及鼓励，并适时对员工开展积极的教导、培训与反馈，提高员工参加创新的积极性与业务能力，不用担心能力不足或业务不精所可能产生的不利后果。通过感召力影响，领导激励员工相信自己有能力实现愿景，用振奋人心的语言来激发员工的创新热忱，唤醒员工内在创新动机，促进其将创新纳入工作目标中，并与组织创新目标实现共鸣。变革型领导通过魅力领导为员工树立榜样，并为员工创造出高度互信的工作氛围，激励员工为了组织目标而能超越个人利益，鼓励组织成员勇于提出自己的新观点、新见解及解决问题的创新性方法，勇敢地向同事寻求帮助而不必过分担心可能产生的人际风险，因为大家都有一个共同的组织愿景。张鹏程等（2011）基于中国知识密集型企业组织情境，检验了魅力型领导对员工心理安全的显著正向影响作用。

领导魅力恰是变革型领导的一个子维度。因此，在变革型领导的支持下，员工可以将精力集中于工作上，而不必担心外部环境及人际风险（Shin & Zhou，2003）。

交易型领导也可以区分员工的不同需求，但这种需求的满足须以完成任务目标为前提，是建立于契约关系上的交换关系。Goodwin 等（2001）认为，建立在认可基础上的交易型领导风格（即隐性契约关系），相对于建立明确契约关系上的交易型领导风格，其组织员工会更可能表现出 OCB；显著的交易型领导风格对于建立在具体期望与目标水平之上的绩效，会表现出更多认同。通过分析交易型领导的权变奖励维度的实证研究报告，可知权变奖励会对员工的承诺、工作满意、工作绩效等有正向关系的预测作用（Hunt & Schuler，1976；Podsakoff et al.，1984；Bycio et al.，1995；Timothy & Ronald，2004；徐长江、时勘，2005）。交易型领导的权变惩罚（即例外管理）维度也会有一定的积极意义（徐长江、时勘，2005）。可以说交易型领导虽未明确支持或鼓励员工开展工作创新，但对员工的这种与 OCB 相类似的行为可能会默许，或者至少不反对，因为交易型领导需要其员工努力完成事先设定的工作目标，而当员工行为一旦偏离事先设定的目标要求，交易型领导就会开展例外管理，进行必要性干预、帮助及指导，促使员工达到事先设定的绩效水平。因此，这种交易型领导，也可以让员工在组织内感知心理安全，不过可能会低于变革型领导下的心理安全感知程度。

伦理型领导会表现出正直、公平、可信赖、有道德，行为符合伦理标准，具有领导包容性。而领导包容性（Leader Inclusiveness）也与员工的心理安全积极相关。领导包容性特征能显著性地预测员工的团队心理安全，还能缓冲员工专业地位差异与团队心理安全之间的关系（Nembhard & Edmondson，2006）。Carmeli 等（2010）则在组织情境下，实证了包容性领导对心理安全的显著正向影响作用。Walumbwa 和 Schaubroeck（2009）实证研究后认为，伦理型领导重视与员工建立诚实互信关系，员工知觉到其领导的能力、仁慈和正直；员工即使采取风险性的行为（如进谏行为、创新行为）时，也不害怕其领导会做出不公平、不平衡的惩戒，因为员工能够从其领导那里感觉到心理安全。吴维库等（2012）基于中国组织情境进行实证研究，认为领导的辱虐管理行为（即领导对下属在情绪及心理上实施持续的非善意对待）会对心理安全产生显著的负向影响作用。基于以上实证研究分析，伦理型领导也可能是员工心理安全的强有力的预测变量。

领导能使员工有心理安全感，能自愿承担创新风险，勇于探索与实践各种新观点及新方法（Deci & Ryan，1985；Shamir et al.，1993；Amabile，1996）。可以说领导行为是员工创新支持性组织环境中最重要的因素，当员工感知领导对创新的积极支持行为时会有利于员工心理安全的创建。基于以上理论基础及理论推演分析，提出以下假设：

H3－1：变革型领导会对员工心理安全产生显著的正向影响作用。

H3－2：交易型领导会对员工心理安全产生显著的正向影响作用。

H3－3：伦理型领导会对员工心理安全产生显著的正向影响作用。

4. 领导风格对员工创新自我效能的直接影响

领导在影响员工自我效能中起到了关键性的作用（Bandura，1986），实证证据也表明有效的主管行为会对塑造员工在创新方面的自我效能起到积极的影响作用（Amabile & Gryskiewicz，1989）。更多实证证据表明，领导支持行为对创新自我效能有显著的正向影响关系（Choi，2004；Tierney & Farmer，2010；Mathisen，2011）。领导对创新活动提供更多重要资源，为创新任务提供便利，对创新行为给予物质或精神上的奖励等领导支持将有助于激发部属形成创新方面的信心（Deci & Ryan，1985）。Ahearne 等（2005）验证了授权行为对员工自我效能具有显著的正向影响。耿昕（2011）则在此基础进一步通过实证验证了领导授权赋能行为对员工创新自我效能具有显著正向影响，而且领导授权赋能行为的五个维度，即以身作则、参与决策、提供指导、信息分享、关心下属也对创新自我效能具有显著的正向影响。而关心下属、提供指导、信息分享、授权行为、参与决策、以身作则等也是变革型领导、交易型领导、伦理型领导的行为表现特征，能给予员工在工作上的自主性，能注重提高员工的内在动机及自我效能。

变革型领导的一个重要特征为善于在组织内创造鼓励创新的氛围或环境，能激发员工的创新性或革新精神，通过个性化关怀积极提高员工专业技能与发展潜力，激励员工勇于探索及尝试新颖的方法来执行特定任务（Bass，1985、1999）。可以说，变革型领导被验证能够提升下属的创造力和动机，更能促进创新（Bass，1985、1999；Garcia－Morales et al.，2006）。交易型领导包括权变奖励、积极例外管理，这些行为可能会在一定程度上影响员工内外在动机，进而提高员工创新自我效能。Deci 和 Ryan（1985）研究认为，主管对员工的鼓励及表扬有助于员工提高在创新方面的自信心。Hackman 和 Oldham（1980）研究指出，当员工被赋予较高程度的工作自主性、及时得到领导在工作上的信息反馈时，能激发员工较高水平的内在工作动机。Deci 等（1989）研究后也认为，当领导关心员工的感受，及时提供工作上的信息反馈，并鼓励员工大胆地说出个人看法时，能进一步激发员工的创新动机。领导与员工加强工作互动、信息分享，有利于员工自我效能感的形成（Gist & Mitchell，1992）。伦理型领导强调领导的榜样模范作用，强调领导与员工在伦理标准及决策等方面的互动过程。Gist 和 Mitchell（1992）研究认为，领导的榜样作用可以说是员工追求工作高绩效的一把标尺。领导的榜样作用则是促进创新的重要情境因素（Amabile & Gryskiewicz，1989），

更是员工可以在复杂的、富有挑战性工作或活动中进一步提升自我效能的重要因素（Bandura，1997）。领导以身作则、信息分享、参与决策会对员工创新自我效能产生显著的正向影响作用（耿昕，2011），伦理型领导也会因其榜样作用而对员工创新自我效能产生一定影响。

所以，企业领导如能真诚地关心员工需求与感受、积极地反馈、鼓励员工表达想法、发展员工技能、帮助员工有效地解决工作中遇到的难题，将极大地提高员工自我效能与工作兴趣（May et al.，2004），领导支持行为也与员工创新自我效能存在显著的正向相关关系（Tierney & Farmer，2010；Mathisen，2011）。

基于以上理论基础及理论推演分析，提出以下假设：

H4－1：变革型领导会对员工创新自我效能产生显著的正向影响作用。

H4－2：交易型领导会对员工创新自我效能产生显著的正向影响作用。

H4－3：伦理型领导会对员工创新自我效能产生显著的正向影响作用。

（二）领导风格作用于员工创新行为的中介变量假设

1. 知识共享在领导风格与员工创新行为关系之间起中介作用

知识共享有利于员工创新能力的提高。King 和 Anderson（1995）将影响创新行为的诸多因素归纳为人员、组织氛围、组织结构、企业文化以及组织环境；而且组织内员工的学习与知识交流也能影响员工创新。Tsai（2001）认为，知识共享能有效地提升组织的创新能力与绩效。这是因为个体之间进行知识共享有利于个体学习及组织学习，而学习能力则是提高创新能力的前提基础（Andrews & Delallaye，2000）；拥有不同知识的个体进行知识共享的相互作用，能产生远远高于个体创新能力所不能达到的组织整体创新能力及水平（Ipe，2003）；员工自愿开展知识贡献、知识收集行为与提高企业创新能力存在高度相关性，企业创新需要组织内广泛性知识共享，这样才能促使企业内新思路、流程、产品或服务不断得以实现（Lin et al.，2009）。Perry－Smith 和 Shalley（2003）进一步研究指出，观点、信息的交流以及团队成员之间的联系或接触也与员工创新存在积极的影响关系。Gilson 和 Shalley（2004）研究表明，团队成员之间积极的沟通与交流有利于开展创造性的活动，并积极影响创新绩效。Madjar（2005）研究指出，在多数现代公司内，产生创意更多地依靠人际间互动而不是一个人去独立思考。Hu 等（2009）进一步研究认为，对产生员工创新行为而言，个体间的知识流动是至关重要的过程。因为知识是员工创新的重要源泉；知识共享有利于促进员工间的沟通，员工在与他人分享、交流自己的专业知识、经验的同时，也开拓了自己的思维，获得了新知识和新技术。综上所述，有效的知识共享能为员工提供良好的创新条件，有利于员工创新能力。当然，在中国文化背景下，知识共享与员工创新行为之间会不会存在显著的正向相关关系？关于这一点，仍需要更多的实证检验支持。

因此，基于以上理论基础及理论推演分析，提出以下假设：

H5：知识共享会对员工创新行为产生显著的正向影响作用。

前面已论述到，领导风格是影响员工知识共享、创新的意愿及行为上的重要的因素。但是领导风格对员工创新行为的促进作用产生直接的影响，还是通过其他变量而产生间接的影响，或者员工知识共享能否起到中介传导作用？这些问题都需要进一步的实证检验。基于前述理论分析，本书认为，领导行为，既可能直接影响员工创新行为，也可能通过努力营造良好的组织内部环境，塑造有利于创新的组织文化，从而积极鼓励员工知识共享而间接影响员工创新行为。Taylor 和 Wright（2004）也认为，创新型的组织文化是推动组织内知识共享的重要组织环境因素，而且员工之间充分的知识共享有利于促进员工新知识的产生。创新型的组织文化的主要塑造者正是组织内的领导。可以说当感知领导对知识共享、创新的积极支持行为时，员工就会为了掌握业务技能、为了增强创新技能、为了提高创新绩效而积极主动地与他人进行知识共享。综合前述相关文献分析，本书进一步认为，不同领导风格会对员工间知识共享产生不同的影响作用，并进一步通过知识共享的中介变量作用而对员工创新行为产生不同的影响。员工间知识共享在领导风格促进员工创新行为的影响过程中可能会起至关重要的中介作用。

因此，基于以上理论基础及理论推演分析，提出以下假设：

H6－1：知识共享会在变革型领导和员工创新行为关系之间起到中介作用。

H6－2：知识共享会在交易型领导和员工创新行为关系之间起到中介作用。

H6－3：知识共享会在伦理型领导和员工创新行为关系之间起到中介作用。

2. 心理安全在领导风格与员工创新行为关系之间起中介作用

既然心理安全是“对工作环境中人际风险带来的后果的感知”（Edmonson，2003a），由于创新是一项高风险行为，员工是否愿意去创新则可能会与员工在组织内的心理安全感知存在密切的联系。Schein 和 Bennis（1965）在关于个体与组织变革的经典研究中指出，心理安全为群体内成员之间互相支持的一种普遍性感受，这种感受能促使成员愿意且勇于承担具有创新性的任务；为让个体感受到组织内的变革是安全的，并进而产生个体变革行为，组织就有必要去创建以心理安全为特征的组织工作环境。

当组织内有激励作用，且有能让员工感到安全的工作环境，就可以激发团队学习行为并促使员工提升绩效；也可以说只有在能感到安全的氛围时，人们才愿意产生创新（Edmondson，1999）。这样，如果组织结构设计对开放式交流有利，员工的创造力就能得到提高（Ancona & Caldwen，1992）；在能开放式交流的组织环境中，员工可以随时提出个人观点，向同事求助或请教等行为也就不会存在人际风险，这样的组织就是能让员工具有高心理安全感知的组织。员工的创造力与其同事的支持显著正相关（Zhou & George，2001）；同事支持度高的组织，人际风险就会低，员工心理安全感知程度就会更高。当团队成员能感知在和别人分享观点时有较高安全感时，团队内部将会有更多的积极交流、沟通与讨论，就会表现出高创新热情，创新能力也会得到一定程度的提升（Axten et al.，2000）。

团队心理安全能够促进员工创新（Edmondson，1999、2002a、2003a），那么组织心理安全也能增强员工积极去参与创新性工作的意愿（Kark & Carmeli，2009），一个组织内的心理安全也会对员工创造力有显著正向影响作用（孟磊，2011；龙静、汪丽，2011）。由于组织成员提出问题、寻求反馈、报告错误或提出新的想法等行为后，将会承担一定人际风险，所以，组织成员会事先预测组织中其他人可能会对自己的这种行为产生何种反应，如果内心感知组织中其他人不会误解、不会嘲讽自己或者自己不会遭受其他不利影响的肯定程度越高，表明他在组织内所感知到的心理安全程度就越高，否则就会越低（Edmondson，2003a）。这样就可以推断，一个组织内的员工在创新过程中如能感知到心理安全，员工就会表现出更多的创新行为，员工心理安全就会正向影响员工创新行为。

因此，基于以上理论基础及理论推演分析，提出以下假设：

H7：心理安全会对员工创新行为产生显著的正向影响作用。

领导行为与心理安全、员工创新行为之间会存在一定关联。Amabile（1996）强调内部动机在环境因素影响员工创造力上的心理机制作用。Shin 和 Zhou（2003）运用内部动机理论探讨了心理机制在变革型领导影响员工创造力过程中的重要作用，检验了变革型领导通过员工内部动机来影响员工创造力的心理机制过程；同时，他们认为，未来研究可以进一步探讨其他心理机制在组织环境因素与员工创造力之间的影响作用。与内部动机类似，心理安全也是一种心理机制。感知组织支持有利于团队成员心理安全的创建，从而鼓励团队学习（Edmondson，1999）。学习与创新是一对紧密相关的概念，心理安全可以鼓励学习，也可以鼓励员工创新。如果在参与工作的过程中，不会受到负面的评判及他人的嘲笑，就能鼓励员工创新（De Dreu & West，2001）。这是因为，在这样的组织内不会存在人际风险，员工具有较高的心理安全，就不用担心创新失败可能产生的不利后果。Brown 和 Leigh（1996）用支持性管理、角色澄清与自由表达三个组织氛围特征作为衡量组织心理安全的具体指标。当组织内有更多支持性管理，能给员工明晰的工作期望，且允许员工自由地去表达声音时，员工在组织内感知的心理安全程度就会更高。领导行为是员工所能真切地感知组织支持方面的一个重要环境因素，领导行为必将有利于员工心理安全的创建，从而激发员工创新。

前面已对变革型领导、交易型领导与伦理型领导三种领导风格与心理安全的关系进行了分析与探讨。在这里进一步推断，对于变革型领导、交易型领导与伦理型领导，由于其会表现出一些特定的行为方式，能激发组织内员工的内外部动机，进而使员工产生心理安全感知，促进员工愿意且敢于在组织中表达个人见解、提出解决问题的新方法、阐述个人创意、积极向他人请教、主动寻求支持，以创新性地处理好工作中所遇到各种问题，由此也就会表现出更高的创造力、更多的创新行为。如变革型领导的重要特征就是善于创造鼓励创新的组织环境和氛围，能使下属感到自己可以探索和尝试使用新颖的方法去执行特定的任务，而不用担心会受到惩罚，因此，变革型领导会激发员工的创造性和革新精神，进而提高组织内的创新水平（Bass，1985、1999）。领导还可以通过补偿或其他人力资源管理方式来奖励创新绩效，当公司提供内在和外在奖励来鼓励创新活动，员工参与创新的努力就得到强化（Jung，2001；Mumford & Gustafson，1988）。在这里补偿或奖励创新绩效，就是交易型领导的权变奖励形式，当员工的创新活动被组织领导所鼓励，员工的心理安全就会更高，其创新行为会得到进一步的正强化，以后也就会表现出更多的创新行为。伦理型领导重视与员工建立诚实互信关系，员工知觉其领导的公平、仁慈和正直；员工即使采取风险性的行为（如进谏行为、创新行为）时，也不害怕或担心其领导会做出不公平、不平衡的惩戒。这是因为员工能够从其领导那里知觉到心理安全（Walumbwa & Schaubroeck，2009），这时员工的建言、创新等行为就会表现更多，创新绩效也会更高。也就是说，这三种领导风格不仅会对员工心理安全产生直接影响，也会通过员工心理安全的中介作用来影响员工创新行为。

因此，基于前述理论基础及理论推演分析，提出以下假设：

H8－1：心理安全会在变革型领导和员工创新行为关系之间起到中介作用。

H8－2：心理安全会在交易型领导和员工创新行为关系之间起到中介作用。

H8－3：心理安全会在伦理型领导和员工创新行为关系之间起到中介作用。

3. 创新自我效能在领导风格与员工创新行为关系之间起中介作用

根据社会认知理论，自我效能是激发个体动机与创新行为的核心变量。Redmond 等（1993）研究认为，自我效能与个体创新存在正向关系。Ford（1996）认为，自我效能是个体创新动机与创新成功信念的核心部分，自我效能决定创新的意愿与持久性。班杜拉（1997）指出，“很大程度上，创新是将知识重构、综合新思维与处事方式……创新需要有一种不可动摇的效能感，在需要长期投入时间和努力、进步慢得让人泄气、结果很不确定或因与现存方式格格不入而受到社会贬斥等情况下，仍能坚持创新努力。”Tierney 和 Farmer（2002）在自我效能基础上，进一步明确提出创新自我效能概念，他们认为，与工作自我效能（Job

Self－efficacy）相比，创新自我效能更能预测个体创新行为及绩效。这是因为创新行为是一个连续的创新过程，包含新颖、有益的构想或想法，产生推动与实践的多阶段过程（West & Farr，1989；Scott & Bruce，1994；Amabile，1997），创新过程必然伴随着失败、挫折等高风险性打击，更需要拥有对完成创新任务的创新能力的高度自信，只有较高的创新自我效能才能够激发个体创新潜能，面对挫折而不轻言放弃，自愿付出更多努力，从而表现出更多的创新行为。而低创新自我效能的个体常常在遇到困难时就止步不前，却又将创新失败归因于自我创新能力不足。故而，在创新领域，运用创新自我效能来解释创新行为会更有研究价值。

因此，基于上述理论基础及理论推演分析，提出以下假设：

H9：创新自我效能会对员工创新行为产生显著的正向影响作用。

组织情境因素会影响个体创新动机，进而决定个体的创意发挥（Amabile，1988）。实证研究表明，情境因素与员工的创造力关系之间存在着中介变量的中介效应（Zhou & Shally，2003）。Tierney 和 Farmer（2002）认为，有效的领导行为会对创新绩效及创新自我效能产生影响，创新自我效能与创新绩效存在正向相关，领导行为与创新绩效之间存在着创新自我效能的中介效应。Tierney 和 Farmer（2004）进一步构建了皮格马利翁创新模型，即领导对员工创新期望→领导对创新的支持行为→员工对创新期望的感知→创新自我效能→员工创造力。领导者能通过内在和外在的创新绩效奖励，以此来使员工参与创新的努力得到强化（Mumford & Gustafson，1988；Jung，2001）。这种以奖励的形式来鼓励员工创新，使员工对奖励的渴望、对创新成功的渴望都变得更加强烈，其内心的创新动机得到加强，创新自我效能也就被激发出来。Shin 和 Zhou（2003）以韩国公司为研究样本，验证了变革型领导对员工创造性的促进作用，员工的内在动机对变革型领导与员工创造性关系之间起到部分中介作用。Choi（2004a）进一步研究探讨创新自我效能的心理过程机制，即其作为中介变量在情境因素和个体创新绩效关系之间所产生的中介效应；实证结果显示，创新自我效能在情境因素（领导的影响及同事的影响）与创新绩效关系之间起着完全中介作用。这些研究都表明，创新自我效能会在情境因素，特别是领导行为与员工创新行为之间起到一定的中介效应。

根据三元交互决定理论（Bandura，1978），本书认为，变革型领导、交易型领导与伦理型领导三种领导风格作为组织内的情境因素，对员工创新行为影响的作用机制可由创新自我效能进行深入的解释。在员工创新过程中，必然伴随暂时或更长时间的失败及挫折。这时有效的领导行为，包括变革型领导、交易型领导与伦理型领导三种领导风格中的领导榜样作用、鼓励下属积极参与决策、给予员工比较充分的创新指导、对员工工作绩效及时反馈信息、领导者对员工个性化关心、培养员工发展实力、提高员工创新潜能等，均会对员工从事创新的自信程度，即创新自我效能产生重要影响；当员工创新自我效能得到进一步激发、提升时，员工更加愿意创新、勇于创新、善于创新，从而主动地迎接创新挑战，表现出更多的创新行为。即创新自我效能在三种领导风格与员工创新行为之间可能会起到比较重要的中介效应。

因此，基于前述理论基础及理论推演分析，提出以下假设：

H10-1：创新自我效能在变革型领导和员工创新行为关系之间起到中介作用。

H10-2：创新自我效能在交易型领导和员工创新行为关系之间起到中介作用。

H10-3：创新自我效能在伦理型领导和员工创新行为关系之间起到中介作用。

（三）中介变量之间相互作用假设

1. 员工创新自我效能与知识共享的关系

知识共享是个体间相互交换他们的知识（包括显性知识与隐性知识）并联合去创造新知识的过程，它包括知识拥有者外化知识过程与知识需求者内化知识过程这两个过程（Hendriks，1999），即知识贡献与知识吸收的两个主体两个过程（Van den Hooff & De Ridder，2004）。需要强调的是，知识共享须同时存在两个主体，即知识提供者与接受者，缺少任何一方，知识共享都将无法完成（宝贡敏、徐碧祥，2007）。同时，知识共享是一种沟通过程，知识作为一种特殊资产，不能自由传送，当接受者接受其他人共享的知识时，须具备相应知识去获取知识（Hendriks，1999）。也就是说，知识共享又是极富有挑战性的，其原因主要有，员工拥有的是隐性知识，而隐性知识是一种高度个人化的、难以形式化与显性化的知识形式，在知识传递与共享上存在难度；知识共享是一种自愿行为，当员工对自己所拥有的知识不自信时，他就不太愿意与其同事进行知识分享；知识就是一种能力，由于知识能为员工提供可持续性的竞争优势，员工会感到在与同事共享知识后反而可能会威胁到自身的能力、重要性与工作保障（Lin et al.，2009）。

个体的活动选择，会受到个体自我效能的影响，对那些自己感觉无法完成或应对的活动与情景，个体一般会持逃避态度，而去积极参与那些自己觉得能够胜任或完成的工作，社会心理学已在很多研究实践中发现了个体自我效能与其行为结果之间的显著关系（Bandura，1997）。在知识领域，Cabrera 和 Cabrera（2002）以 372 名员工为被试样本，探讨了知识共享的影响因素，其研究结论表明自我效能与知识共享之间有着显著的相关性。一些实证研究证据也进一步表明，知识自我效能对员工知识共享态度与意向有着重要的影响（Lin，2009）。Hsu 等（2007）通过网络调查形式对网络虚拟社群进行实证研究后也认为，员工知识共享自我效能对其知识共享行为有显著预测作用。员工创新自我效能也会有助于员工为了参与创新而积极主动地开展知识共享。

创新与知识是高度相关的。创新本身就存在难度，创新常常面临着一系列的失败，也就存在着一般人所难以承受的高风险，这要求创新者具有必要的创新知识、创新技能等客观条件及创新自我效能、失败承受能力等良好的内在动机。知识共享双方如果不同时具备较高的自我效能与相关专业技能，就难以在创新领域内实现知识共享。Balasubramanian 和 Anand（2009）的实证研究结论也表明，个体共享知识的能力会成为其参与知识共享的一个限制性因素。这就要求知识共享的两个主体都必须具备必要的专业技能、有自信、有创新的基本条件，相信自己有能力在创新过程中进行知识共享，进而积极完成技术创新任务；同时，也相信知识共享后更能提高自己的技术与才干，具有更高的创新能力。

因此，基于上述理论基础及理论推演分析，提出以下假设：

H11：员工创新自我效能会对知识共享产生显著的正向影响作用。

2. 员工创新自我效能与心理安全的关系

心理安全是“对工作环境中人际风险带来的后果的感知”，由于组织成员提出问题、寻求反馈、报告错误或提出新的想法等行为后，将会承担一定人际风险，所以组织成员会事先预测组织中其他人可能会对自己的这种行为产生何种反应，如果内心感知组织中其他人不会误解自己、不会嘲讽自己或者自己不会遭受其他不利影响的肯定程度越高，表明他在组织内所感知到的心理安全程度就越高，否则就会越低（Edmondson，2003a）。那么员工为什么会担心被他人嘲讽、遭受伤害呢？这主要是因为他对自己不够自信，对自己能力不自信，内心动机也不强烈，担心失败等行为后果中的人际风险。Bandura（1997）曾指出，个体的活动选择，会受到个体自我效能的影响，对那些自己感觉无法完成或应对的活动与情景，个体一般会持逃避态度，而去积极参与那些自己觉得能够胜任或完成的工作；社会心理学已在很多研究实践中发现了个体自我效能与其行为结果之间的显著关系。

这就是说，员工的内外在动机及能力影响了员工心理安全感知。Schein 和 Bennis（1965）在关于个体与组织变革的经典研究中指出，心理安全为群体内成员之间互相支持的一种普遍性感受，这种感受能促使成员愿意且勇于承担具有创新性的任务；为让个体感受到组织内的变革是安全的，并进而产生个体变革行为，组织就有必要去创建以心理安全为特征的组织工作环境。卡曾巴赫与史密斯

(1999) 在《团队的智慧：创建绩优组织》一书中曾写道，如果集体中的某个人，对另外一个比较胆怯的人尝试着大胆讲话与做事的行为，给予重视与积极支持，就能鼓励那个比较胆怯的人继续做下去；如果有人冒险揭开了一个敏感且又隐含着矛盾的问题，团队中的其他人特别是领导者，应该给予积极反馈并发出有力的信号，表明他们公开接受进一步挑战的态度。这就表明组织的支持、领导的支持、同事的支持使员工对工作有了自信，对自己有了自信，相信自己有创新能力，可以较高质量地完成任务，从而进一步获得了员工的创新自我效能感，也就降低了不安全心理。同时，当员工具备较高的创新技能、对自己的创新能力存在高度自信、存在较高的创新内外在动机时，他就会获得更高的创新自我效能，降低自己对人际风险程度的自我评估，就不会过多考虑“如果我这样做，会不会遭受伤害呢？会不会遭受批评呢？会不会遭受尴尬或惩罚呢?”等等，这样员工在创新等活动中的心理安全程度较高。也就是说，员工创新自我效能可能会对员工心理安全产生较大的影响作用。

因此，基于上述理论基础及理论推演分析，提出以下假设：

H12：员工创新自我效能会对心理安全产生显著的正向影响作用。

3. 员工心理安全在创新自我效能与知识共享关系之间的中介作用

员工内心的恐惧感、防范心理重、动力、知识的自我估值是影响企业员工对隐性知识共享的主要因素（王春秀，2006）。从知识接受方来说，其心理障碍也会影响知识共享（姜文，2006）。Siemsen 等（2009）通过实证分析指出，个人的自身身份、社会身份及情感承诺等能够促进其自身知觉享受，当这种知觉享受得到满足时，知识共享的积极性得到提高。

那么，在知识共享的过程中，员工心理安全无疑对知识共享双方都具有重要意义。事实上，在一些组织中的实证调研显示，心理安全方面的问题已影响到组织健康发展。如由于涉及病人重大利益关系，美国国内的一些医疗组织医护人员的心理安全程度普遍较低，直接导致主动去报告失误或错误行为的意愿下降（Leape et al.，1991）。Edmonson（2002a）认为，心理安全指“是对团队成员对团队环境中的人际风险感知的一种描述”。这种人际风险感知，是由团队中某人感觉个人行为将会引起其他人何种反应的普遍观念所组成。当感知团队中存在人际风险时，团队成员在实施某一行为前，就会事先评估这一行为可能会引起何种人际风险，如“如果我这样做，会不会遭受伤害呢？会不会遭受批评呢？会不会遭受尴尬或惩罚呢?”等等。个体对人际风险结果的事先感知，会影响其是否还需要进一步采取某种行为。也就是说，心理安全理论是假定员工个体行为会在组织内产生一定风险，因此，个体要对行为活动的人际风险进行事先评价；这是一种内隐的计算，如“做这件事后，我是否会遭受尴尬、批评或其他伤害?”只有

得到否定性回答时，员工才会全身心地投入到工作中去（Edmondson，1999）。对知识提供者来说，其知识共享的心理成本或心理障碍，即在与他人共享知识时会不会降低自身在组织中的独特性价值，是否会影响个人在组织中的未来地位？如果想法尚不成熟，导致知识在被共享后又被证明无效，会不会被他人嘲笑？同样地，对知识接收者来说，也会存在知识共享的心理成本或顾虑，即在向他人寻求建议或知识时，是否向外界表明个人的能力有限？等等。可以说，在知识共享的过程中，心理安全感知对于知识共享双方都可能会产生影响。

因此，基于上述理论基础及理论推演分析，提出以下假设：

H13：员工心理安全会对员工知识共享产生显著的正向影响作用。

知识共享是极富挑战性的，需要员工具备较高的自我效能与心理安全。在创新领域，只有创新自我效能高的员工才会具备技能与内在动力，才可能有更高的心理安全程度，也才更愿意在创新过程中进行知识共享。这主要是因为，一是员工拥有的是隐性知识，而隐性知识是一种高度个人化的、难以形式化与显性化的知识形式，在知识传递与共享上存在难度（Lin et al.，2009）。知识或技能水平低的员工与知识或技能水平高的员工之间存在知识共享困难尤其是在创新领域，只有知识或技能水平高的员工才会有高的创新自我效能，才不担心知识共享过程中的负面影响，表现出较高的心理安全，从而勇于与他人进行知识共享。二是知识共享的核心动力为知识共享双方的良好人际关系，即在知识传递者与知识接收者间建立较好的联系，当二者间缺乏相互信任时，他们的知识贡献是难以被承认的（Lin et al.，2009）。在创新领域，心理安全对知识共享影响的程度更加强烈，而创新自我效能高的员工因心理安全程度较高而主动与其他同事分享知识，从而在频繁地帮助同事或接受其他同事帮助的过程中，与其他同事建立良好的人际关系，有更高的互信度，进而产生更高的心理安全感知，表现出更多的知识共享行为。三是知识共享是一种自愿行为，当员工对自己所拥有的知识不自信时，他就不太愿意与其同事进行知识分享（Lin et al.，2009）。在创新领域，只有创新自我效能高的员工，由于知识或技能水平高，对知识会比较自信，在人际交往过程中也会有更高的心理安全，在自信与互信的人际互动过程中不断地与他人进行知识共享。四是知识就是一种能力，由于知识能为员工提供可持续性的竞争优势，员工会感到在与同事共享知识后反而可能会威胁到自身的能力、重要性与工作保障（Lin et al.，2009）。在创新领域，当一位员工的知识或技能水平高、创新潜能高、发展潜力大时，他就会有更高的创新自我效能，不怕知识共享会带来负面影响，反而相信知识共享能带来更多的好处，即同事关系融洽、互惠互利、帮助他人后的自我感觉或荣誉度高、知识共享也会提高自己的技能、未来工作会得到同事的更多支持等，从而不担心任何负面的心理不安全现象，知识共享带来的益处也会激励他表现出更多的知识共享行为。创新自我效能不仅直接影响员工知识共享，而且会通过员工心理安全深入影响其知识共享行为。

因此，基于前述理论基础及理论推演分析，提出以下假设：

H14：员工心理安全会在创新自我效能和知识共享关系之间起到中介作用。

（四）领导成员交换调节作用研究假设

领导成员交换（LMX）关注组织内领导与员工个体之间差异性的配对关系，从而影响员工的行为绩效。在较高质量的 LMX 关系中，领导对于成员在承担风险、资源、奖励或鼓励等方面给予的支持，也会存在于可促进员工创新行为的组织环境中。一些基于 LMX 视角的研究者认为，领导成员交换会对员工创新绩效产生影响作用。有关 LMX 与员工创新关系的实证研究结论发现，当领导与成员建立较高质量的 LMX 关系时，会更能激发员工高水平的创新绩效（Basu & Green，1997；孙锐等，2008）。这可能是因为，在得到领导较多关照的情况下，员工能够更加有效地去应对各种不确定性事件，更加热情地投入创新活动中（Kahn，1998）；相对于只与领导维持较低质量关系的员工，那些与领导维持较高质量关系的员工会获得较高的工作自由程度，也拥有更大的工作决策权力及更多的组织支持（Scott & Bruce，1994；Tierney et al.，1999）；高 LMX 水平下的领导，能积极为与其配对的员工提供更具挑战性的任务，并为其消除影响创新工作上的一些负面因素（Tierney et al.，1999），因而使得员工表现出从事具有挑战性的创新工作任务的强烈愿望。

同时，员工对其与领导关系的认知也与员工创新性工作卷入存在密切联系。创造力组成学说强调，一些领导行为会正向地影响员工的创新行为，其中包括与员工建立良性的工作模式、与工作团队建立有益的交流和互动机制、对员工个人在项目中的贡献进行公平公正的评估、积极进行建设性的沟通反馈、对团队工作充满信心等（Amabile et al.，1996）。能让员工感知的领导创新支持关系体现在三个方面，即创意支持关系、工作支持关系及社会支持关系（Mumford et al.，2002）。高质量的 LMX 关系，将使员工感知创新工作上更强的组织管理支持（Tierney et al.，1999），进而认为自己正处于一个能支持创新活动的组织创新工作环境中（孙锐等，2009），从而有更多的创新性工作卷入。Oldham 和 Cummings（1996）的研究结论印证了 Scott 和 Bruce（1994）的观点，即员工对其自身与领导关系之间以及人与人之间关系上的支持性感知，有力地促进员工创新绩效。

高质量的 LMX 关系对员工创新产生直接预测作用，还会产生调节影响效应。Tierney 等（1999）的研究报告表明，具有适应性认知风格的员工一般不会参与

创新活动；但是，当其与领导的关系较好，这些员工也会投入到较高水平的组织内创新活动中去。Van Dyne 等（2002）考察了 LMX 在工作家庭压力与创新绩效关系之间的调节作用，其结果表明，对于拥有较高质量 LMX 关系的组织员工，工作及家庭压力对其创新方面的负面影响都会有所缓解；但是低质量 LMX 关系员工的压力影响并未得到缓解。

对于变革型领导，由于领导者本身就具有创新性，其创新行为也将对高质量 LMX 关系下的员工起到一种示范或指示作用，进而激励或推动员工创新，因此将有助于推动组织内的员工创新。李弘晖、汤雅云（2005）实证研究表明，变革型领导会通过提升员工创造力技能来影响员工创造力，同时，LMX 在变革型领导与员工创造力技能关系之间产生了部分调节作用。与低质量 LMX 的组织员工相比，变革型领导下的高质量 LMX 员工，会被领导激励、期望其不断超越本职工作要求，他们自身也会更加喜欢去参与富有挑战性的创新工作。那些具有一定挑战性及意义的创新工作，会更有可能增强员工持续性投入创新工作的愿望及努力（Amabile，1988）。交易型领导下，与领导关系较好的员工，即高质量 LMX 员工通常会感知较高程度的领导授权，进而激励其不断提高创新绩效。同时，当 LMX 较高时，领导通常对员工在资源供给、奖励、冒险等方面给予较大的管理支持（Amabile，1988），这也会让与领导关系较好的员工进一步感知“组织是比较支持创新的”。伦理型领导会让员工有更高的互信感，认为领导是可信赖的、是公平的，这样也会主动地去与领导沟通、交流，表现出多方面的人际互动，进而提高 LMX 质量。鉴于高 LMX 下的领导与成员间对偶关系及互相支持的实质关系，员工会认为伦理型领导管理下的组织是安全的、可信任的，因而更容易打消创新顾虑，从而以更大的工作热情投入到组织内的创新活动中。从以上分析可以看出，LMX 会增强变革型领导、交易型领导、伦理型领导与员工创新行为之间的作用关系。

因此，基于上述理论基础及理论推演分析，提出以下假设：

H15 -1：LMX 会在领导和员工创新行为关系之间起到调节作用。

H15 -2：LMX 会在交易型领导和员工创新行为关系之间起到调节作用。

H15 -3：LMX 会在伦理型领导和员工创新行为关系之间起到调节作用。

（五）人口学变量对员工创新行为的差异假设

由于员工创新行为可能是一个受个体因素影响较大的变量，因此，本书将探究员工的性别、年龄、学历、职位层级、工作部门等人口学特征变量是否会对员工创新行为产生影响。Amabile（1988）认为，员工所拥有的知识、专业技能（指能胜任所涉及专业领域的工作，需要具备相关的知识、技能与天赋）及创新相关技能（指需要具备比较适宜的认知风格、工作方式、思维发散能力）会影响员工创新。员工的创新也会受到员工的认知风格、性格、创新自我效能等内外动机的强烈影响，而创新自我效能却与工作年限、专业知识、社会经济地位等人口学变量紧密相关。许多学者皆认为，员工的认知风格也将影响其创新（Amabile，1996）。Feist（1998）指出，大五人格模型中的开放性维度与员工创新行为联系最紧密。Tierney 和 Farmer（2002）、Shin 和 Zhou（2007）的研究结果发现，工作年限等也会成为影响创新自我效能的前因变量。Beghetto（2006）研究发现，男性创新自我效能高于女性。Karwowski（2010）研究结论表明，社会与家庭层面上的文化资本等社会经济地位变量在个体创新自我效能发展上起着关键作用。员工创新行为会受到诸多人口学变量因素的复杂影响。

因此，基于上述理论基础及理论推演分析，提出以下假设：

H16：性别、年龄、学历、职位层级、工作岗位性质不同的员工，其创新行为表现程度也不同。

综合以上分析，现将本书假设情况进行汇总如表 3－1 所示。

表 3－1　研究假设汇总

H1－1：变革型领导会对员工创新行为产生显著的正向影响作用
H1－2：交易型领导会对员工创新行为产生显著的正向影响作用
H1－3：伦理型领导会对员工创新行为产生显著的正向影响作用
H2－1：变革型领导会对员工知识共享产生显著的正向影响作用
H2－2：交易型领导会对员工知识共享产生显著的正向影响作用
H2－3：伦理型领导会对员工知识共享产生显著的正向影响作用
H3－1：变革型领导会对员工心理安全产生显著的正向影响作用
H3－2：交易型领导会对员工心理安全产生显著的正向影响作用
H3－3：伦理型领导会对员工心理安全产生显著的正向影响作用
H4－1：变革型领导会对员工创新自我效能产生显著的正向影响作用
H4－2：交易型领导会对员工创新自我效能产生显著的正向影响作用
H4－3：伦理型领导会对员工创新自我效能产生显著的正向影响作用
H5：知识共享会对员工创新行为产生显著的正向影响作用
H6－1：知识共享会在变革型领导和员工创新行为关系之间起到中介作用
H6－2：知识共享会在交易型领导和员工创新行为关系之间起到中介作用
H6－3：知识共享会在伦理型领导和员工创新行为关系之间起到中介作用

续表

H7：心理安全会对员工创新行为产生显著的正向影响作用
H8－1：心理安全会在变革型领导和员工创新行为关系之间起到中介作用
H8－2：心理安全会在交易型领导和员工创新行为关系之间起到中介作用
H8－3：心理安全会在伦理型领导和员工创新行为关系之间起到中介作用
H9：创新自我效能会对员工创新行为产生显著的正向影响作用
H10－1：创新自我效能在变革型领导和员工创新行为关系之间起到中介作用
H10－2：创新自我效能在交易型领导和员工创新行为关系之间起到中介作用
H10－3：创新自我效能在伦理型领导和员工创新行为关系之间起到中介作用
H11：员工创新自我效能会对知识共享产生显著的正向影响作用
H12：员工创新自我效能会对心理安全产生显著的正向影响作用
H13：员工心理安全会对知识共享产生显著的正向影响作用
H14：员工心理安全会在创新自我效能和知识共享关系之间起到中介作用
H15－1：LMX 会在变革型领导和员工创新行为关系之间起到调节作用
H15－2：LMX 会在交易型领导和员工创新行为关系之间起到调节作用
H15－3：LMX 会在伦理型领导和员工创新行为关系之间起到调节作用
H16：性别、年龄、学历、职位层级、工作岗位性质不同的员工，其创新行为表现程度也不同

三、研究的构念

在以上研究假设的基础上，本书将沿着领导风格——创新自我效能、心理安全、知识共享——员工创新行为、领导风格⟷领导成员交换——员工创新行为的逻辑思路，着重分析变革型领导、交易型领导及伦理型领导对员工创新行为影响的作用机制，研究知识共享、心理安全、创新自我效能在领导风格与员工创新行为关系之间的中介作用，分析领导成员交换对领导风格与员工创新行为之间关系的调节作用（见图3－1）。

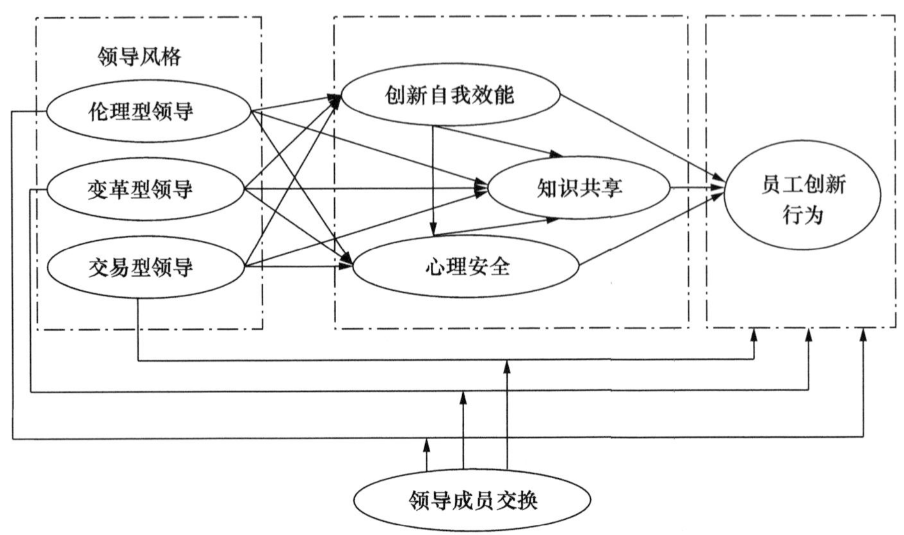

图3-1 本书的构念

四、本章小结

本章首先对上一章的文献综述进行了总体概述，总结了以往研究的主要成就，分析了有待进一步研究的问题，并据此提出研究所拟解决的关键问题。在文献理论基础及理论推演分析的基础上，围绕领导风格（⟷领导成员交换）——知识共享、心理安全、创新自我效能——员工创新行为逻辑思路，提出了32个相关研究假设。本章所提出的研究假设将为后续的实证研究提供进一步研究的思路，同时也界定了研究的角度及范围。

第四章　研究设计

为确保研究的有效性，本章着重阐述实证研究设计。本章主要介绍研究问卷设计，变量的操作性定义与测量，问卷的初试、预测试、正式测试，数据实证分析方法。具体包括结合文献法、访谈法、实地调研、数据分析等方法逐步确定初始测试、预测试、正式调研问卷；对研究变量的操作性定义及其测量题项进行描述；对初始测试、预测试调研问卷进行信度及效度评估；对预测试问卷，采用探索性因子分析等方法，确定各变量的最终测量题项。

一、问卷设计

（一）问卷题项设计过程

一般而言，由于单个题项只能界定比较狭窄的构念。因此，在度量复杂的组织现象或构念（Construct）时，常常需要通过设计多个测量题项（Item）完成；如果构念包含的多个题项，在变量及其测量题项具有良好内部一致性的情况下，将有助于增进量表的整体信度（Churchill，1979）。因此，在大多数情况下，变量的度量都应设计、使用多个测量题项来提升变量测量的信度与效度。

根据部分学者（Churchill，1979；Anderson & Gerbing，1988；Dunn et al.，1994）的测量建议，测量题项的开发或修订过程包括通过文献回顾、对企业界的实地访谈与调查形成变量的测量题项；请学术界及企业界的专家对所形成的测量题项内容进行多轮次讨论，根据专家的建议对量表加以修正；通过选取部分测试对象，对初始量表进行预测试，对题项进一步进行修正，以使量表在理解性方面及其题项数方面进一步得到改善，最终得到正式测试所需要的测量问卷。

因此，本研究在设计问卷的过程中，主要经历了以下几个阶段。

1. 国内外文献研究

通过阅读了大量有关领导风格、员工创新行为、知识共享、心理安全、创新自我效能等方面的相关理论与实证研究文献，吸收其中与研究有关的部分，在深入分析研究的理论与现实背景及相关研究问题的基础上，初步形成本书各变量的测量题项。

2. 征求相关专家的意见

针对文献研读后设计的问卷初稿，向本领域的相关专家及相关研究者征求意见或建议。

邀请江西财经大学、南昌工程学院等高校的组织行为学、企业管理学、心理学专业领域的博士、教授等专家，对变量的操作性定义、测量题项、表达方式、问卷整体设计等方面提出宝贵意见。主要通过面谈、电话、电子邮件、QQ 实时在线交流等方式与专家进行沟通。与此同时，还召集江西财经大学工商管理学院的部分博士生，在一起面对面式讨论问卷的具体内容，最后达成较一致意见；之后还通过面谈、电话、电子邮件等方式进行持续追踪式讨论交流，以进一步对量表进行修正。讨论内容主要包括问卷前言中的指导语是否合适？表达是否简洁明快？变量的测量题项的含义是否明确、用语是否简洁？测量题项是否清晰、是否会产生歧义？测量题项的表达方式，是否能得到被试者的真实性作答？问题是否存在社会称许性？测量题量是否合适，是否会引起被试者反感？被试者认真填写完成全部问卷时，所需要花费时间大约是多久？需要设计哪些开放式问项，请被试者对问卷设计方面提出建议。根据专家们、被试者等相关人员对问卷初稿所提出的反馈性意见，对问卷进行修正，形成调研问卷二稿。

3. 对企业组织进行实地访谈

在文献研读、征求专家意见后进一步设计、修正问卷的基础上，通过实地访谈可不断提高问卷质量。访谈法是问卷设计过程中的一个非常重要的环节，通过实地访谈可以进一步验证所研究的理论假设与构想框架是否恰当，进一步考证问卷的设计、变量的测量题项等是否合理。我们主要对企业组织进行实地访谈（包括高新技术企业、IT 信息企业等），提请企业不同层级的管理人员、不同职称的技术研发人员及相关技术辅助人员对本书的关键问题提出看法，据此形成本调研问卷三稿。

具体而言，问卷编制时的访谈目的主要为，首先，通过对企业不同层级的管理人员、不同职称的技术研发人员及相关辅助人员的访谈，了解在企业内的领导风格、员工创新行为、知识共享、心理安全、创新自我效能、领导成员交换等变量的结构维度是否与文献中的理论研究相一致。其次，考察领导风格如何影响员工创新活动，其作用机制又将如何，以验证本书所提出的领导风格通过知识共享、心理安全、创新自我效能等变量影响员工创新行为的理论构思效度。最后，考证问卷编制中测量题项的表达形式，以确认问卷内各题目的准确性、通俗性及适用性。访谈主要内容则包括访谈对象的人口学变量因素，即被试者个人信息资料，包括职位、学历、年龄、岗位性质等；访谈对象的企业信息资料，包括企业性质、所处行业、企业规模、经营效益等；针对企业管理者，询问其领导风格、倾向于如何去领导下属、领导效果如何？针对企业员工，询问其直接领导者的领导风格、领导效果如何？访谈对象的个人看法，即不同的领导风格会对员工创新行为、知识共享、心理安全、创新自我效能产生何种影响？访谈对象对企业内知识共享、心理安全、创新自我效能有何看法？访谈对象认为，员工创新行为可能会受到知识共享、心理安全、创新自我效能、领导成员交换的影响吗？企业内是否有创新，创新程度、创新性质、创新效果又如何，能从哪些方面体现出来？访谈对象觉得领导成员交换关系的强弱程度会有哪些指标？访谈对象对本书的整体研究设计、研究思路、技术路线等方面有何建议？访谈对象对本书初始问卷内各变量的测量题项有何建议，并请其指出可能让人们产生理解偏差的所有测量题项，偏差方向及程度大小又如何？

4. *初试*

通过在企业进行初试，根据问卷作答和开放式意见反馈，对问卷测量题项进行再次修改，形成预测试问卷。初试结果将有利于问卷的再次修订，同时也积累了企业实地调研的经验，为以后预测试及正式问卷测试做了充分准备。

（1）在问卷发放形式上，通过对比问卷发放与回收方式，发现面对面的一对一式发放与回收问卷的有效性最高，而批发式进行问卷调研的有效性较低。

（2）在问卷筛选标准上，在问卷筛选过程中，发现问卷筛选的评判条件太粗糙，对问卷质量进行等级划分的难度太大，故需要在问卷中设置问题内容相同但问法却相反的两条测量题项，且间距合适，如前后填答矛盾则表明可能是其填答的认真度不够。

（3）在问卷整体设计精美度上，问卷采用 A3 纸双面打印，首页为导言及个人联系方式，第二、第三页为问卷测量题项，第三页末设置了空白横线区，请被试者填写有关建议，并对被试者再次表示感谢，第四页为空白页以让被试者有空间感，版面设计尽量减少被试者的紧张或压抑感，提高其填写的舒适度。

（4）在被试者问卷翻页及保密上，事先将问卷的中缝进行正反折叠压痕，以方便被试者翻页填写，提高其填写时的保密度与舒适度。

（5）在区分题项及寻找评分数字上，还将前后测量题项之间用灰黑底纹进行行距区分，方便被试者区分题项及迅速准确地寻找其所对应的 Likert 5 点评分数字。

(6) 在问卷印刷上，寻找并在南昌市高校内印制效果最好的打字复印店完成调研问卷的印制工作，保证了卷面干净整洁，事先设置的底纹清晰有效，让被试者能有良好的视觉效果。

(7) 其他方面，还包括设计良好且有效的问卷导言、Likert 5 点评分数字外加圆圈、提供研究者个人精准细致的联系信息、提供有双面胶的信封、提供精美小礼品、请有一定权威的部门或人士协助发放问卷。

初试的具体情况为，被试样本为汽车行业，涉及研发、制造、技术保全等岗位；共发放 100 份调研问卷，回收问卷 93 份，回收有效问卷 56 份，回收问卷有效率为 60.22%。其中，有 24 份由协助者（涉及调研问卷发放、回收、解释等）请被试者当面作答，协助者在其办公室等候，一对一式地发放与回收，回收问卷 24 份，回收有效问卷为 22 份，虽很花费时间，但回收问卷有效率高达 91.67%；其余 76 份问卷由其他问卷发放人批发式地请被试员工填答，由员工自主作答，时间地点不限，并请员工在规定时间内返还问卷至该问卷发放人，共回收问卷 69 份，回收有效问卷为 34 份，回收问卷有效率为 49.28%。由于此次初试主要是对变量测量题项的可靠性进行分析，故未对被试者个人人口学信息资料作太多要求。

可靠性分析结果显示，多数变量的测量量表信度超过 0.7；只有心理安全量表信度为 0.647 < 0.7，且其过多题项的修正后项总相关系数值（CITC）过小。分析其原因，可能是因为我国本土文化向来重视中庸的观念，不倾向于向他人暴露自己的异议，同时，也不太愿意向他人尤其是向领导，直接表达自己的创意或新想法，如果用提出异议、表达激烈观点等方式去衡量心理安全，势必会在测量上出现偏差。因此，我们进一步重点对 Edmondson（1999）心理安全量表进行了修订，以适应中国文化情境。同时，也有个别变量测量题项间存在交叉，如创新自我效能量表与员工创新行为量表之间就存在一个测量题项的交叉现象，故针对这种情况，进一步对量表进行了修订。同时，我们对修正后项总相关系数（CITC）值小于 0.5 的测量题项进行了再次修改，进而形成预测试问卷。

5. 预测试

通过企业内实地问卷测试，对 MBA 在职学员在课堂内集中进行问卷测试等方式，根据问卷反馈数据的实证数理分析及被试者的反馈意见，对问卷的整体设计、测量题项表达方式、相关语言及遣词造句进行了再次全面修改，进而形成调研问卷最终稿（见附录）。

本书调研问卷的测量题项采用了多选项量表（Multiple - item Scales）的形式，多选项量表问项评价时采用了 Likert 5 点量表来表示。对于采用几点量表法问题，学者 Berdie（1994）根据经验研究得出结论，在大多数的情况下，5 点量表最可靠，选项如果超过5点，一般人是难以有足够的辨别力。根据 Andrews（1984）的建议，每个测量题项最好采用中等长度（16～24个词语）的问题表示，最终设计好的调研问卷见附录。

（二）纠正偏差的措施

本书的调研问卷主要以选择题为主，同时包括个别填空题。其中，选择题部分采用 Likert 5点评分尺度，要求被试者根据实际情况来判定每个指标与组织内主客观情况的相符程度，包括领导风格、同事关系、员工个人情况的相符程度。其中，“1”表示“不符合”，“5”表示“符合”。在每个测量题项的表达上，尽量使用简洁明快的简短语句来进行描述。

由于本书调研问卷要求被试者在回答测试问题时，主要建立在其主观性评价上，因此，可能会导致问卷测量结果出现一定程度的偏差。Fowler（1988）认为，导致被试者或应答者对问卷题项作出非正确性回答有四种基本原因：一是被试者不知道测量题项所提问题的答案信息；二是被试者不能回忆测量题项所提问题的答案信息；三是虽然知道测量题项所提问题的答案信息，但是被试者不想或不愿意去回答；四是被试者不能理解测量题项所问的问题。尽管无法去完全消除以上四种因素所可能带来的填答障碍或问题，但我们在问卷研究设计过程中还是采取了一些有效措施，以尽量降低这些填答障碍或问题对准确获取信息可能带来的负面影响。

针对第一种原因所引起的问题，我们要求问卷的被试者均为熟悉企业组织情况、员工创新情况、组织内创新情况的低、中、高层管理人员，能直接或间接参与企业内创新活动的技术人员或技术辅助人员。被试者在不知道测量题项所提问题答案的情况下，可以考虑请组织内其他人员支持或协助。

针对第二种原因所引起的问题，我们在调查问卷中所提出的问题，大多为公司现阶段的主客观情况，因此，不存在需要被试者深度回忆或需要花费较长时间去寻求以往数据信息等方面的问题。

针对第三种原因所引起的问题，我们会在调研问卷导言中事先告知被试者，问卷数据仅仅用于学术性研究，不涉及任何商业用途，不需要署名，并承诺对被试者个人信息资料、公司名称等被试者所提供的全部信息给予保密。同时，我们在问卷导言中提供了研究者所在单位名称、个人真实姓名、电话、E－mail 电子信箱、联系地址及邮编，被试者如对研究感兴趣或需要研究结论等，可以通过各种方式向研究者获取或交流相关信息，努力为企业创新发展或企业员工个人发展或相关研究提供一定的实证数据参考或帮助，以期减少被试者对问卷调研的陌生感或排斥心理，努力赢得被试者的信任。我们还选购了精美的小礼品，以赠送给参与调研问卷作答的被试者，表示研究者对其真诚无私的帮助的真诚谢意，以赢得被试者好感或减少排斥心理，为其较高质量地填写完成本调研问卷打下良好的心理基础！我们还提供了信封，信封口处已事先粘贴好双面胶，待其填答完毕后可以装入信封且能直接封口并及时且放心地返还给问卷发放人，这样就减少了被试者的防范心理，提高了其填答调研问卷的心理安全感知！

针对第四种原因所引起的问题，我们对问卷进行初试、预测试，听取企业界人士及相关专家、学者的意见，对问卷测量题项表达方式或言辞措辞等方面进行了多次修改，尽量排除测量题项中有难以理解或意义含混不清的现象发生。问卷导言中还标明了我们的所有联系方式，以期被试者在不理解测量问题题意的情况下，可以很方便地与作者取得直接联系，降低了可能由于被试者不理解某个测量题项含义而带来的负面影响。

根据 Salancik 和 Pfeffer（1977）关于避免一致性问题的有关建议，我们在调查问卷中测量题项的安排上，将员工创新行为的题项放在其他变量测度题项的后面，这样的安排可能会在一定程度上减少被试者在问卷填答过程中形成自己的因果逻辑，从而尽可能地提高问卷数据结果的可靠性。

二、变量的操作性定义与测量

为确保变量测量工具的信度及效度，实证研究应尽量地采用国内外现有文献中已经开发出的可靠量表，再根据文化情境及研究目的而加以修订后作为问卷调研的测量工具。因此，在领导风格（变革型领导、交易型领导、伦理型领导）、员工创新行为、知识共享、心理安全、创新自我效能、领导成员交换等变量的衡量方法上，本书主要采用国外现有文献中已有的研究量表，且其信度及效度在国外经过多次检验合格；同时，我们将在中国文化情境下根据企业实际及专家意见进行多次修订，以进一步适合研究的现实需要。

（一）变革型领导与交易型领导

综合 Bass（1985）、Hater 和 Bass（1988）、Avolio 和 Bass（1991）、Bass 和 Avolio（1990a、1993）、Bass 和 Avolio（1994）、Bass（1998）、Antonakis 等（2003）对全范围领导理论（FRLT）的阐述，对变革型领导、交易型领导进行概念界定。

变革型领导是指变革型领导者激励追随者（一般是组织员工）超越其自身

利益，通过改变追随者的价值观、提升其更高层次的目标追求去改变现状，进而激发追随者理解并全力实现领导者所描绘出的、全新的，也一定能实现的愿景，从而实现组织利益最大化。Bass 和 Avolio（1990a、1993）所提出的变革型领导主要维度包括理想化影响（领导魅力）、感召力、智能激发和个性化关怀。变革型领导各维度的具体内涵为，理想化影响（领导魅力）指领导自身所形成的社会化魅力，领导被追随者认为是有自信、强有力的、有理想、有信念与有道德，领导表现出关注社会价值观、信仰与使命感等有领导自身魅力的行为作风；感召力指领导以展现对未来乐观主义、强调富有雄心的目标、突出理想化的愿景、积极与追随者交流未来愿景的可实现性等方式来不断激发追随者的动力；智能激发指领导不断激励追随者质疑原有关键性假设、开展智能上的创新性思考，努力找到疑难问题的创新性解决办法，以此来激发追随者的逻辑思考能力与分析问题的创新性能力；个性化关怀指领导通过关注追随者的个性化需求，帮助追随者进一步发展个人潜能，支持追随者不断实现自我，以此来提高追随者的满意度。

交易型领导是指交易型领导者在了解下属需求的基础上，运用相关策略，包括通过澄清角色、明确工作要求与树立工作目标等，促使下属努力完成既定工作，并满足下属需求的一种领导行为。Bass（1985）以及 Bass 和 Avolio（1993）等将交易型领导分为权变奖励、积极例外管理、消极例外管理三个独立因素。交易型领导三个维度的内涵为，权变奖励（建设性事务）指交易型领导向下属明确阐明角色与任务要求，并根据下属所履行合约义务情况，向下属提供物质上的或精神上的奖励；积极例外管理（积极的矫正事务）指交易型领导主动监控、矫正下属的工作偏差，确保下属的工作行为符合标准；消极例外管理（被动的矫正事务）指交易型领导平时不干预下属的工作，只有当下属工作行为发生偏差或发生严重错误后，才进行干预。

本书对变革型领导、交易型领导的测量工具主要使用 Avolio 和 Bass（1991）、Bass 和 Avolio（1994）、Bass（1998）等研究者所开发的多因素领导问卷（MLQ），MLQ 中包括变革型领导量表、交易型领导量表。主要由人力资源、心理学、组织行为学方向的博士或博士生对原始的英文量表进行翻译，并进行深入讨论、确定问卷量表的每一个测量题项。然后请三名英语专业的高校教师、一名有英语专业及人力资源管理专业背景的博士生对经翻译所确定的中文量表进行回译，再对照原始的英文量表，寻找出在意思表达上可能有明显区别的测量题项，进一步重新斟酌、修改、确定测量题项。最后与多位有工科硕士学历或具有高级职称背景的企业技术人员，对翻译好的问卷测量题项进行讨论交流，均认为该问卷测量题项在表述上通俗易懂。

变革型领导量表的初始测量题项包括理想化影响（8 个题项）、感召力（4

个题项)、智能激发（4 个题项）、个性化关怀（4 个题项），4 个维度共有 20 个测量题项，如表 4 –1 所示。变革型领导量表采用 Likert 5 点评分尺度，要求被试者根据其直接领导者的实际来判断上述 20 个测量题项与领导行为客观表现情况的符合程度，其中“1”表示“不符合”、“5”表示“符合”。

表 4 –1 变革型领导的测量工具

维度	代码	具体测量题项
理想化影响	TFLa1	能与自己的直接领导一起共事而让我感到自豪
	TFLa2	领导强调集体利益高于个人利益
	TFLa3	领导的处事方式赢得了下属的尊敬
	TFLa4	领导强调有集体使命感的重要性
	TFLa5	领导谈论他们最重要的价值观和信念
	TFLa6	领导强调对目标有坚定信念的重要性
	TFLa7	领导做决策时考虑到职业道德方面的后果
	TFLa8	领导显示出权力和自信
感召力	TFLb1	领导乐观地谈论未来
	TFLb2	领导满腔热情地谈论需要去实现的理想目标
	TFLb3	领导对实现目标信心十足
	TFLb4	领导给大家描绘出鼓舞人心的未来前景
智能激发	TFLc1	领导对原有的问题解决方式进行重新检验，以分析它们是否合适
	TFLc2	领导在解决问题的时候考虑不同的观点
	TFLc3	领导建议从很多不同的角度看问题
	TFLc4	领导建议用新的方法来考虑如何完成任务
个性化关怀	TFLd1	领导花时间传授和辅导下属
	TFLd2	领导对下属有个性化的关注
	TFLd3	领导认为每位下属都有着与众不同的需求、能力和志向
	TFLd4	领导帮助下属进一步提升个人的优势与实力

交易型领导量表的初始测量题项包括权变奖励（4 个题项）、积极例外管理（4 个题项）、消极例外管理（3 个题项），3 个维度共有 11 个测量题项，如表 4 –2所示。交易型领导量表采用 Likert 5 点评分尺度，要求被试者根据其直接领导者的实际来判断上述 11 个测量题项与领导行为客观表现情况的符合程度，其中“1”表示“不符合”、“5”表示“符合”。

表 4-2 交易型领导的测量工具

维度	代码	具体测量题项
权变奖励	TSLa1	领导向下属提供帮助以获得下属的努力
	TSLa2	领导以特定的形式协商由谁来负责完成任务目标
	TSLa3	领导清楚地描述当任务目标达到时个人能期望得到什么
	TSLa4	当下属达到预期目标时，领导对其工作表示肯定
积极例外管理	TSLb1	领导将注意力集中在违规、失误、例外、偏差等异常情况上
	TSLb2	领导集中他（她）的大部分精力去处理失误、抱怨和失败行为
	TSLb3	领导全程了解下属工作中的差错并采取纠正措施
	TSLb4	领导为符合标准而引导下属将其注意力放在错误上
消极例外管理	TSLc1	领导直到问题变得严重时才进行干预
	TSLc2	领导等事情出错了再采取措施
	TSLc3	领导坚持“如果工作不出差错就不用过问”的信念

（二）伦理型领导

Brown 等（2005）基于社会学习视角，对伦理型领导内涵进行了界定，即伦理型领导是指领导者通过个体行为与人际互动，向其下属表明什么是规范的、恰当的行为，通过双向沟通、强制、强化与决策等方式，促使或激发追随者采取合乎伦理的行为。Treviňo 等（2000）进一步指出，伦理型领导应包含以下两方面内涵：一是合乎伦理的个人，即具备正直、诚信、值得信任品质等个体特征，总是执行或遵循合乎伦理的决策规范；二是合乎伦理的管理者，即采取影响组织道德或价值观及员工行为等合乎伦理标准的策略。合乎伦理的个人（或道德个人）与合乎伦理的管理者（或道德经理）构成伦理型领导的二元标准。合乎伦理的个人（或道德个人）是伦理型领导的先决条件，也为合乎伦理的管理者（或道德经理）提供个人前提基础；合乎伦理的管理者（或道德经理）则通过个人道德楷模示范、道德交流、设置明确的道德标准等手段，不仅把自身塑造成为伦理型领导的管理者形象，同时也激发员工在组织活动中表现出更多的伦理行为。但从中国文化背景来分析，人们可能将伦理型领导的二元标准看得更清晰或有更高的区分度，也就是说，伦理型领导可能表现为二维结构，当然，这需要进一步经过实证检验。

伦理型领导的测量采用 Brown 等（2005）开发的伦理型领导量表（ELS），此量表在国外文献中是单维结构。通过对该量表进行翻译、讨论、回译、再讨论的流程，确定了初始的伦理型领导测量项目。之后又与多位有工科硕士学历或具有高级职称背景的企业技术人员，对翻译好的问卷测量题项进行讨论交流，均认为该问卷测量题项在表述上通俗易懂。伦理型领导的初始量表包括 10 个题项，如表 4－3 所示。伦理型领导量表采用 Likert 5 点评分尺度，要求被试者根据其直接领导者的实际来判断上述 10 个测量题项与领导行为客观表现情况的符合程度，其中“1”表示“不符合”、“5”表示“符合”。

表 4－3　伦理型领导的测量工具

代码	具体测量题项
ETL1	领导尊重员工，能注意倾听下属的心声
ETL2	领导惩戒违反企业伦理与道德规范的下属
ETL3	领导以符合伦理道德的方式引导自己的个人生活
ETL4	领导将下属的切身利益放在心上
ETL5	领导做出公平且平衡的决策
ETL6	领导能够被信任
ETL7	领导和下属讨论企业伦理道德或价值观问题
ETL8	领导按伦理道德的要求树立榜样，告诉下属做事情的正确方式是怎样的
ETL9	领导不仅用结果而且用取得结果的方式来阐释成功
ETL10	领导做决策时，寻问“决策是否符合道德规范和社会责任要求？”

（三）员工创新行为

本书认同 Scott 和 Bruce（1994）对员工创新行为的概念界定，即个体创新行为是从识别问题开始的，产生创新性的构想或问题解决方案，为其创新想法寻找支持，最后将创新性的想法产品化与制度化。仅将员工创新行为定性为行为倾向、意识、意愿等是不够的，还应重点关注创新能否得到具体实施、得到最终实现，经过复杂的过程后，应表现出一个创新结果，即技术创新、管理创新或服务创新等。

Scott 和 Bruce（1994）以 Kanter（1988）创新阶段理论为基础，结合与企业高管所进行的访谈资料进一步编制了员工创新行为量表。该量表主要测量员工在企业组织中对新技术、新程序、新制造过程、新技巧或新产品的创意产生、寻找创新支持、实施创意等整体过程的创新行为表现程度；更多用于员工对自我创新行为表现的主观评价。实证研究表明该量表具有较高的效度和信度（Scott & Bruce，1994），使用也是最广泛的。

基于此，本书采用 Scott 和 Bruce（1994）编制的员工创新行为量表，此量表是单维结构。通过对该量表进行翻译、讨论、回译、再讨论的流程，确定了初始的员工创新行为测量项目。之后又与多位有工科硕士学历或具有高级职称背景的企业技术人员，对翻译好的问卷测量题项进行讨论交流，均认为该问卷测量题项在表述上通俗易懂。员工创新行为的初始量表包括 6 个题项，其中包括 5 个具体性题项及 1 个总结性题项，如表 4 -4 所示。员工创新行为量表采用 Likert 5 点评分尺度，要求被试者根据其自身实际来判断上述 6 个测量题项与员工创新行为客观表现情况的符合程度，其中“1”表示“不符合”、“5”表示“符合”。

表 4 -4　员工创新行为的测量工具

代码	具体测量题项
EIB1	我寻求新的技术、流程、方法或产品（服务）创意
EIB2	我产生有创意的点子或想法
EIB3	我与他人沟通自己的新想法，并力争获得认可与支持
EIB4	我研究现状并争取所需资源以实现自己的新想法
EIB5	我制订适当的计划去实现自己的新想法
EIB6	整体而言，我富有创新精神

（四）知识共享

知识共享体现为沟通、学习，进而帮助他人来发展出新的行动能力的过程。组织成员在向他人的学习、沟通的过程，就是在一起共享知识。综合 Senge（1997）、Wijnhoven（1998）、Davenport 和 Prusak（1998）、Hendriks（1999）、Van den Hooff 和 De Ridder（2004）对知识共享的阐述，知识共享内涵可以由以下几个要点来理解：一是知识共享须同时存在两个主体，即知识提供者与接受者，缺少任何一方，知识共享都将无法完成；二是知识共享涉及两个过程，即由知识提供者完成知识外化过程，由知识接受者完成知识内化过程；三是知识共享强调参与者主体共同拥有知识（Ipe，2003），而不能由某一方独占知识，这样才能产生知识溢出效应，最大限度地发挥知识的价值潜能（宝贡敏、徐碧祥，2007）。

因此，本书采用 Van den Hooff 和 De Ridder（2004）对知识共享所下的定义，知识共享是组织内成员相互交换知识并联合创造新知识的沟通、学习过程。Van den Hooff 和 De Ridder（2004）从知识流动方向入手，将知识共享分成两个过程，即知识贡献（Knowledge Donating）与知识收集（Knowledge Collecting），这样就将知识共享分成知识贡献与知识收集两个因子。知识贡献，即组织内某员工将其所拥有的知识资产传递给组织内其他员工；知识吸收，即组织内某员工向组织内其他员工咨询以获得他们所拥有的知识资产。他们根据其对知识共享所下的定义，编制了知识共享测量量表，包括知识贡献维度（其内部一致性信度为0.85）与知识收集维度（其内部一致性信度为0.78）。

基于此，本书采用Van den Hooff和De Ridder（2004）编制的知识共享测量量表。通过对该量表进行翻译、讨论、回译、再讨论的流程，确定了初始的知识共享测量项目。之后又与多位有工科硕士学历或具有高级职称背景的企业技术人员，对翻译好的问卷测量题项进行讨论交流，均认为该问卷测量题项在表述上通俗易懂。知识共享的初始量表包括知识贡献维度（包含6个测量题项）与知识吸收维度（包含4个测量题项），两个维度共计10个测量题项，如表4-5所示。知识共享量表采用Likert 5点评分尺度，要求被试者根据组织内员工行为实际来评判上述10个测量题项与知识共享客观情况的符合程度，其中"1"表示"不符合"、"5"表示"符合"。

表4-5　知识共享的测量工具

维度	代码	具体测量题项
知识贡献	KSa1	我让本部门的同事，共享我所学到的新东西
	KSa2	我让本部门的同事，共享我所拥有的信息
	KSa3	我让本部门的同事，共享我的专业技能
	KSa4	我让其他部门的同事，共享我所学到的新东西
	KSa5	我让其他部门的同事，共享我所拥有的信息
	KSa6	我让其他部门的同事，共享我的专业技能
知识吸收	KSb1	当我向本部门的同事咨询时，他们告诉我他们所知道的
	KSb2	当我向本部门的同事请教专业技能时，他们告诉我怎么做
	KSb3	当我向其他部门的同事咨询时，他们告诉我他们所知道的
	KSb4	当我向其他部门的同事请教专业技能时，他们告诉我怎么做

（五）心理安全

综合Edmondson（2003）、Baer和Frese（2003）、杨建锋（2008）、Carmeli等（2009）、Siemsen等（2009）、Carmeli和Gittell（2009）、Carmeli等（2010）、张鹏程等（2011）及龙静和汪丽（2011）对心理安全的阐述，考虑到本书主要针对员工感知的包括领导在内的他人对自己的影响，现将心理安全概念界定为，当员工在表现及展现自我时，相信其自我形象、地位与职业生涯等不会遭受到负面评价的心理感知，也是员工在群体、组织及人际交互中能够感受到人际安全的一种共享信念。

Edmondson（1999）编制的心理安全量表，最初是为了测量团队心理安全而

编制的，包括7个题项，为被试者自陈式量表。Edmondson（1999）在心理安全理论推演基础上，通过面试、观察、访谈、参加会议等方式来收集相关资料，在对其研究结果的数据测试分析完成后，研制、提出包含7个测量语句条目的团队心理安全量表。Edmondson（1999）7题项心理安全量表被大多数后续相关研究者直接引用（Walumbwa & Schaubroeck，2009）或修订后再用（Baer & Frese，2003；Detert & Burris，2007）。Siemsen等（2009）、Carmeli等（2010）在组织情境中运用了Edmondson（1999）心理安全量表。张鹏程等（2011），龙静、汪丽（2011）在高科技企业组织内的实证研究中，部分采用了Edmondson（1999）开发的心理安全量表。这些研究表明，Edmondson开发的心理安全量表，经过修订可以适用于组织内对员工心理安全的测量。

基于此，本书采用Edmondson开发的心理安全量表，此量表是单维结构。该初始量表设置了过多的反向问项，而且在表达方式上，可能不太适用中国文化，因为我国本土文化向来重视中庸的观念，不倾向于向他人暴露自己的异议，同时，也不太愿意向他人尤其是向领导，直接表达自己的创意或新想法，如果用提出异议、表达激烈观点等方式去衡量心理安全，势必会在测量上出现偏差。在初试时，心理安全量表信度为0.647<0.7，且有过多题项的修正后项总相关系数值（CITC）过小。鉴于此，本书进一步重点对Edmondson心理安全量表进行了修订，以适应中国文化情境。通过对该量表进行翻译、讨论、回译、再讨论的流程，确定了比较适合中国文化情境的心理安全测量项目。之后又与多位有工科硕士学历或具有高级职称背景的企业技术人员，对翻译好的问卷测量题项进行讨论交流，均认为该问卷测量题项在表述上通俗易懂。心理安全的初始量表包括7个题项，其结构维度尚有待进一步探索与检验，具体测量题项如表4-6所示。心理安全量表采用Likert 5点评分尺度，要求被试者主观评判上述7个测量题项与组织内员工的心理安全实际表现情况的符合程度，其中“1”表示“不符合”、“5”表示“符合”。

表4-6 心理安全的测量工具

代码	具体测量题项
PS1	在本单位，人们宽容失败，提倡“失败是成功之母”
PS2	在本单位，人们可以容忍或接受他人的不同观点
PS3	在本单位，人们愿意就彼此的问题和异议展开讨论
PS4	在本单位，人们容易讲出心中所想的
PS5	在本单位，人们容易得到他人的帮助
PS6	在本单位，没有人故意暗中破坏我的努力成果
PS7	在本单位，我的特长与才干得到重视和施展

（六）创新自我效能

研究表明，自我效能与一系列不同情境下的其他变量有高度关联性（Bandura，1997；Gist & Mitchell，1992）。对自我效能的研究可分三类：一般自我效能（General Self - efficacy）、特定任务自我效能（Task - specific Efficacy）及特定领域自我效能（Domain - specific Self - efficacy）。其具体区分为，一般自我效能指个体对完成所有任务的总体能力的自信程度；特定任务自我效能指个体对完成某一特定任务的能力的自信程度；特定领域自我效能指个体对完成特定情境下职责的能力的自信程度（Bandura，1997）。Ford（1996）曾提出个体创新行为理论模型，将自我效能看作个体创新行为模型中动机的重要组成部分，认为自我效能影响员工创新。虽然自我效能和创新有着潜在联系，但是极少有文献把自我效能直接运用于创新行为的情境中（Tierney & Farmer，2002）。Tierney 和 Farmer（2002）沿着特定领域自我效能的研究思路，结合 Amabile、Scott 等学者的创新理论，在自我效能理论基础上，开创性地明确提出创新自我效能概念，强调创新自我效能是"个体对于自己有能力取得创新成果的信念"。创新自我效能概念中的创新主要是指个体在工作过程中能产生新颖的想法及能解决问题的新办法。在实质上，创新自我效能不仅指工作上能采取创新性思维方法的信念，也包括能获取创新成果的信念。

因此，Tierney 和 Farmer（2002）所提出的创新自我效能的内涵实质，是指个体对于自己在工作上能有创新性表现及获得创新性成果的内心信念，这一信念既针对创新行为结果，也针对创新行为过程，包括有创新思维以克服困难和挑战，有信心创新性地成功完成特定工作任务等自信程度。

Tierney 和 Farmer（2002、2004）编制的创新自我效能量表最具代表性，包括三个测量题项。Tierney 和 Farmer（2004）在随后的研究中，进一步运用并检验了该量表。由于取样不同，该量表在不同研究中的信度存在一定差异，但都满足心理测量学要求。耿昕（2011）在研究中使用该量表时，增加了一个测量题项，修订后的量表具有较高的信度与效度。

基于此，本书采用 Tierney 和 Farmer（2002、2004）编制且由耿昕（2011）修订后的创新自我效能量表，此量表是单维结构。通过对该量表进行翻译、讨论、回译、再讨论的流程，确定了初始的创新自我效能测量项目。之后又与多位有工科硕士学历或具有高级职称背景的企业技术人员，对翻译好的问卷测量题项进行讨论交流，均认为该问卷测量题项在表述上通俗易懂。创新自我效能的初始量表包括 4 个题项，如表 4 - 7 所示。创新自我效能量表采用 Likert 5 点评分尺度，要求被试者主观评判上述 4 个测量题项与创新自我效能实际表现情况的符合程度，其中“1”表示“不符合”、“5”表示“符合”。

表4-7 创新自我效能的测量工具

代码	具体测量题项
ISE1	我觉得自己擅长于提出新的点子或想法
ISE2	我自信我有能力创新性地解决问题
ISE3	我有能力从他人的点子中进一步发展出新的想法
ISE4	我擅长于想出新方法去解决问题

（七）领导成员交换

领导成员交换（LMX）理论是基于垂直对子联结理论（Vertical - Dyad Linkage，VDL）而发展出来的重要领导理论。LMX 指员工与其领导者之间在组织内工作过程中所建立起来的相互关系，是个体组织经验中的重要组成部分（Graen & Uhl - Bien，1995）。基于角色扮演理论，Graen 和 Uhl - Bien（1995）认为员工可经过角色获得、角色扮演与角色习惯化 3 个阶段形成不同关系质量的 LMX；后来，基于互惠连续体理论，又认为领导者与员工因采用不同的互惠方式而形成不同关系质量的 LMX；另外，基于社会交换理论的解释，强调 LMX 表现成截然不同的两种状态，一种为不超出组织雇佣合同所要求范围的合同性或经济性交换，另一种则为超出了组织雇佣合同所要求范围之外的社会性交换（Graen & Uhl - Bien，1995）。也就是说，在组织内，LMX 会存在或高或低两种类型的质量关系，且领导者在组织内的管理方式也会因 LMX 关系不同而有所不同（汪林等，2009）。

基于上述分析，领导成员交换（LMX）是指员工知觉自身与其直接领导之间的关系品质。直接领导易将高 LMX 的员工归类为圈内（In Group）成员。直接领导会因为时间、资源的限制，在不断的角色互动过程中，与不同的员工发展出不均质的交换关系。交换品质较佳的领导与员工，存在高度的信任、尊重、忠诚、回报等关系。在创新领域内，LMX 关系主要关注组织内领导与员工个体之间差异性的配对关系，从而影响员工的行为绩效。在较高质量的 LMX 关系中，领导对于成员在承担风险、资源、奖励或鼓励等方面给予的支持，也会存在于可促进员工创新行为的组织环境中。

基于此，本书采用 Graen 和 Uhl - Bien（1995）编制的领导成员交换测量量表。通过对该量表进行翻译、讨论、回译、再讨论的流程，确定了初始的领导成员交换测量项目。之后又与多位有工科硕士学历或具有高级职称背景的企业技术人员，对翻译好的问卷测量题项进行讨论交流，均认为该问卷测量题项在表述上通俗易懂。领导成员交换的初始量表包括 7 个题项，如表 4 - 8 所示。领导成员交换量表采用 Likert 5 点评分尺度，要求被试者根据组织内自身与领导关系实际来评判上述 7 个测量题项与领导成员交换客观情况的符合程度，其中“1”表示“不符合”、“5”表示“符合”。

表 4 - 8 领导成员交换的测量工具

代码	具体测量题项
LMX1	我与领导建立了有效的工作关系
LMX2	领导了解我在工作中遇到的问题和需要
LMX3	领导认识到我的潜力
LMX4	领导运用其权力来帮我解决工作上的问题
LMX5	领导在其职权范围内来帮我摆脱困境
LMX6	我对领导的决策有信心，当他（她）不在场时，我为其决策进行辩护和解释
LMX7	我通常知道领导对我所做事情的满意程度

（八）个人基本资料

本书问卷涉及被试者的基本资料，共有 11 项，说明如下：

（1）您的性别：① 男；② 女。

（2）您的年龄：① 30 岁以下；② 30 ~ 39 岁；③ 40 ~ 49 岁；④ 50 岁及以上。

（3）教育程度：① 高中及以下；② 大专；③ 本科；④ 硕士；⑤ 博士。

（4）您的职位：① 一般员工；② 基层管理者；③ 中层管理者；④ 高层管理者。

（5）工作年限：① 5 年及以下；② 6 ~ 9 年；③ 10 ~ 19 年；④ 20 ~ 29 年；⑤ 30 年及以上。

（6）所在部门：① 技术/研发；② 生产/制造；③ 营销（市场）；④ 策划/战略；⑤ 其他：________。

（7）单位性质：① 国有企业；② 集体企业；③ 民营企业；④ 三资企业；⑤ 其他：________。

(8) 单位规模：① 50 人以下；② 50～99 人；③ 100～499 人；④ 500～999 人；⑤ 1000 人及以上。
(9) 单位效益：① 很好；② 较好；③ 中等；④ 较差；⑤ 很差。
(10) 成立年数：① 5 年及以下；② 6～9 年；③ 10～19 年；④ 20～29 年；⑤ 30 年及以上。
(11) 所属行业：________（填写一个最主要的行业）。

三、数据分析方法

本书通过调研问卷这一测量工具来收集企业领导风格与员工创新行为方面的相关数据，对于回收的调研问卷，将进行变量的描述性统计分析、信度及效度检验、变量间关系的检验等数据分析，这些数据分析工作则主要通过专业统计分析软件（SPSS17.0 和 AMOS7.0 等）来完成。依照研究目的及假设检验的实证数理分析需要，将主要采用以下几种数据资料分析方法。

（一）描述性统计分析

描述性统计分析，主要对被试样本的基本资料，包括被试者个人的性别、年龄、教育程度、职级职位、工作年限、工作岗位或所在部门；被试者所在单位的单位性质、单位规模、单位效益、公司成立年数、所属行业等进行统计分析；说明相关变量的平均值、标准差、百分比、频数分布等，以描述样本的类别、特性以及比例分配状况，了解被试者在这些变量上的差异性表现水平。

（二）探索性因子分析

探索性因子分析（Exploratory Factor Analysis，EFA）主要是以少数几个共同因子来解释相互之间有关联的一组变量，以起到数据浓缩目的的一种统计分析技术。本书将采用主成分分析法（Principal Component Analysis）来提取共同因子，以方差最大（Varimax）正交旋转方式，分别对变革型领导、交易型领导、伦理型领导、员工创新行为、知识共享、心理安全、创新自我效能、领导成员交换等变量开展探索性因子分析，并根据变量各因子的特性进行合理命名。

（三）信度与效度分析

在社会心理学、管理科学等实证性研究中，研究者通常使用问卷测量或其他调查工具来作为实证研究的量化资料。其研究结果，在很大程度上要依赖调查工具的可靠性与正确性。因此，在实证研究中，需要对所使用的测量工具的信度、效度进行检验。针对研究特点，将主要对测量工具进行信度、效度方面的分析。

1. 信度分析

信度分析，主要检验事先设计的量表在测量某个变量时能否具有一致性和稳定性。信度则指测量无偏差的程度。无偏差主要指在不同的时间用相同量表题项所测量结果应是一致的。信度一般用测量量表的内部一致性来体现（Cronbach，1951）。本书采用 Cronbach 所创建的 α 系数进行信度检测，α 系数已被证实为检验多重评分量表的有效指标。问卷回收后，针对各个指标所对应的量表题项，先计算各因子内部一致性 α 系数，以及各题项对总体的相关系数（CITC），将内部一致性较低的题项进一步修改或进行删除，再重新计算量表的信度，即内部一致性 α 系数。

一般来说，α 系数值界于 0 ~ 1，出现 0 或 1 两个极端值的概率极低；Nunnalty（1978）认为，α 系数等于 0.70 是较低但却可以接受的量表信度边界值；Fornell 和 Larcker（1981）却认为，α 系数为 0.5 是可以接受的最低信度水平值；DeVellis（1991）则认为，α 系数如为 0.60 ~ 0.65 则最好不要，α 系数界于 0.65 ~ 0.70 则是最小可接收值，α 系数界于 0.70 ~ 0.80 则相当好，α 系数界于 0.80 ~ 0.90 则非常好。综合不同学者的观点，在研究中一般会认为，α 系数大于 0.7 则表示研究量表具有较高的信度（DeVellis，1991）。

2. 效度分析

内部一致性是测量工具的必要条件但并非充分条件。因此，还必须要进一步对测量工具做效度分析，以检验测量工具能否有效地达到测量研究的目的。效度是指，测量工具能正确地测量出所想要衡量的特质或行为的有效程度，即测量的正确性。一般而言，效度分析主要包括内容效度（Content Validity）和构念效度（Construct Validity）两种。

内容效度（表面效度、逻辑效度）是指测量工具的测量目标和测量内容之间的相符性与适合性。一个测量工具要想具备较高的内容效度，必须满足两个条件：一是要确定好测量的内容范围，并使全部的测量项目均能在此范围内；二是所测量项目应该是已经界定的内容范围的代表性样本。也就是说，所选出的项目应能包含所需要测量的内容范围的主要方面，并能使各部分项目所占的比例适当。为达到测量的内容效度，本书以相关理论作为基础，主要引用国外成熟量表，邀请有英语及人力资源管理等相关专业背景的人士对原始量表进行翻译与回译，并参考以往一些主要实证研究中的问卷结果来加以修订。问卷编制修订的初稿完成后，多次邀请相关专家、学者、企业管理者、专业技术骨干参与讨论及修正，并对问卷进行初试、预测试等多个阶段的调整与修正，确保了量表的内容效度。由此，在定量数据分析阶段，将主要对测量工具进行构念效度的分析。

构念效度（建构效度）主要用来检验量表能否真正体现出所需要测度的变量，也就是用来证明用量表调研所获得的数据结果和该量表设计时所依据理论这两者之间契合的程度。因子分析法，经常被用来检测量表的建构效度。针对本书正式问卷测量题项，用正式测试问卷数据通过验证性因子分析（Confirmatory Factor Analysis，CFA）来检验量表的整体效度。需要指出的是，量表内各个测量指标在其所归属因子上的负荷（Factor Loading）是否具有显著性，其标准化因子负荷值则通常要求大于0.5（Fornell & Larcker，1981）。统计学家（Nunnally，1978；Nunnally & Berntein，1994）认为，如果因子负荷值低于0.4，保留该项目会对量表的效度产生影响，可以对这种项目进行删除①。因而，标准化因子负荷值一般应大于0.5，但也可放松至大于0.4。

（四）相关分析与回归分析

1. 相关分析

相关分析的主要目的是研究多个变量之间相关关系的强度大小或密切程度。本书主要通过Pearson积差相关系数矩阵，来检验两两变量之间以及变量的各个结构维度之间是否具有显著的相关性，以此作为变量之间关系的初步检查，也作为以后深入分析变量之间相互作用关系的基础。

2. 回归分析

本书主要采用逐步回归分析法，检验领导风格对员工创新行为的预测能力。同时，还采用调节回归分析法，检验领导成员交换是否以及会如何影响领导风格与员工创新行为之间的关系强度。

（五）结构方程模型分析

在对问卷数据资料进行必要的收集、整理、分析后，本书将采用结构方程模型（SEM）来验证研究模型及假设。首先建立研究模型的路径图，依照路径图来写出测量模型与结构模型；其次依据模型拟合评价指标，评估模型拟合质量的好坏；最后进行模型的解释及各个研究理论假设的检验。也就是说，本书针对调研所回收的问卷，进行以下分析：一是用验证性因子分析法来检验各潜在变量的测量模型，分析测量的信效度；二是利用结构方程模型，进行路径分析及研究假设检验。

---

① 余可发．顾客心理契约对品牌忠诚作用机理实证研究．江西财经大学博士学位论文，2011.

1. 结构方程模型的构成

结构方程模型，将传统的因子分析与路径分析技术进行了有效整合。完整的结构方程模型主要由测量模型（Measurement Model）与结构模型（Structural Model）两部分所组成。测量模型主要反映各潜在变量与其测量指标（观察变量，Observable Variable）之间的关系，所构成的数学模型就是验证性因子分析（CFA）模型。结构模型则是依据各潜在变量之间结构关系的理论假设而建立，主要通过路径分析来验证理论假设。

2. 模型拟合评价

在进行测量模型或结构模型数据分析后，须对模型进行评价，以评估模型解释问卷调研实际观测资料的程度。根据专家的建议，选取了一些具有代表性的拟合指数来对模型进行评价，一般有（见表4-9）：卡方值自由度比值（NC 或 χ^2/df），拟合度指标（GFI），近似误差的均方根（RMSEA），规范拟合指标（NFI），增值拟合指数（IFI），比较拟合指标（CFI）。其中，$1 \leq NC \leq 3$，表示模型有简约适配程度；$NC \geq 5$，则表示模型需要修正（吴明隆，2010）。$RMR \leq 0.08$。$RMSEA \leq 0.05$ 表示模型适配度佳；$RMSEA < 0.08$ 则表示模型适配度合理；$0.08 \leq RMSEA \leq 0.1$ 则表示模型适配度普通；$RMSEA > 0.1$ 则表示模型适配度不太理想（吴明隆，2010）。GFI、IFI、NFI、CFI 的变化范围均在 0 到 1 之间，越接近于 1 越好，≥0.90 被认为拟合很好，≥0.80 被认为拟合较好，可以接受。

表4-9 整体模型拟合度的评价标准

指 标	评价标准
χ^2/df	≤5.0，最佳≤3.0
RMSEA	≤0.10
GFI	≥0.90
NFI	≥0.80，最佳≥0.90
IFI	≥0.80，最佳≥0.90
CFI	≥0.80，最佳≥0.90

资料来源：侯杰泰等．结构方程模型及其应用．北京：教育科学出版社，2004；吴明隆．结构方程模型：AMOS 的操作与应用（第2版）．重庆：重庆大学出版社，2010.

另外，关于样本数量问题，很多学者在其实证研究中进行了深入探讨。Tanaka（1984）、Harlow（1985）认为，使用结构方程模型至少需要 400~500 个样本数量。Bagozzi 和 Yi（1988）认为，要使用 LISREL 分析，样本数至少 50 个，最好能达到估计参数的5倍以上。Hair等（1998）认为，在模式参数估计上如采用最大似然估计法，最适合的样本数则为100～200，而以200最适合，因为样本数太少则可能导致不能被收敛或者得到不当解。Ding等（1995）则认为，样本数最少应为100～150才适合使用，但样本数太大（超过400）时，最大似然估计法则会变得过度敏感①。综合上述不同学者的研究观点可知，样本数量在150以上就可以使用AMOS中的最大似然估计法进行测量模型及结构模型的分析。

四、预测试

我们经过初试对问卷进行修订后，又进行了预测试。预测试的目的在于，对问卷的信度与效度进行实证考察，从而不断提高研究测量工具的质量。我们运用修订后的问卷对某高校工商管理学院秋季MBA班学员以及涉及汽车业、家用电器行业、建工行业、银行业等行业的6家企业（包括国有公司、中外合资公司等）进行抽样调查，共发放问卷300份，收回235份，回收率为78.3%，剔除无效问卷及MBA班学员中的非企业问卷，最后的有效问卷为181份，样本有效率为77.02%。此次问卷测试回收率较高，其主要原因是MBA班学员是在课堂内集中填答，100%的回收，问卷有效率也很高。由于此次预测试主要目的是对问卷内变量结构、测量题项的可靠性进行探索性分析；而且设置了开放式问答题，请被试者提出修改意见；在不涉及被试者个人信息时，被试者因无心理压力而填写问卷的质量会更高，故未对被试者个人人口学信息资料作严格要求。针对回收的问卷，对其进行探索性因子分析，探索其结构维度，检验其效度与信度，以进一步修订完善问卷，为正式问卷调研做准备。

（一）预测试数据信效度评价方法

1. 测量的效度评价方法

效度上，前面已介绍本书通过各种方法保证了测量的内容效度。在这里主要对测量的结构效度进行检验，利用探索性因子分析法、项总相关系数分析（Corrected－Item Total Correlation，CITC）对收敛效度与区分效度进行检验。

（1）收敛效度。强调用于测量同一构念的各测量题项之内部一致性。评价收敛效度的主要作用在于通过评价来剔除所谓的垃圾条款而进一步净化测量题

① 沈波．企业信息资源配置对企业绩效影响的研究．江西财经大学博士学位论文，2007.

项，从而减少测量题项的多因子现象（Churchill，1979），提高测量题项的解释能力。本书主要是通过信度分析中评价某一构念内每个测量题项得分与该构念中其他题项得分总和的相关系数（CITC）来进行评价。一些学者对 CITC 值大小适合度提出了自己的看法。当 CITC >0.3 时，表示该测量条款符合要求，筛选测量题项需要同时满足两个条件，一是修正后项总相关系数小于 0.3，二是删除此题项后可以增加 α 值，即可提升整体信度，则表示可以删除该条款（卢纹岱，2002；杨志蓉，2006）。也有学者把标准定为 0.5（Cronbach，1951），强调对于 CITC <0.5 的测量题项，则认为其收敛效度较差，应予以剔除（Bock & Kim，2002；鞠芳辉，2007）。考虑到此次为预测试，旨在探索量表的质量并进行适当修订，以 0.3 为净化测量条款的最基本标准，同时也根据探索性因子分析需要而适当提高净化标准。

（2）区分效度。不同变量的测量之间所存在的差异化程度（Simonni，1999）。在预测试阶段，区分效度的评价主要通过探索性因子分析（EFA）来完成。

探索性因子分析（EFA）的目的在于识别因子结构，精致化量表。对于 EFA，一般要求问卷调研的被试样本数量与测量题项数的比值至少在 5 倍以上，此次预测试用于 EFA 的样本数为 181，问卷测量中只有变革型领导的测量题项数最多（为 20 个），这样被试样本数至少是测量题项数的 9.05 倍（181/20），符合 EFA 在被试样本数量上的基本要求。

在进行探索性因子分析时，采用主成分法（Principle Component Analysis），选择方差最大（Varimax）正交旋转方式处理，提取特征值（Eigenvalue）大于 1 的共同因子。然后，分析每个题项在各自共同因子上的负荷。根据负荷量大小来评价效度及筛选题项。当某个题项能在事先理论假定的因子上有比较高的负荷时，就可以认为该测量题项具有较高的区分度（Item Discrimination）。

为了保证测量题项的区分效度，一些学者提出在因子分析中筛选变量测量题项的标准。Leder 和 Sethi（1991）认为筛选标准有三个：一是当某个题项自成单个因子时，则因其没有内部一致性而必须予以删除；二是每个题项在所归属因子的负荷量须大于 0.5，则就认定其具有收敛效度，否则删除；三是每一个题项在其所对应归属因子上的负荷须接近 1，而在其他因子上的负荷须接近 0，只有这样才能具有区别效度，所以当该题项在所有因子上的负荷量都小于 0.5 或在两个以上因子上的负荷量都大于 0.5，即横跨了两个因子，则须删除此题项。Hatcher（1994）也提出了三个删除原则以保证题项的区分效度：一是须删除在所有共同因子上的负荷皆小于 0.5 的测量题项；二是删除在两个或两个以上共同因子中的负荷量均超过 0.5 的题项；三是删除在两个或两个以上共同因子上的负荷值差异过小的题项[①]。需要注意的是，在删除测量题项时，应采取逐个逐次删除题项的方式，每次删除一个题项后都须重做因子提取，如此反复进行，直到能获得较清晰的因子结构；在删除或保留题项时，应尽量使每个共同因子所包含的测量题项数保持均衡，每个因子至少应选取负荷值较大的 2 ~ 3 个测量题项（Churchill，1979）。统计学家 Nunnally（1978）、Nunnally 和 Berntein（1994）认为，因子负荷应不低于 0.4。为了保证测量题项的区分效度，我们将在探索性因子分析中对因子负荷低于 0.5 的测量题项进行剔除。

2. 测量的信度评价方法

本书将采用 Cronbach's Alpha 系数方法来进行测量的信度评价。根据已有的探索性研究（Nunnally & Bernstein，1994）所采用的标准，若该变量的 Cronbach's Alpha 内部一致性系数值均大于 0.7 时则具有较高的信度，而若发现将某测量题项被删除后反而能显著地提高内部一致性，则该题项应删除不用。

针对前述信效度分析方法的几个方面，本书在进行测量的信度和效度评价时，将遵循如下评价程序：第一步，进行收敛效度的评价，计算每个变量测量项目的 CITC 值，通过删除 CITC 值小于 0.3 且不会增加 α 值的不合格题项来提高测量收敛效度；第二步，在第一步的基础上采用探索性因子分析来评价测量的区分效度，根据相关标准删除那些因子结构不清晰的题项；第三步，进行信度评价，计算最终题项的内部一致性信度，即 Cronbach's Alpha 值。

（二）预测试数据分析结果

1. 预测试的收敛效度评价结果

按照以上评价方法和程序，首先采用 CITC 法对变革型领导、交易型领导、伦理型领导、员工创新行为、知识共享、心理安全、创新自我效能、领导成员交换等各变量及其维度进行测量题项的收敛效度的评价。

由表 4-10 可以看出，变革型领导的各维度 CITC 值皆大于 0.3；且多数大于 0.5，仅理想化影响的第 TFLa8 个题项为 0.496 < 0.5。因此，暂时保留变革型领导量表的所有题项，结合探索性因子分析结果再进行综合考虑。

由表 4-11 可以看出，交易型领导的各维度 CITC 值皆大于 0.3；且多数大于 0.5，仅积极例外管理的第 TSLb3 个题项为 0.423 < 0.5。因此，暂时保留交易型领导量表的所有题项，结合探索性因子分析结果再进行综合考虑。

---

① 胡杨成．非营利组织市场导向与绩效的关系研究：环境变动与组织创新的影响．浙江大学博士学位论文，2008.

表 4-10 变革型领导的收敛效度及信度评价

维度	题项代码	CITC 值	删除该项后的 Alpha 值	各维量表 Alpha 值	总量表 Alpha 值
理想化影响	TFLa1	0. 589	0. 837	0. 853	0. 927
	TFLa2	0. 568	0. 838		
	TFLa3	0. 630	0. 831		
	TFLa4	0. 640	0. 829		
	TFLa5	0. 587	0. 836		
	TFLa6	0. 609	0. 836		
	TFLa7	0. 652	0. 829		
	TFLa8	0. 496	0. 846		
感召力	TFLb1	0. 685	0. 800	0. 844	
	TFLb2	0. 753	0. 769		
	TFLb3	0. 659	0. 812		
	TFLb4	0. 624	0. 826		
智能激发	TFLc1	0. 512	0. 720	0. 755	
	TFLc2	0. 532	0. 710		
	TFLc3	0. 620	0. 659		
	TFLc4	0. 546	0. 702		
个性化关怀	TFLd1	0. 648	0. 849	0. 862	
	TFLd2	0. 765	0. 800		
	TFLd3	0. 709	0. 825		
	TFLd4	0. 719	0. 820		

表 4-11 交易型领导的收敛效度及信度评价

维度	题项代码	CITC 值	删除该项后的 Alpha 值	各维量表 Alpha 值	总量表 Alpha 值
权变奖励	TSLa1	0. 500	0. 716	0. 750	0. 779
	TSLa2	0. 537	0. 697		
	TSLa3	0. 617	0. 650		
	TSLa4	0. 530	0. 701		
积极例外管理	TSLb1	0. 572	0. 702	0. 763	
	TSLb2	0. 655	0. 653		
	TSLb3	0. 423	0. 773		
	TSLb4	0. 609	0. 681		

续表

维度	题项代码	CITC 值	删除该项后的 Alpha 值	各维量表 Alpha 值	总量表 Alpha 值
消极例外管理	TSLc1	0.727	0.858	0.877	0.779
	TSLc2	0.835	0.759		
	TSLc3	0.734	0.852		

由表4－12可以看出，伦理型领导量表的全部题项CITC值皆大于0.3，且多数大于0.5，仅ETL1、ETL2题项略小于0.5。因此，暂时保留伦理型领导量表的所有题项，结合探索性因子分析结果再进行综合考虑。

表4－12 伦理型领导的收敛效度及信度评价

题项代码	CITC 值	删除该项后的 Alpha 值	总量表 Alpha 值
ETL1	0.462	0.854	0.859
ETL2	0.433	0.857	
ETL3	0.547	0.847	
ETL4	0.579	0.845	
ETL5	0.613	0.842	
ETL6	0.662	0.837	
ETL7	0.635	0.840	
ETL8	0.638	0.839	
ETL9	0.542	0.848	
ETL10	0.554	0.847	

由表4－13可以看出，员工创新行为量表测量题项CITC值皆大于0.5。因此，暂时保留员工创新行为量表的所有题项，结合探索性因子分析结果再进行综合考虑。

表4－13 员工创新行为的收敛效度及信度评价

题项代码	CITC 值	删除该项后的 Alpha 值	总量表 Alpha 值
EIB1	0.535	0.814	0.828
EIB2	0.627	0.794	
EIB3	0.518	0.816	
EIB4	0.604	0.799	
EIB5	0.686	0.782	
EIB6	0.617	0.796	

由表4－14 可以看出，知识共享的各维度 CITC 值皆大于0.5。因此，暂时保留知识共享量表的所有题项，结合探索性因子分析结果再进行综合考虑。

表4－14　知识共享的收敛效度及信度评价

维度	题项代码	CITC 值	删除该项后的 Alpha 值	各维量表 Alpha 值	总量表 Alpha 值
知识贡献	KSa1	0.634	0.880	0.889	0.897
	KSa2	0.698	0.870		
	KSa3	0.693	0.871		
	KSa4	0.748	0.862		
	KSa5	0.766	0.860		
	KSa6	0.691	0.871		
知识吸收	KSb1	0.562	0.817	0.824	
	KSb2	0.687	0.767		
	KSb3	0.709	0.750		
	KSb4	0.659	0.777		

由表4－15 可以看出，心理安全量表的全部题项 CITC 值皆大于或等于0.5。因此，暂时保留心理安全量表的所有题项，结合探索性因子分析结果再进行综合考虑。

表4－15　心理安全的收敛效度及信度评价

题项代码	CITC 值	删除该项后的 Alpha 值	总量表 Alpha 值
PS1	0.533	0.834	0.841
PS2	0.683	0.808	
PS3	0.640	0.813	
PS4	0.656	0.810	
PS5	0.693	0.804	
PS6	0.516	0.831	
PS7	0.500	0.835	

由表4－16 可以看出，创新自我效能量表的全部题项 CITC 值多大于0.5。因此，暂时保留创新自我效能量表的所有题项，结合探索性因子分析结果再进行综合考虑。

表 4-16 创新自我效能的收敛效度及信度评价

题项代码	CITC 值	删除该项后的 Alpha 值	总量表 Alpha 值
ISE1	0. 644	0. 829	0. 850
ISE2	0. 718	0. 798	
ISE3	0. 708	0. 802	
ISE4	0. 694	0. 808	

由表 4-17 可以看出，领导成员交换量表的全部题项 CITC 值多大于 0. 5。因此，暂时保留领导成员交换量表的所有题项，结合探索性因子分析结果再进行综合考虑。

表 4-17 领导成员交换的收敛效度及信度评价

题项代码	CITC 值	删除该项后的 Alpha 值	总量表 Alpha 值
LMX1	0. 399	0. 832	0. 829
LMX2	0. 610	0. 801	
LMX3	0. 601	0. 802	
LMX4	0. 614	0. 800	
LMX5	0. 682	0. 788	
LMX6	0. 574	0. 807	
LMX7	0. 546	0. 811	

2. 预测试的区分效度评价结果

本书采用探索性因子分析法（EFA）对预测试调研问卷样本数据进行分析，以检验测量的区分效度。探索性因子分析法的目的是浓缩数据，从一组杂乱无章的数据中找出其共同属性，通过因子分析将众多题项中那些关系密切的题项抽象地归并成为数目较少的若干个共同因子，以达到化繁为简的目的（郭志刚，1999）。在此预测试分析阶段，探索性因子分析将采用主成分分析法（Principle Component Method），选择方差最大（Varimax）正交旋转方式来进行因子分析（Factor Analysis），以特征值（Eigenvalue）大于 1 作为评判标准，来决定因子的个数。

在运用探索性因子分析前，需要首先判断这些测量题项是否适合去做因子分析。常用的判定方法为，对被试样本进行 Bartlett 球形检验（Bartlett Test of Sphericity）及 KMO 取样充足性检验（Kaiser - Meyer - Olykin Measure of Sampling Adequacy）测度。Bartlett 球形检验则要求统计值显著性概率≤显著性水平。KMO 代表取样的适当性，其值越大则表明变量之间的共同因子就会越多。Tabachnick 和 Fidell（1989）认为，KMO 值≥0.6 便适合去做因子分析。郭志刚（1999）则认为，KMO 值越接近 1，则越适合去做因子分析；KMO 值在 0.9 以上，非常合适；0.8 ~0.9，很合适；0.7 ~0.8，合适；0.6 ~0.7，不太合适；0.5 ~0.6，很勉强；0.5 以下，则代表不能接受。

（1）变革型领导量表的探索性因子分析。在进行探索性因子分析时发现，当将 CITC 净化标准提高到 0.5，从而将题项 TFLa8 删除后再进行 EFA，则变革型领导的结构维度将与变革型领导概念构思的维度划分完全相吻合，即保留的 19 个题项共提取出 4 个共同因子（特征值 >1）（见图 4 –1）。在删除题项 TFLa8 后，重新对保留的 19 个剩余测量题项进行 EFA，结果显示，该量表的 KMO 值为 0.888（ >0.70），经 Bartlett 球形检验所得到的 Chi –Square 值为 1779.675，自由度为 171（p <0.001），这说明非常适合进行因子分析（见表 4 –18）。

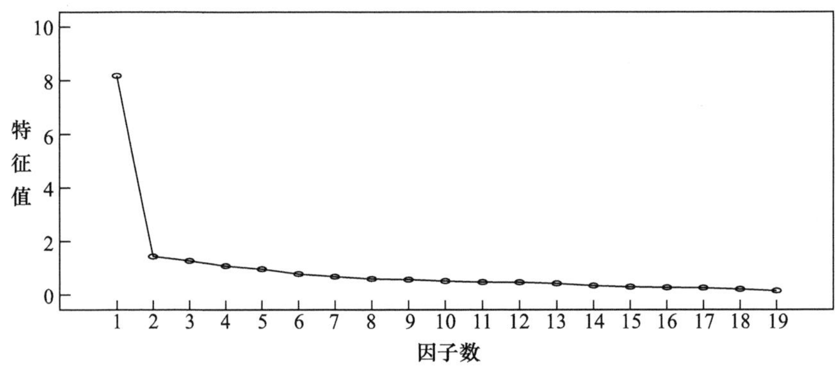

图 4 –1 变革型领导的因子碎石图

表 4 –18 KMO 与 Bartlett 检验分析

Kaiser –Meyer –Olkin 取样充足性检验		0.888
Bartlett 球形检验	Approx. Chi –Square	1779.675
	df	171
	Sig.	0.000

对保留的 19 个题项，采用主成分、方差最大正交旋转分析后所得到的变革型领导因子负荷矩阵如表 4 –19 所示（仅保留大于 0.5 的负荷值），共计提取出

了4个特征值大于1的因子，4个因子所包含的测量题项数量分别为7个、4个、4个、4个，所有测量题项之因子负荷值均大于0.5。

因子分析法的主要目的之一，就是简化因子结构，希望能以最少数量的共同因子来对方差做出最大的变异解释。因此，提取的共同因子所能够解释的累计方差量值是越大越好。根据表4－19中的数据可以发现，所提取出的4个共同因子（特征值>1）对方差的累计贡献率达到了62.96%，高于50%的临界标准（胡杨成，2008；胡杨成、蔡宁，2009）。这进一步表明提取因子的效果良好，能够描述变革型领导的内容。

表4－19　变革型领导的探索性因子分析结果

因子含义	题项	共同因子			
		1	2	3	4
理想化影响	TFLa2	0.763			
	TFLa7	0.652			
	TFLa4	0.636			
	TFLa1	0.606			
	TFLa5	0.590			
	TFLa6	0.559			
	TFLa3	0.554			
个性化关怀	TFLd3		0.795		
	TFLd2		0.755		
	TFLd1		0.730		
	TFLd4		0.715		
感召力	TFLb2			0.824	
	TFLb3			0.778	
	TFLb1			0.665	
	TFLb4			0.639	
智能激发	TFLc3				0.800
	TFLc2				0.663
	TFLc4				0.616
	TFLc1				0.536
特征值		8.173	1.435	1.274	1.081
方差贡献率（%）		17.701	16.964	15.648	12.650
累计方差贡献率（%）		17.701	34.665	50.313	62.963

（2）交易型领导量表的探索性因子分析。按照上述方法，对交易型领导量表进行探索性因子分析，并删除相应的不合要求的测量题项，包括在所有共同因子上的负荷皆小于0.5，或在两个或两个以上共同因子中的负荷量均超过0.5，或在两个或两个以上共同因子上的负荷值差异过小的题项即因子结构不清的测量条款。样本充足性检验和样本分布检验发现，KMO测试值为0.744，Bartlett球形检验卡方值是663.900，自由度为45（$p<0.001$），表明很适合做因子分析（见图4-2、表4-20）。

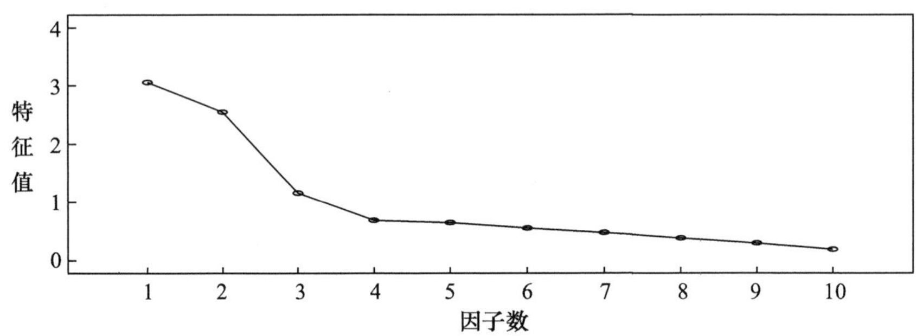

图4-2　交易型领导的因子碎石图

表4-20　KMO与Bartlett检验分析

Kaiser-Meyer-Olkin取样充足性检验		0.744
Bartlett球形检验	Approx. Chi-Square	663.900
	df	45
	Sig.	0.000

根据表4-21中的数据（仅保留大于0.5的负荷值）可以发现，经过探索性因子分析，所提取出的3个共同因子（特征值>1）对方差的累计贡献率达到了67.629%，高于50%的临界标准。这表明，提取因子的效果良好，能够描述交易型领导的内容。

从表4-21中可以清晰地看出，各个测量题项在其相应因子上的负荷值都大于0.5，而在其他因子上的负荷值都小于0.5，反映交易型领导清晰的因子结构，并能与研究构思中关于交易型领导构念的结构维度划分相一致。

表 4 - 21　交易型领导的探索性因子分析结果

因子含义	题项	共同因子		
		1	2	3
消极例外管理	TSLc2	0.891		
	TSLc3	0.867		
	TSLc1	0.855		
权变奖励	TSLa3		0.778	
	TSLa1		0.764	
	TSLa2		0.755	
	TSLa4		0.684	
积极例外管理	TSLb1			0.833
	TSLb2			0.778
	TSLb3			0.583
特征值		3.057	2.547	1.158
方差贡献率（%）		25.198	23.992	18.439
累计方差贡献率（%）		25.198	49.190	67.629

（3）伦理型领导量表的探索性因子分析。按照上述方法，对伦理型领导量表进行探索性因子分析。样本充足性检验和样本分布检验发现，KMO 测试值为 0.845，Bartlett 球形检验卡方值是 693.825，自由度为 45（$p<0.001$），表明很适合做因子分析（见图 4 - 3、表 4 - 22）。

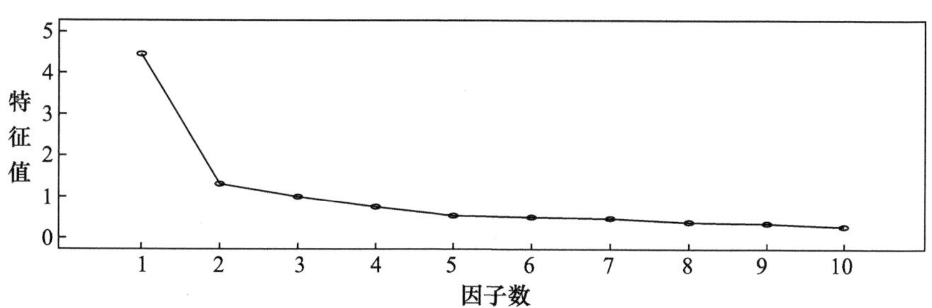

图 4 - 3　伦理型领导的因子碎石图

表 4 - 22　KMO 与 Bartlett 检验分析

Kaiser - Meyer - Olkin 取样充足性检验		0.845
Bartlett 球形检验	Approx. Chi - Square	693.825
	df	45
	Sig.	0.000

根据表4-23中的数据（仅保留大于0.5的负荷值）可以发现，经过探索性因子分析，所提取出的2个共同因子（特征值>1，分别命名为道德个人、伦理管理）对方差的累计贡献率达到了57.542%，高于50%的临界标准。这进一步表明，提取因子的效果良好，能够描述伦理型领导的内容。

从表4-23中可以清晰地看出，各个测量题项在其相应维度上的因子负荷值都大于0.5而在其他因子上的负荷值都小于0.5，反映伦理型领导在中国文化背景下清晰的因子结构，但这与伦理型领导量表在国外测量中表现为一维因子（即将道德个人与伦理管理合二为一）的结论不太一致。然而却与研究构思中关于伦理型领导构念的两个内涵相吻合，即道德个人与伦理管理两个方面，表现出中国文化背景下的独特性，但这还需要验证性因子分析的进一步检验，以进一步确认中国文化背景下伦理型领导的结构维度划分。

表4-23 伦理型领导的探索性因子分析结果

因子含义	题项	共同因子	
		1	2
伦理管理	ETLb4	0.800	
	ETLb3	0.799	
	ETLb5	0.778	
	ETLb2	0.702	
	ETLb6	0.625	
	ETLb1	0.543	
道德个人	ETLa2		0.813
	ETLa3		0.710
	ETLa1		0.691
	ETLa4		0.591
特征值		4.447	1.307
方差贡献率（%）		33.173	24.369
累计方差贡献率（%）		33.173	57.542

（4）员工创新行为量表的探索性因子分析。按照上述方法对员工创新行为量表进行探索性因子分析。样本充足性检验和样本分布检验发现，KMO测试值为0.84，Bartlett球形检验卡方值是348.806，自由度为15（p<0.001），表明很适合做因子分析（见表4-24）。

表 4－24 KMO 与 Bartlett 检验分析

Kaiser－Meyer－Olkin 取样充足性检验		0.840
Bartlett 球形检验	Approx. Chi－Square	348.806
	df	15
	Sig.	0.000

根据表 4－25 中的数据可以发现，经过探索性因子分析，仅提取出的 1 个共同因子（特征值>1）对方差的累计贡献率达到了 53.943%，高于 50% 的临界标准。这进一步表明，提取因子的效果良好，能够描述员工创新行为的内容。

从表 4－25 中可以清晰地看出，各个测量题项在其归属因子上的负荷值都大于 0.5，反映员工创新行为清晰的单因子结构，并能与研究构思中关于员工创新行为构念的结构维度划分相一致。

表 4－25 员工创新行为的探索性因子分析结果

题项	因子
	1
EIB5	0.808
EIB2	0.758
EIB6	0.754
EIB4	0.739
EIB1	0.676
EIB3	0.660
特征值	3.237
方差贡献率（%）	53.943
累计方差贡献率（%）	53.943

（5）知识共享量表的探索性因子分析。按照上述方法对知识共享量表进行探索性因子分析。样本充足性检验和样本分布检验发现，KMO 测试值为 0.865，Bartlett 球形检验卡方值是 986.745，自由度为 45（$p<0.001$），表明很适合做因子分析（见图 4－4、表 4－26）。

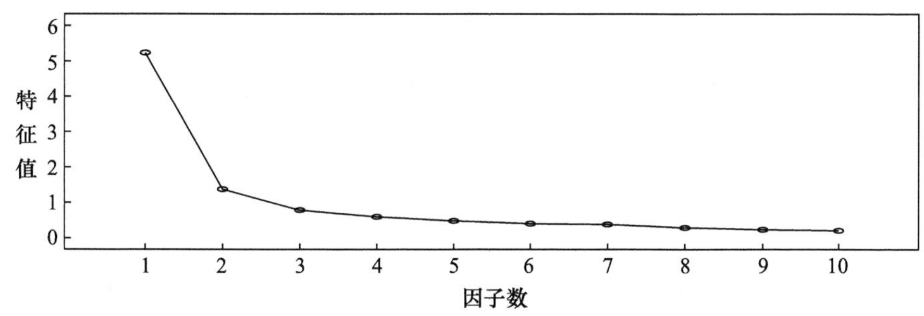

图 4－4 知识共享的因子碎石图

表 4－26 KMO 与 Bartlett 检验分析

Kaiser－Meyer－Olkin 取样充足性检验		0.865
Bartlett 球形检验	Approx. Chi－Square	986.745
	df	45
	Sig.	0.000

根据表 4－27 中的数据（仅保留大于 0.5 的负荷值）可以发现，经过探索性因子分析，所提取出的 2 个共同因子（特征值 >1）对方差的累计贡献率达到了 66.044%，高于 50% 的临界标准。这进一步表明提取因子的效果良好，能够描述知识共享的内容。

从表 4－27 中可以清晰地看出，各个测量题项在其相应因子上的负荷值都大于 0.5 而在其他因子上的负荷值都小于 0.5，反映知识共享清晰的因子结构，并能与研究构思中关于知识共享构念的结构维度划分相一致。

表 4－27 知识共享的探索性因子分析结果

因子含义	题项	共同因子	
		1	2
知识贡献	KSa5	0.852	
	KSa4	0.812	
	KSa3	0.788	
	KSa6	0.735	
	KSa2	0.728	
	KSa1	0.665	
知识吸收	KSb3		0.866
	KSb4		0.816
	KSb2		0.781
	KSb1		0.567
特征值		5.229	1.376
方差贡献率（%）		38.942	27.102
累计方差贡献率（%）		38.942	66.044

（6）心理安全量表的探索性因子分析。按照上述方法对心理安全量表进行探索性因子分析。样本充足性检验和样本分布检验发现，KMO 测试值为 0.84，

Bartlett 球形检验卡方值是 483.994，自由度为 21（p < 0.001），表明很适合做因子分析（见图 4－5、表 4－28）。

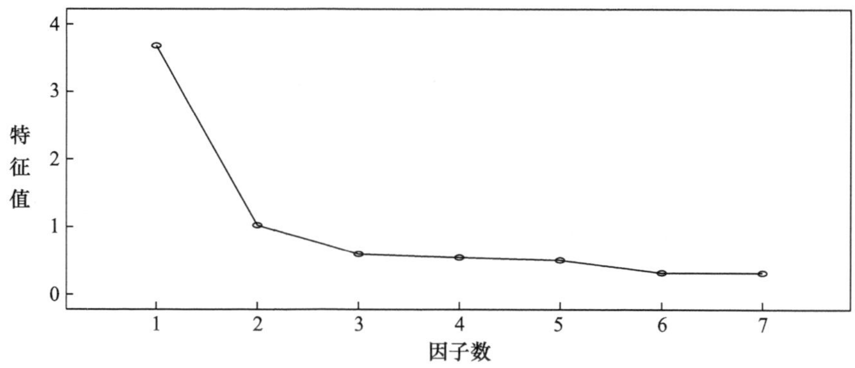

图 4－5　心理安全的因子碎石图

表 4－28　KMO 与 Bartlett 检验分析

Kaiser－Meyer－Olkin 取样充足性检验		0.840
Bartlett 球形检验	Approx. Chi－Square	483.994
	df	21
	Sig.	0.000

根据表 4－29 中的数据（仅保留大于 0.5 的负荷值）可以发现，经过探索性因子分析，所提取出的 2 个共同因子（特征值 > 1）对方差的累计贡献率达到了 67.193%，高于 50% 的临界标准。这进一步表明，提取因子的效果良好，能够描述心理安全的内容。

从表 4－29 中可以清晰地看出，各个测量题项在其相应因子上的负荷值都大于 0.5，而在其他因子上的负荷值都小于 0.5，反映心理安全在中国文化背景下清晰的因子结构（即人际和谐与工作顺心），但这与心理安全量表在国外测量中表现为一维因子的结论不太一致。但却与研究构思关于心理安全构念的两个内涵相吻合，即人际关系和谐与工作时开心且能放心干事业两个方面，表现出中国文化背景下的独特性，但这还需要验证性因子分析的进一步检验，以进一步确认中国文化背景下心理安全的结构维度划分。

表 4-29 心理安全的探索性因子分析结果

因子含义	题项	共同因子	
		1	2
人际和谐	PSa1	0.838	
	PSa2	0.824	
	PSa3	0.727	
	PSa4	0.650	
工作顺心	PSb2		0.826
	PSb3		0.772
	PSb1		0.711
特征值		3.680	1.024
方差贡献率（%）		36.725	30.469
累计方差贡献率（%）		36.725	67.193

（7）创新自我效能量表的探索性因子分析。按照上述方法对创新自我效能量表进行探索性因子分析。样本充足性检验和样本分布检验发现，KMO 测试值为 0.775，Bartlett 球形检验卡方值是 314.926，自由度为 6（$p<0.001$），表明很适合做因子分析（见表 4-30）。

表 4-30 KMO 与 Bartlett 检验分析

Kaiser-Meyer-Olkin 取样充足性检验		0.775
Bartlett 球形检验	Approx. Chi-Square	314.926
	df	6
	Sig.	0.000

根据表 4-31 中的数据可以发现，经过探索性因子分析，仅提取出的 1 个共同因子（特征值 >1）对方差的累计贡献率达到了 69.207%，高于 50% 的临界标准。这进一步表明提取因子的效果良好，能够描述创新自我效能的内容。

从表 4-31 中可以清晰地看出，各个测量题项在其归属因子上的负荷值都大于 0.5，反映创新自我效能清晰的单因子结构，并能与研究构思中关于创新自我效能构念的结构维度划分相一致。

表4－31　创新自我效能的探索性因子分析结果

题项	因子
	1
ISE2	0.851
ISE3	0.843
ISE4	0.835
ISE1	0.798
特征值	2.768
方差贡献率（%）	69.207
累计方差贡献率（%）	69.207

（8）领导成员交换量表的探索性因子分析。按照上述方法，对交易型领导量表进行探索性因子分析，并删除相应的不合要求的测量题项，包括在所有共同因子上的负荷皆小于0.5，在两个或两个以上共同因子中的负荷量均超过0.5，在两个或两个以上共同因子上的负荷值差异过小的题项即因子结构不清的测量条款。

样本充足性检验和样本分布检验发现，KMO测试值为0.786，Bartlett球形检验卡方值是405.476，自由度为15（p<0.001），表明很适合做因子分析（见表4－32）。

表4－32　KMO与Bartlett检验分析

Kaiser－Meyer－Olkin取样充足性检验		0.786
Bartlett球形检验	Approx. Chi－Square	405.476
	df	15
	Sig.	0.000

根据表4－33中的数据可以发现，经过探索性因子分析，仅提取出的1个共同因子（特征值>1）对方差的累计贡献率达到了54.480%，高于50%的临界标准。这进一步表明提取因子的效果良好，能够描述领导成员交换的内容。

从表4－33中可以清晰地看出，各个测量题项在其归属因子上的负荷值都大于0.5，反映领导成员交换清晰的单因子结构，并能与研究构思中关于领导成员交换构念的结构维度划分相一致。

表 4－33　领导成员交换的探索性因子分析结果

题项	因子
	1
LMX5	0.802
LMX4	0.746
LMX2	0.731
LMX3	0.730
LMX6	0.710
LMX1	0.706
特征值	3.269
方差贡献率（%）	54.480
累计方差贡献率（%）	54.480

3. 预测试的信度评价结果

依据信度评价方法，计算各量表及其维度最终题项内部一致性信度，即 Cronbach's Alpha 值。结果发现，绝大多数变量及其维度内部一致性 Cronbach's Alpha 值大于 0.80，其中仅 5 个变量或维度为 0.7～0.8，1 个变量的子维度略低于 0.7。这表明通过上述各步骤所得到的测量量表具有较好信度。各个变量及其维度 Cronbach's Alpha 值如表 4－34 所示。因此，净化后的变革型领导、交易型领导、伦理型领导、员工创新行为、知识共享、心理安全、创新自我效能、领导成员交换等变量的测量是能被接受的。

表 4－34　预测试量表 Cronbach's Alpha 信度

变量及维度	题项数	量表 Alpha 值
变革型领导	19	0.925
理想化影响	7	0.846
感召力	4	0.844
智能激发	4	0.755
个性化关怀	4	0.862
交易型领导	10	0.726
权变奖励	4	0.750
积极例外管理	3	0.681
消极例外管理	3	0.877
伦理型领导	10	0.859
道德个人	4	0.725

续表

变量及维度	题项数	量表 Alpha 值
伦理管理	6	0.846
员工创新行为	6	0.828
知识共享	10	0.897
知识贡献	6	0.889
知识吸收	4	0.824
心理安全	7	0.841
人际和谐	4	0.810
工作顺心	3	0.748
创新自我效能	4	0.850
领导成员交换	6	0.832

五、正式测试

（一）数据收集过程

在研究过程中，我们通过向企业发放调研问卷的方式来收集实证数据资料。考虑到多数人对问卷调研会有一定的抵触情绪，主要是通过直接邮寄或亲自递送调研问卷、电子邮件送达等相结合的方式，请校友、高新技术产业园区企业员工、亲戚朋友、同学等人员填写或协助发放调研问卷；同时，呈送新年小礼品、提供事先粘贴好双面胶便于被试者使用的信封等形式，努力赢得被试者的好感，增强被试者心理安全感知，以提高被试者填写问卷的认真度与准确率。

此次共发放调研问卷 510 份，收回问卷 442 份。对于回收的调研问卷，基于以下 6 个原则进行筛选：

（1）对有多处或整页缺答情况的问卷予以删除。

（2）对填答呈现出明显规律性的问卷予以删除，如答案呈“Z”，行排列、所有条款会选同一选项等。

（3）对“不确定”选项过多的问卷予以删除。

（4）对从同一企业回收的问卷中存在明显雷同的问卷予以删除。

（5）对倾向性过于明显的问卷予以删除。

（6）对前后相互矛盾、未认真填答的问卷予以删除等。

基于上述删除原则对问卷进行筛选，同时为提高实证分析准确度，将问卷划分等级，较高质量的实际有效问卷 189 份，较高质量的回收问卷有效率为 42.76%。

（二）基本信息

有效调研问卷被试样本所在企业的基本特征如表 4－35 所示。从行业分布情况看，样本企业涉及家电制造业、汽车机电制造业、生物医药化工业、新型材料业、电子信息业，以高新技术产业为主。从企业性质看，以民营企业、三资企业居多，分别为 10 家和 9 家，共达到 19 家，所占比重为 90%。还涉及企业规模、效益、公司成立年数等信息。从企业效益看，效益为较好以上程度的企业 16 家，所占比重为 72.73%；中等以上效益的企业 21 家，所占比重为 95.45%，这说明这些企业创新能力较强、市场份额较高，有利于研究主题。

有效调研问卷的被试样本个人基本特征如表 4－36 所示。从被试者个人信息资料看，男性员工 110 人，占总数的 58.20%；女性员工 79 人，占总数的 41.80%；与企业员工性别比例分布相符合，也符合研究要求。从被试者年龄分布比例看，30 岁以下员工 96 人，占总数的 50.79%；30～39 岁员工 66 人，占总数的 34.92%；40～49 岁员工 26 人，占总数的 13.76%。从受教育程度看，大专以上学历 160 人，占总数的 84.66%，这与高新技术产业对知识型员工的需求相符合。从被试者的职级职位来看，一般员工 85 人，占总数的 44.97%；基层管理者 57 人，占总数的 30.16%；中层管理者 36 人，占总数的 19.05%；高层管理者 11 人，占总数的 5.82%，这符合企业职级职位的金字塔式分布，也与调研主题对被试者职位的要求相一致。从被试者工作年限看，5 年及以下员工 82 人，占总数的 43.39%；6～9 年的员工 50 人，占总数的 26.46%；10～19 年的员工 40 人，占总数的 21.16%；20～29 年的员工 15 人，占总数的 7.94%；30 年及以上的员工 2 人，占总数的 1.06%，总体来看，员工的工作年限比较低，这与高新技术企业一般成立年数较低相一致。从被试者工作部门或工作性质来看，技术/研发部门的员工 34 人，占总数的 17.99%；生产/制造部门的员工 89 人，占总数的 47.09%；营销（市场）部门的员工 28 人，占总数的 14.81%；策划/战略部门的员工 13 人，占总数的 6.88%；其他辅助部门的员工 25 人，占总数的 13.23%，总体来看，直接涉及创新的工作部门人数 164 人，占总数的 86.77%，这与研究对员工创新工作要求比较相符合。被试者的年龄、受教育程度、工作年限、职级职位比例、工作部门或工作性质与企业多为高新技术企业的特点比较相一致，这也符合研究主题要求。

综上所述，问卷调研被试样本虽采用了方便抽样而非随机抽样，但通过对189个被试样本基本特征的数据分析可知，被试样本还是具有广泛的创新工作岗位上的代表性，被试样本的其他特征信息也与研究主题要求相吻合。因此，可以认为，问卷调研被试样本具有了较好的代表性。

表4－35 被试样本企业基本特征分析

项目	分类	样本	
		企业数（家）	占比（%）
行业类型	家电制造业	5	22.73
	汽车机电制造业	1	4.55
	生物医药化工业	10	45.45
	新型材料业	2	9.09
	电子信息业	4	18.18
	合计	22	100.00
企业性质	国有企业	3	13.64
	集体企业	0	0.00
	民营企业	10	45.45
	三资企业	9	40.91
	其他	0	0.00
	合计	22	100.00
员工人数	50人以下	1	4.55
	50～99人	3	13.64
	100～499人	7	31.82
	500～999人	7	31.82
	1000人及以上	4	18.18
	合计	22	100.00
企业效益	很好	12	54.55
	较好	4	18.18
	中等	5	22.73
	较差	1	4.55
	很差	0	0.00
	合计	22	100.00

续表

项目	分类	样本	
		企业数（家）	占比（%）
公司成立年数	5年及以下	12	54.55
	6~9年	7	31.82
	10~19年	2	9.09
	20~29年	0	0.00
	30年及以上	1	4.55
	合计	22	100.00

表4-36　被试样本个人基本特征分析

项目	分类	样本	
		员工数（人）	占比（%）
性别	男	110	58.20
	女	79	41.80
	合计	189	100.00
年龄	30岁以下	96	50.79
	30~39岁	66	34.92
	40~49岁	26	13.76
	50岁及以上	1	0.53
	合计	189	100.00
教育程度	高中及以下	29	15.34
	大专	89	47.09
	本科	58	30.69
	硕士	12	6.35
	博士	1	0.53
	合计	189	100.00
职级职位	一般员工	85	44.97
	基层管理者	57	30.16
	中层管理者	36	19.05
	高层管理者	11	5.82
	合计	189	100.00

续表

项目	分类	样本	
		员工数（人）	占比（%）
工件年限	5 年及以下	82	43.39
	6～9 年	50	26.46
	10～19 年	40	21.16
	20～29 年	15	7.94
	30 年及以上	2	1.06
	合计	189	100.00
所在部门	技术/研发	34	17.99
	生产/制造	89	47.09
	营销（市场）	28	14.81
	策划/战略	13	6.88
	其他	25	13.23
	合计	189	100.00

（三）预处理

在对数据进行正式分析前，需要对收集整理后的数据进行缺失值及正态性检验方面的预处理。

1. 缺失值处理

缺失值是量化研究过程中最容易出现的问题，可能会干扰结果分析。缺失值产生的原因有被试者在填答过程中有疏忽、因题意不明而漏答，因题意敏感而拒绝填答以及数据输入失误等。数据缺失的最大影响是造成被试样本数据的流失。处理缺失值的基本原则是判断缺失值产生的形态。其形态可分为两种：一是缺失值有可能是有规则的系统性缺失；二是毫无规则或逻辑可循的非系统性缺失。缺失的数量与研究被试样本大小有关，一般情况下的非系统缺失比例在 5% 以下是可以被接受的。经分析，正式调研被试问卷的缺失值属于非系统性缺失，且远低于 5% 。

鉴于回收的调研问卷中仍有少量的缺失值（Missing Values），在开展验证性因子分析时，本书将采用最大期望法（Expectation Maximization，EM）对被试样本中的缺失值进行填补。EM 算法是一种迭代算法，最初由 Dempster（1977）提出，对于估计缺失值是十分有效的（胡杨成，2008）。

2. 正态分析检验

样本数据正态性是许多统计分析的基本假设，但数据多元正态分布假设常过于严格，大部分实际研究数据都是多元非正态分布。Kline（1998）认为，只要数据正态性问题不严重时，就可采用最大似然法拟合结构方程模型。可通过变量的偏度（Skewness）与峰度（Kurtosis）值来检验变量的正态性，当偏度绝对值 >3.0 时，一般会存在极端偏态；峰度绝对值 >10.0 时，表示峰度有问题，若其值 >20.0 则被视为极端峰度（张文彤，2004a；余可发，2011）。本书通过 SPSS17.0 对所有的变量进行正态分布检验，变量的偏度值与峰度值之绝对值基本都在 1.0 之内，检验结果表明被试样本数据符合正态性要求（见表 4-37）。由于 AMOS 是以最大似然估计法（ML）进行假设检验（吴明隆，2010），因此本调研问卷被试样本数据能用结构方程模型进行分析。

六、本章小结

基于以往研究成果，结合领导风格与员工创新行为关系方面的实地访谈及调研来设计调研问卷这一实证测量工具。经初试、预测试、正式测试等阶段的发放问卷、收集数据，对研究相关变量进行了测量。本章对问卷设计、被试样本与数据收集、变量的操作性定义及测量、数据分析方法、预测试的信效度、正式测试问卷数据信息及预处理等方面逐一进行了详细的说明。

表 4-37 变量的偏度与峰度

	均值	标准差	偏度	峰度
变革型领导	3.890	0.633	-0.681	0.351
理想化影响	3.950	0.696	-0.831	0.576
感召力	3.964	0.807	-1.135	1.932
智能激发	3.934	0.668	-0.905	2.019
个性化关怀	3.665	0.899	-0.574	0.053
交易型领导	3.438	0.621	0.340	-0.433
权变奖励	3.832	0.714	-0.596	0.243
积极例外管理	3.376	0.922	-0.167	-0.690
消极例外管理	2.974	1.188	-0.112	-1.053
伦理型领导	3.810	0.636	-0.576	0.606

续表

	均值	标准差	偏度	峰度
道德个人	3.802	0.717	-0.316	-0.296
伦理管理	3.816	0.717	-0.765	0.887
员工创新行为	3.990	0.621	-0.352	-0.204
知识共享	4.046	0.605	-0.385	-0.422
知识贡献	4.030	0.697	-0.490	-0.363
知识吸收	4.070	0.646	-0.417	-0.075
心理安全	3.772	0.688	-0.340	-0.356
人际和谐	3.743	0.777	-0.507	-0.354
工作顺心	3.811	0.772	-0.563	0.081
创新自我效能	3.851	0.773	-0.565	-0.130
领导成员交换	3.741	0.750	-0.256	-0.430

第五章　数据分析与假设检验

本章将根据前述研究目的、研究架构与研究假设，采用适当的数据分析方法对正式调研过程中所取得的有效被试样本数据进行量化分析，对各种数据统计分析的结果加以解释与讨论，并对前文中所提出的研究假设是否成立进行验证。

一、量表的信度与效度检验

在预测试阶段，对预测试调研问卷数据采用探索性因子分析（EFA）来识别各量表所可能存在的潜在因子结构；本节将对各量表建立测量模型，利用正式调研问卷所得数据通过验证性因子分析（CFA）来验证、修正所建立的潜在的因子结构，同时检验其信度与效度，以保证所获得的因子结构能在最大程度上反映各量表的特质，为之后的理论研究提供支持。

运用结构方程模型软件 AMOS7.0 来进行验证性因子分析，利用正式调研被试样本数据来检验前述各量表之探索性因子结构。CFA 一般采用最大似然法(Maximum Likelihood，ML)，利用被试样本数据来估计假设模型参数；再根据这些估计参数来重新建立协方差矩阵；然后，将重建的协方差矩阵与实际观测数据之协方差矩阵进行比较；当这两个协方差矩阵很接近时，残差矩阵中各元素都会接近于0，由此可以判定模型拟合的较好。在得到变量的测量模型拟合情况之后，将再分析量表的信度与效度。

在验证性因子分析阶段，将根据两个判定标准，即缺失路径（Missing Path）与交叉负荷（Cross Loading）来决定是否删除题项。首先，修正指数表示题项和某些路径会有关，但这些路径并未在路径图上被表示出来；其次，每个题项都只能负荷在单个维度上，必须删除在两个维度上同时具有较大负荷的测量题项(Joreskog & Sorbom，1993)。

（一）信度检验

在实证研究中，普遍采用Cronbach's Alpha系数来检验测量工具的信度，若所得的信度系数比较高，则表示各指标的内部一致性（Internal Consistence）比较高。依据信度评价方法，计算各量表及其相关维度最终题项内部一致性信度，即Cronbach's Alpha值。结果发现各变量及其维度内部一致性Cronbach's Alpha值皆不低于0.70，其中变革型领导的Cronbach's Alpha值为0.924、伦理型领导的Cronbach's Alpha值为0.86、知识共享的Cronbach's Alpha值为0.895等。这表明通过前述各步骤所得到测量量表及其分维度的信度值都比较高。各个变量及其维度Cronbach's Alpha值如表5-1所示。因此，净化后的变革型领导、交易型领导、伦理型领导、员工创新行为、知识共享、心理安全、创新自我效能、领导成员交换等变量的测量是能被接受的，说明各问卷具有比较高的内部一致性，稳定性比较好，量表可以用作进一步的实证研究。

表5-1 正式测试量表Cronbach's Alpha信度

变量及维度	题项数	量表Alpha值
变革型领导	19	0.924
理想化影响	7	0.845
感召力	4	0.841
智能激发	4	0.753
个性化关怀	4	0.862
交易型领导	10	0.736
权变奖励	4	0.745
积极例外管理	3	0.700
消极例外管理	3	0.875
伦理型领导	10	0.860
道德个人	4	0.736
伦理管理	6	0.848
员工创新行为	6	0.833
知识共享	10	0.895
知识贡献	6	0.888
知识吸收	4	0.821
心理安全	7	0.838
人际和谐	4	0.805
工作顺心	3	0.746
创新自我效能	4	0.848
领导成员交换	6	0.836

（二）效度检验

根据龙立荣（2002）、毛忞歆（2008）、蔡文著（2011）等学者的研究建议，为验证各研究变量的结构，在预测试阶段探索性因子分析的基础上，对正式调研问卷数据做验证性因子分析（CFA），对各变量测量模型进行拟合，以确定最佳模型。

1. 变革型领导测量模型

利用 AMOS7.0 统计软件，对正式调研问卷数据资料进行 CFA，以检验变革型领导量表的探索性因子结构，从而最终确定变革型领导的具体测量结构。变革型领导测量模型的参数如图 5－1 所示。

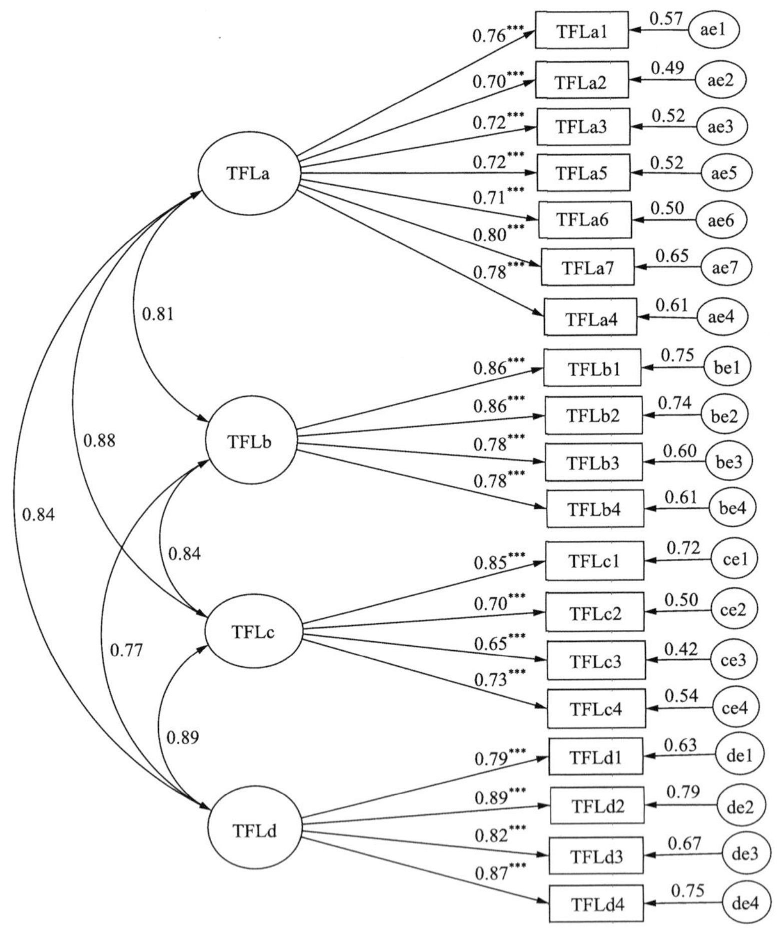

图 5－1 变革型领导测量模型

注：t 表示 p＜0.1；＊表示 p＜0.05；＊＊表示 p＜0.01；＊＊＊表示 p＜0.001。

表 5-2　变革型领导测量模型的拟合指数

模型	χ^2	df	χ^2/df	RMSEA	GFI	NFI	IFI	CFI
虚拟模型	1892.60	171	11.07					
单因子模型	575.59	152	3.79	0.122	0.74	0.70	0.76	0.75
四因子模型	191.27	124	1.54	0.054	0.91	0.90	0.96	0.96

参照前述结构方程模型拟合指数的优化标准，根据变革型领导测量模型验证性因子分析的模型拟合指数（见表 5-2）可知，变革型领导的四因子模型最好，各拟合指数都达到较好水平。四因子模型中，卡方与自由度的比值（NC）为 1.54（<3）、RMSEA 为 0.054（<0.10）、GFI 为 0.91（>0.90）、NFI 为 0.90（≥0.90）、IFI 为 0.96（>0.90）、CFI 为 0.96（>0.90），各拟合指数均较好，说明该测量模型能够较好地拟合正式调研问卷中被试样本数据。同时，建立变革型领导单因子测量模型，并求出其拟合指数。四因子模型的拟合指数明显好于单因子模型。虚拟模型、单因子模型与四因子模型的相关拟合指数如表 5-2 所示。图 5-1 显示了变革型领导四因子模型的完全标准化解。除 TFLc3 的因子负荷为 0.65（>0.4）而略低外，其余各指标标准化因子负荷均大于或等于 0.7，并且也都达到 $p<0.001$ 的显著性水平。这些都表明变革型领导四因子测量模型较为理想。这样，通过实证数据的验证性因子分析，也就验证了变革型领导量表具有较好的效度，变革型领导由四个维度组成，即理想化影响、感召力、智能激发、个性化关怀。

2. 交易型领导测量模型

利用 AMOS 7.0 统计软件，对正式调研问卷数据资料进行 CFA，以检验交易型领导量表的探索性因子结构，从而最终确定交易型领导的具体测量结构。交易型领导测量模型的参数如图 5-2 所示。

交易型领导测量模型验证性因子分析的模型拟合指标如表 5-3 所示，三因子模型的卡方与自由度的比值（NC）为 2.77（满足小于 3 的标准），RMSEA 值小于 0.10，NFI 值达到了 0.87（大于 0.8 且接近于 0.9），GFI、IFI、CFI 值均满足 0.9 的较高标准。总的来看，交易型领导三因子测量模型能够较好地拟合正式调研问卷中的样本数据。图 5-2 显示了交易型领导三因子模型的完全标准化解。除 TSLb3 的因子负荷为 0.43（>0.4）而略低外，其余各指标标准化因子负荷均大于 0.7，并且也都达到 $p<0.001$ 的显著性水平。这些都表明交易型领导三因子测量模型较为理想。这样通过实证数据的验证性因子分析，也就验证了交易型领导量表有较好的效度，交易型领导由三个维度组成，即权变奖励、积极例外管

理、消极例外管理。

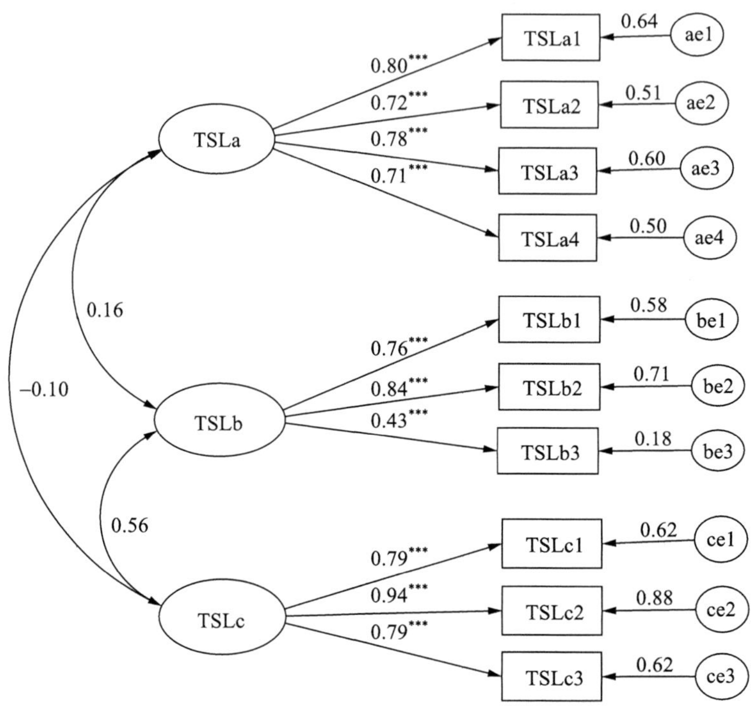

图 5-2　交易型领导测量模型

注：t 表示 $p<0.1$；* 表示 $p<0.05$；** 表示 $p<0.01$；*** 表示 $p<0.001$。

表 5-3　交易型领导测量模型的拟合指数

模型	χ^2	df	χ^2/df	RMSEA	GFI	NFI	IFI	CFI
虚拟模型	699.60	45	15.55					
单因子模型	309.63	35	8.85	0.204	0.71	0.56	0.59	0.58
三因子模型	91.23	33	2.77	0.097	0.92	0.87	0.91	0.91

3. 伦理型领导测量模型

利用 AMOS7.0 统计软件，对正式调研问卷数据资料进行 CFA，以检验伦理型领导量表的探索性因子结构，从而最终确定伦理型领导的具体测量结构。伦理型领导测量模型的参数如图 5-3 所示。

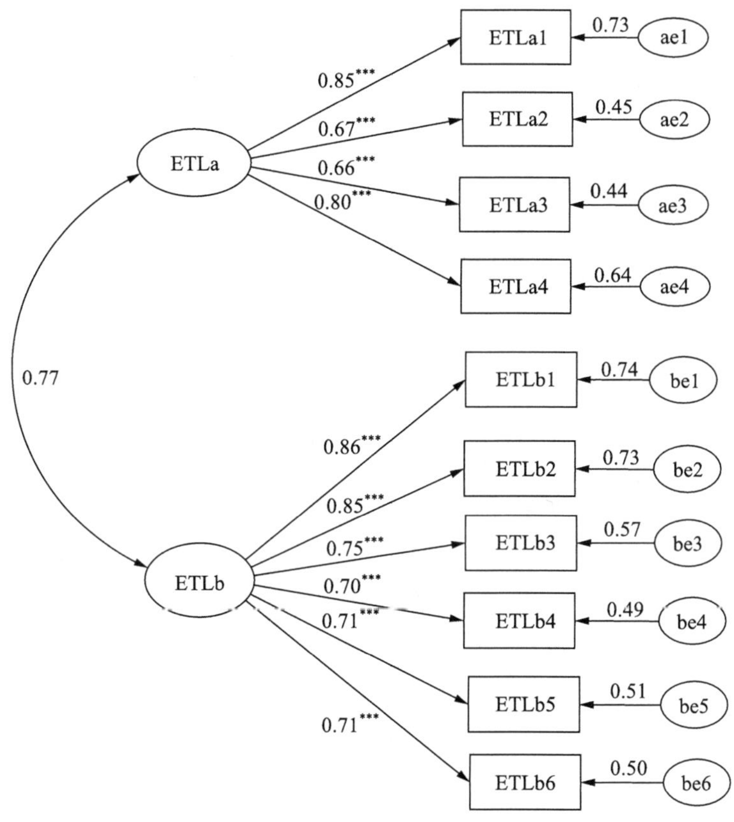

图 5－3　伦理型领导测量模型

注：t 表示 p<0.1；＊表示 p<0.05；＊＊表示 p<0.01；＊＊＊表示 p<0.001。

表 5－4　伦理型领导测量模型的拟合指数

模型	χ^2	df	χ^2/df	RMSEA	GFI	NFI	IFI	CFI
虚拟模型	756.80	45	16.82					
单因子模型	188.10	35	5.37	0.153	0.82	0.75	0.79	0.79
二因子模型	75.55	28	2.70	0.095	0.93	0.90	0.94	0.93

伦理型领导测量模型验证性因子分析的模型拟合指标如表 5－4 所示，二因子模型的卡方与自由度的比值（NC）为 2.70，满足小于 3 的标准；RMSEA 值小于 0.10；GFI、NFI、IFI、CFI 值均≥0.90，高于 0.9 的标准。总的来看，伦理型领导二因子测量模型能够较好地拟合正式调研问卷中的样本数据。图 5－3 显示了伦理型领导二因子模型的完全标准化解。各指标标准化因子负荷均大于或接近

于0.7，并且也都达到 $p<0.001$ 的显著性水平。这些都表明伦理型领导二因子测量模型较为理想。这样，通过实证数据的验证性因子分析，也就验证了伦理型领导量表有较好的效度，伦理型领导由两个维度组成，即道德个人与伦理管理。

4. 员工创新行为测量模型

利用 AMOS7.0 统计软件，对正式调研问卷数据资料进行 CFA，以检验员工创新行为量表的探索性因子结构，从而最终确定员工创新行为的具体测量结构。员工创新行为测量模型的参数如图 5－4 所示。

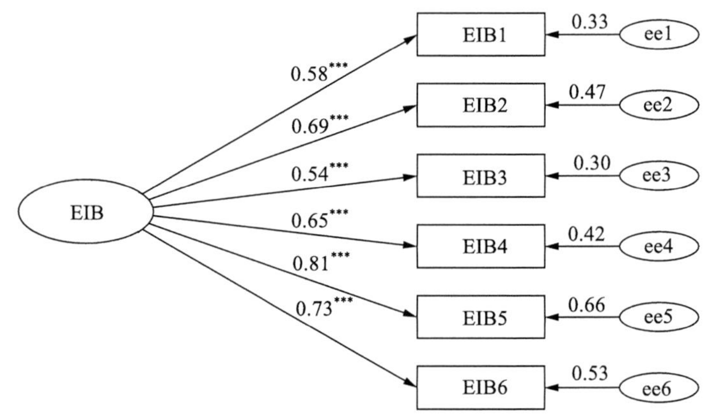

图 5－4　员工创新行为测量模型

注：t 表示 $p<0.1$； * 表示 $p<0.05$； ** 表示 $p<0.01$； *** 表示 $p<0.001$。

表 5－5　员工创新行为测量模型的拟合指数

模型	χ^2	df	χ^2/df	RMSEA	GFI	NFI	IFI	CFI
虚拟模型	385.22	15	25.68					
单因子模型	15.50	8	1.94	0.071	0.97	0.96	0.98	0.98

员工创新行为测量模型验证性因子分析的模型拟合指标如表 5－5 所示，单因子模型的卡方与自由度的比值（NC）为 1.94，满足小于 3 的标准；RMSEA 值为 0.071 <0.10；GFI、NFI、IFI、CFI 值均在 0.96 以上，远高于 0.9 的标准。总的来看，员工创新行为单因子测量模型能够较好地拟合正式调研问卷中的样本数据。员工创新行为单因子测量模型如图 5－4 所示，除 EIB1、EIB3 的因子负荷分别为 0.58、0.54（>0.4）而略低外，其余各指标标准化因子负荷均大于或接近于 0.7，并且也都达到 $p<0.001$ 的显著性水平。这些都表明员工创新行为测量模型较为理想。

5. 知识共享测量模型

利用 AMOS7.0 统计软件，对正式调研问卷数据资料进行 CFA，以检验知识共享量表的探索性因子结构，从而最终确定知识共享的具体测量结构。知识共享测量模型的参数如图 5－5 所示。

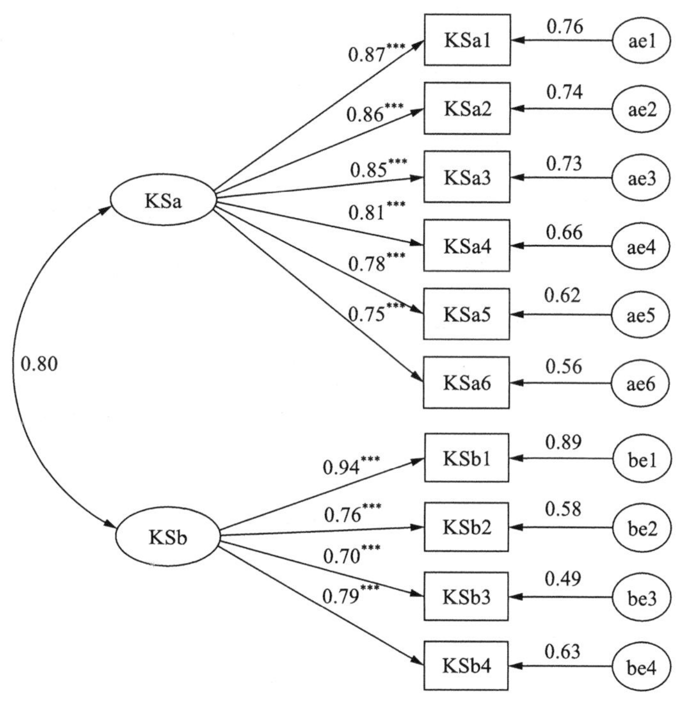

图 5－5 知识共享测量模型

注：t 表示 $p<0.1$；* 表示 $p<0.05$；** 表示 $p<0.01$；*** 表示 $p<0.001$。

表 5－6 知识共享测量模型的拟合指数

模型	χ^2	df	χ^2/df	RMSEA	GFI	NFI	IFI	CFI
虚拟模型	1034.30	45	22.99					
单因子模型	260.36	35	7.44	0.185	0.76	0.75	0.77	0.77
二因子模型	70.25	26	2.70	0.095	0.94	0.93	0.96	0.96

知识共享测量模型验证性因子分析的模型拟合指数如表 5－6 所示，二因子模型的卡方与自由度的比值（NC）为 2.70，满足小于 3 的标准；RMSEA 值小于 0.10；GFI、NFI、IFI、CFI 值均 >0.90，高于 0.9 的标准。总的来看，知识共享二因子测量模型能够较好地拟合正式调研问卷中的样本数据。图 5－5 显示了知

识共享二因子模型的完全标准化解。各指标标准化因子负荷均不小于 0.7，并且也都达到 $p<0.001$ 的显著性水平。这些都表明知识共享测量模型较为理想。这样通过实证数据的验证性因子分析，也就验证了知识共享量表有较好的效度，知识共享由两个维度组成，即知识贡献与知识吸收。

6. 心理安全测量模型

利用 AMOS7.0 统计软件，对正式调研问卷数据资料进行 CFA，以检验心理安全量表的探索性因子结构，从而最终确定心理安全的具体测量结构。心理安全测量模型的参数如图 5－6 所示。

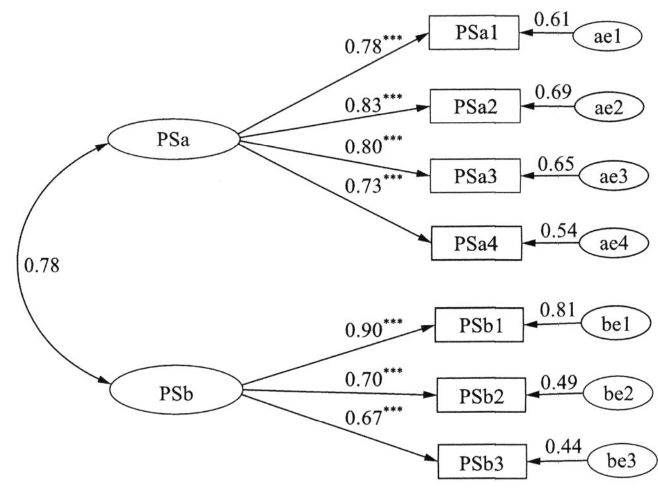

图 5－6　心理安全测量模型

注：t 表示 $p<0.1$；* 表示 $p<0.05$；** 表示 $p<0.01$；*** 表示 $p<0.001$。

表 5－7　心理安全测量模型的拟合指数

模型	χ^2	df	χ^2/df	RMSEA	GFI	NFI	IFI	CFI
虚拟模型	509.56	21	24.27					
单因子模型	77.08	14	5.51	0.155	0.89	0.85	0.87	0.87
二因子模型	23.88	12	1.99	0.073	0.97	0.95	0.98	0.98

心理安全测量模型验证性因子分析的模型拟合指数如表 5－7 所示，二因子模型的卡方与自由度的比值（NC）为 1.99，满足小于 3 的标准；RMSEA 值小于 0.10；GFI、NFI、IFI、CFI 值均 >0.95，高于 0.9 的标准。总的来看，心理安全二因子测量模型能够较好地拟合正式调研问卷中的样本数据。图 5－6 显示了心

理安全二因子模型的完全标准化解。各指标标准化因子负荷均大于或接近于0.7，并且也都达到 p<0.001 的显著性水平。这些都表明心理安全测量模型较为理想。这样通过实证数据的验证性因子分析，也就验证了心理安全量表有较好的效度，心理安全由两个维度组成，即人际和谐与工作顺心。

7. 创新自我效能测量模型

利用 AMOS7.0 统计软件，对正式调研问卷数据资料进行 CFA，以检验创新自我效能量表的探索性因子结构，从而最终确定创新自我效能的具体测量结构。创新自我效能测量模型的参数如图 5－7 所示。

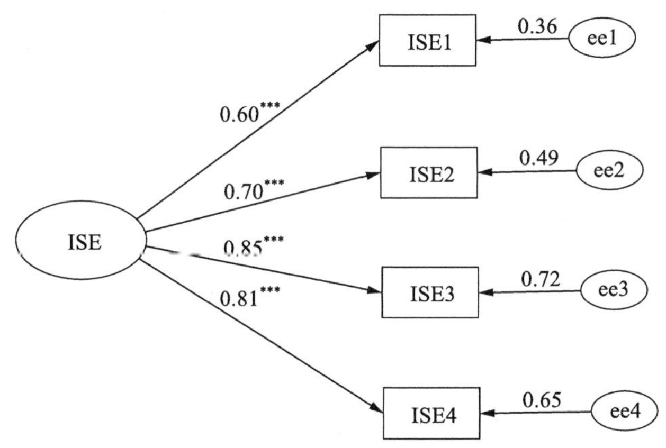

图 5－7 创新自我效能测量模型

注：t 表示 p<0.1；＊表示 p<0.05；＊＊表示 p<0.01；＊＊＊表示 p<0.001。

表 5－8 创新自我效能测量模型的拟合指数

模型	χ^2	df	χ^2/df	RMR	GFI	NFI	IFI	CFI
虚拟模型	335.51	6	55.92					
单因子模型	3.18	1	3.18	0.013	0.99	0.99	0.99	0.99

创新自我效能测量模型验证性因子分析的模型拟合指标如表 5－8 所示，单因子模型的卡方与自由度的比值（NC）为 3.18，满足小于 5 的标准；RMSEA 值为 0.108 而略大于 0.10，但此时 RMR 值为 0.013 <0.08，而且 GFI、NFI、IFI、CFI 值均为 0.99，远高于 0.9 的标准。总的来看，创新自我效能单因子测量模型能够较好地拟合正式调研问卷中的样本数据。创新自我效能单因子测量模型如图 5－7所示，除 ISE1 因子负荷为 0.60（>0.4）而略低外，其余各指标标准化因子负荷均大于或等于 0.7，并且也都达到 p<0.001 的显著性水平。这些都表明创

新自我效能测量模型较为理想。

8. 领导成员交换测量模型

利用 AMOS7.0 统计软件，对正式调研问卷数据资料进行 CFA，以检验领导成员交换量表的探索性因子结构，从而最终确定领导成员交换的具体测量结构。领导成员交换测量模型的参数如图 5－8 所示。

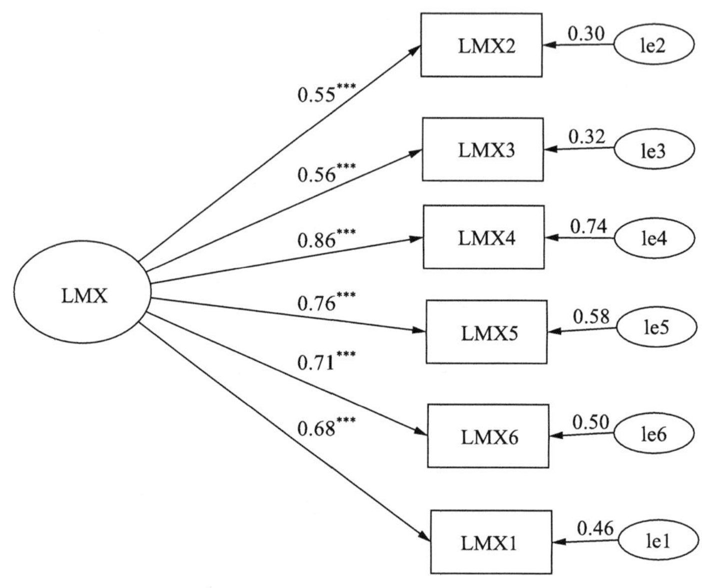

图 5－8　领导成员交换测量模型

注：t 表示 $p<0.1$；＊表示 $p<0.05$；＊＊表示 $p<0.01$；＊＊＊表示 $p<0.001$。

表 5－9　领导成员交换测量模型的拟合指数

模型	χ^2	df	χ^2/df	RMSEA	GFI	NFI	IFI	CFI
虚拟模型	444.25	15	29.62					
单因子模型	1.84	5	0.37	0.000	0.997	0.996	1.007	1

领导成员交换测量模型验证性因子分析的模型拟合指标如表 5－9 所示，单因子模型的卡方与自由度的比值（NC）为 0.37，满足小于 3 的标准；RMSEA 值为 0.000 而远小于 0.10；而且 GFI、NFI、IFI、CFI 值均 >0.90 的标准。总的来看，领导成员交换单因子测量模型能够较好地拟合正式调研问卷中的样本数据。领导成员交换单因子测量模型如图 5－8 所示，除 LMX2、LMX3 因子负荷分别为 0.55、0.56（皆 >0.4）而略低外，其余各指标标准化因子负荷均大于或接近于

0.7，并且也都达到 $p<0.001$ 的显著性水平。这些都表明领导成员交换测量模型较为理想。

二、数据的基本分析

（一）变量的描述性统计分析

在用正式调研问卷所得数据进行变量间关系假设检验之前，需要对各变量进行再处理。因本书中的自变量、因变量、中介变量等都是不可以被直接观测到的潜变量，需要对其进行重新赋值。本书中，采用各潜变量的均值来作为变量赋值。自变量、因变量、中介变量、调节变量等变量被赋值后的整体描述性统计分析结果如表 5－10 所示。

表 5－10　各潜变量被赋值后的描述性统计分析

变量及维度	代码	N	题项数	最小值	最大值	均值	标准差
变革型领导	TFL	189	19	2.16	5.00	3.890	0.633
理想化影响	TFLa	189	7	1.71	5.00	3.950	0.696
感召力	TFLb	189	4	1.00	5.00	3.964	0.807
智能激发	TFLc	189	4	1.00	5.00	3.934	0.668
个性化关怀	TFLd	189	4	1.00	5.00	3.665	0.899
交易型领导	TSL	189	10	2.10	5.00	3.438	0.621
权变奖励	TSLa	189	4	1.75	5.00	3.832	0.714
积极例外管理	TSLb	189	3	1.00	5.00	3.376	0.922
消极例外管理	TSLc	189	3	1.00	5.00	2.974	1.188
伦理型领导	ETL	189	10	1.60	5.00	3.810	0.636
道德个人	ETLa	189	4	1.75	5.00	3.802	0.717
伦理管理	ETLb	189	6	1.00	5.00	3.816	0.717
员工创新行为	EIB	189	6	2.33	5.00	3.990	0.621
知识共享	KS	189	10	2.30	5.00	4.046	0.605
知识贡献	KSa	189	6	2.17	5.00	4.030	0.697

续表

变量及维度	代码	N	题项数	最小值	最大值	均值	标准差
知识吸收	KSb	189	4	2.25	5.00	4.070	0.646
心理安全	PS	189	7	2.00	5.00	3.772	0.688
人际和谐	PSa	189	4	1.75	5.00	3.743	0.777
工作顺心	PSb	189	3	1.00	5.00	3.811	0.772
创新自我效能	ISE	189	4	1.75	5.00	3.851	0.773
领导成员交换	LMX	189	6	2.00	5.00	3.741	0.750

（二）相关分析及多重共线性分析

相关分析的目的是为了初步检验变量之间是否会存在相互影响关系。它反映的是变量之间相互作用的可能性，但不反映变量之间的因果关系。通过相关分析，可以初步地判断模型设置及假设是否合理，也可以根据变量之间的相关程度来决定是否做共线性检测。本书运用 SPSS17.0 对所有变量进行 Pearson 积差相关分析。通过计算得到变革型领导（TFL）、交易型领导（TSL）、伦理型领导（ETL）、员工创新行为（EIB）、知识共享（KS）、心理安全（PS）、创新自我效能（ISE）、领导成员交换（LMX）等各变量的 Pearson 相关系数矩阵，如表 5－11所示。

表 5－11　各潜变量被赋值后的 Pearson 相关系数矩阵

	TFL	TSL	ETL	EIB	PS	ISE	KS
TFL	1						
TSL	0.333***	1					
ETL	0.752***	0.380***	1				
EIB	0.508***	0.310***	0.507***	1			
PS	0.597***	0.315***	0.510***	0.512***	1		
ISE	0.514***	0.300***	0.495***	0.660***	0.538***	1	
KS	0.554***	0.298***	0.490***	0.633***	0.553***	0.628***	1
LMX	0.548***	0.353***	0.605***	0.554***	0.588***	0.612***	0.579***

注：***、**、*分别表示相关系数达到0.001、0.01、0.05 的显著性水平（2－tailed）；变量名及其编码之一一对应关系可参见表 5－10。

按照 Williams（1992）分类标准，在相关关系中，<0.4 为低度相关、0.4～0.7 为中等相关、≥0.7 则为高度相关。从表 5－11 中可以看出，变革型领导、

交易型领导、伦理型领导与员工创新行为、心理安全、创新自我效能、知识共享、领导成员交换等变量之间都存在显著正相关；心理安全、创新自我效能、知识共享与员工创新行为之间也都存在显著正相关；心理安全、创新自我效能、知识共享这三个变量之间也存在显著正相关；领导成员交换与变革型领导、交易型领导、伦理型领导及员工创新行为之间也存在显著正相关；而且上述各变量之间有较高显著性的正向相关关系（$p < 0.001$）。通过相关分析，初步验证了之前所设定的变量假设，即表明本书的模型与假设存在较高程度上的合理性，有进一步研究的意义。

关于多重共线性问题，一般认为可通过考察变量之间的相关系数值来评判多重共线性的程度；如果存在相关系数 >0.9 的变量，则表明可能会存在多重共线性问题（蔡文著，2011）。根据表 5 - 11 可知，本书中不存在多重共线性问题。

三、回归分析

采用逐步回归分析方法，进一步探讨领导风格对员工创新行为以及心理安全、创新自我效能、知识共享对员工创新行为的预测能力。

进行回归分析前，需要先检验进行回归模型分析所要求的基本假设前提，包括：

（1）是否存在比较严重的多重共线性（Multicollinearity）问题。以方差膨胀因子（VIF）作为诊断标准。VIF 值越大，则表示共线性越明显，通常情况下，如果 VIF >10，则表示自变量间存在较严重的线性相关关系。

（2）残差是否服从正态分布 N（0，σ^2）。结合标准化残差的正态概率分布图（P - P 图），以误差项之平均数（$\varepsilon = 0$）作为诊断标准。

（3）方差是否具有齐次性。方差齐次是指残差的大小不随所有变量取值水平的改变而改变。绘制标准化预计值和标准化残差值的散点图，以标准化残差的波动范围是否会稳定（即不受标准化预计值的变化而变化）来作为诊断依据（张文彤，2004a）。

（一）领导风格对员工创新行为的回归分析

根据表 5 - 12 可知，变革型领导、交易型领导、伦理型领导及其各自相关维度与员工创新行为存在比较显著的正向相关关系（但不包括交易型领导的被动例外管理维度）。

表 5-12 领导风格与员工创新行为的 Pearson 相关系数矩阵

	TFL	TFLa	TFLb	TFLc	TFLd	TSL	TSLa	TSLb	TSLc	ETL	ETLa	ETLb
TFL	1											
TFLa	0.888***	1										
TFLb	0.800***	0.602***	1									
TFLc	0.803***	0.607***	0.576***	1								
TFLd	0.829***	0.624***	0.537***	0.603***	1							
TSL	0.333***	0.285***	0.281***	0.210**	0.322***	1						
TSLa	0.750***	0.686***	0.609***	0.539***	0.633***	0.506***	1					
TSLb	0.129t	0.091	0.115	0.105	0.127t	0.779***	0.193**	1				
TSLc	-0.120t	-0.124t	-0.087	-0.147*	-0.045	0.732***	-0.07	0.426***	1			
ETL	0.752***	0.635***	0.597***	0.573***	0.695***	0.380***	0.681***	0.226**	-0.059	1		
ETLa	0.551***	0.435***	0.496***	0.437***	0.485***	0.295***	0.542***	0.167*	-0.049	0.825***	1	
ETLb	0.743***	0.648***	0.551***	0.555***	0.703***	0.365***	0.644***	0.223**	-0.054	0.927***	0.552***	1
EIB	0.508***	0.461***	0.374***	0.328***	0.497***	0.310***	0.420***	0.214**	0.038	0.507***	0.381***	0.495***

注：***、**、*、t 分别表示相关系数达到 0.001、0.01、0.05、0.1 的显著性水平（2-tailed）；变量名及其编码之一一对应关系可参见表 5-10。

为进一步了解领导风格对员工创新行为的预测力，以变革型领导、交易型领导、伦理型领导作为自变量，以员工创新行为作为因变量，实施逐步回归分析。

表5-13中的数据显示，方差膨胀因子（VIF）的最大值为2.406（<10），证明回归模型不存在严重的共线性问题。回归标准化残差的正态P-P图显示（见图5-9），误差项（ε）的平均数是0，证明其残差能服从正态分布；标准化预计值及标准化残差值的标准差分别是1.000与0.992。散点图显示（见图5-9），无论标准化预计值怎样变化，标准化残差的波动范围能基本保持稳定，证明残差方差具有齐次性。

表5-13　领导风格对员工创新行为的回归分析

自变量	标准化β值	t	Sig.	VIF值	R	R平方	Durbin-Watson
变革型领导	0.279	2.995	0.003	2.316	0.554	0.307	1.933
交易型领导	0.122	1.832	0.069	1.176			
伦理型领导	0.251	2.646	0.009	2.406			

逐步回归分析的结果显示（见表5-13），变革型领导、交易型领导、伦理型领导被同时纳入到对员工创新行为有显著预测力的分析模型中，总体的方差解释量为30.7%。变革型领导、交易型领导、伦理型领导对员工创新行为的标准化回归系数分别为0.279（$p<0.01$）、0.122（$p<0.1$）、0.251（$p<0.01$）。这表明变革型领导、交易型领导、伦理型领导均会直接地、正向地影响员工创新行为，且达到一定的显著性；但与交易型领导相比较而言，变革型领导、伦理型领导对员工创新行为的影响力更强些。由此，H1-1、H1-2、H1-3三个假设得到验证。

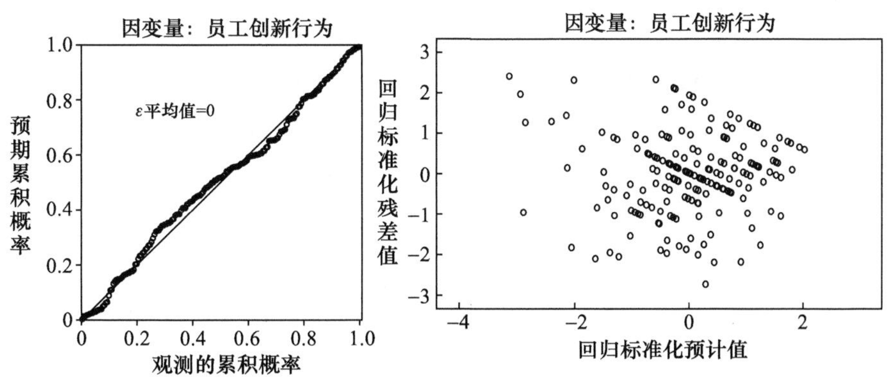

图5-9　领导风格与员工创新行为的正态P-P图与散点图

（二）中介变量对员工创新行为的回归分析

根据表5-14可知，员工的心理安全、创新自我效能、知识共享等中介变量及其相关维度与员工创新行为存在比较显著（$p<0.001$）的正向相关关系。

为进一步了解员工的心理安全、创新自我效能、知识共享等中介变量对员工创新行为的预测力，以员工的心理安全、创新自我效能、知识共享作为自变量，以员工创新行为作为因变量，实施逐步回归分析。

表5-14　中介变量与员工创新行为的Pearson相关系数矩阵

	PS	PSa	PSb	ISE	KS	KSa	KSb
PS	1						
PSa	0.918***	1					
PSb	0.847***	0.566***	1				
ISE	0.538***	0.404***	0.575***	1			
KS	0.553***	0.450***	0.545***	0.628***	1		
KSa	0.493***	0.396***	0.493***	0.609***	0.937***	1	
KSb	0.496***	0.412***	0.478***	0.486***	0.825***	0.576***	1
EIB	0.512***	0.410***	0.514***	0.660***	0.633***	0.575***	0.553***

注：***、**、*分别表示相关系数达到0.001、0.01、0.05的显著性水平（2-tailed）；变量名及其编码之一一对应关系可参见表5-10。

表5-15中的数据显示，方差膨胀因子（VIF）的最大值为1.850（<10），证明回归模型不存在严重的共线性问题。回归标准化残差的正态P-P图显示（见图5-10），误差项（ε）的平均数是0，证明其残差能服从正态分布；标准化预计值及标准化残差值的标准差分别是1.000与0.992。散点图显示（见图5-10），无论标准化预计值怎样变化，标准化残差之波动范围能基本保持稳定，证明残差方差具有齐次性。

表5-15　中介变量对员工创新行为的回归分析

中介变量	标准化β值	t	Sig.	VIF值	R	R平方	Durbin-Watson
心理安全	0.125	1.962	0.051	1.576	0.724	0.524	1.894
创新自我效能	0.394	5.773	0.000	1.808			
知识共享	0.317	4.598	0.000	1.850			

逐步回归分析的结果显示（见表 5－15），心理安全、创新自我效能、知识共享被同时纳入到对员工创新行为有显著预测力的分析模型中，总体的方差解释量为 52.4%。心理安全、创新自我效能、知识共享对员工创新行为的标准化回归系数分别为 0.125（p<0.1）、0.394（p<0.001）、0.317（p<0.001）。这表明心理安全、创新自我效能、知识共享直接正向影响员工创新行为，且达到一定的显著性；但与心理安全相比较而言，创新自我效能与知识共享对员工创新行为的影响力更强些。由此，H5、H7、H9 三个假设得到验证。

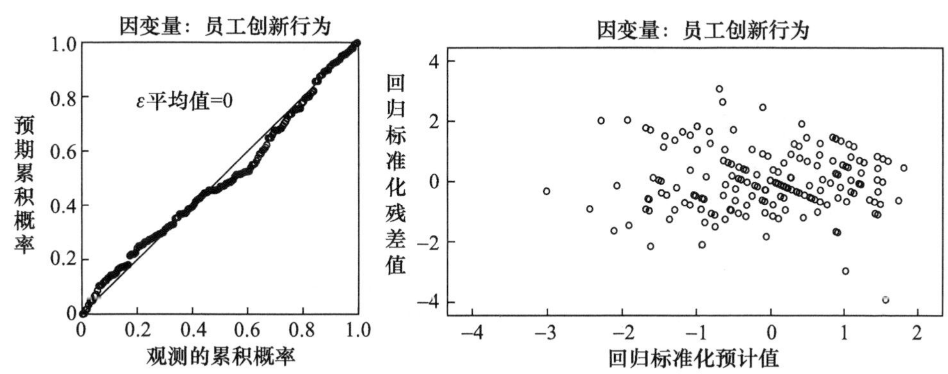

图 5－10　中介变量对员工创新行为的正态 P－P 图与散点图

四、领导风格直接作用效果检验

为进一步验证前面所提出的理论模型中各变量之间的关系，继续进行结构方程模型分析。结构方程模型是一种用来处理变量间因果关系的统计分析方法，综合了因子分析法（Factor Analysis）与路径分析法（Path Analysis）两种传统统计技术，可同时纳入计量经济学联立方程式，进而同时处理多个因变量间的数据关系。结构方程模型作为实证研究中的主要分析方法，能克服使用多变量统计分析方法时，一次只能处理一组自变量和单个因变量之间关系的方法限制及路径分析中的基本假设性限制。

本书采用两阶段结构方程模型分析法，以对理论模型中的各变量间关系进行深入的探讨（Anderson & Gerbing，1988）。第一阶段，先建立变量的测量模型，对各变量之结构维度及题项进行 Alpha 信度系数分析与 CFA，以检验各变量及其维度的信度与效度；第二阶段，将多个测量题项缩减成少数或单一指标，再运用

AMOS7.0 对结构模型进行综合分析，以进一步验证各项研究假设。第一阶段的分析工作，已在本章第一节进行了详细说明，故不再赘述；从本节开始，将继续说明结构方程模型的第二阶段分析工作。

（一）变革型领导的直接作用效果检验

建立变革型领导对员工创新行为、心理安全、创新自我效能、知识共享的直接作用模型，将调研问卷数据代入 AMOS7.0 中运行后，可获得模型的主要拟合指数，如表 5－16 所示。参照前述结构方程模型拟合指数的优化标准，可知变革型领导直接作用结构方程模型的各拟合指数都达到较好水平（见表 5－16），卡方与自由度的比值（NC）为 1.055（<3），RMSEA 为 0.017（<0.1），GFI 为 0.96（>0.90），NFI 为 0.958（>0.90），IFI 为 0.998（>0.90），CFI 为 0.998（>0.90）。可以说，各拟合指数均较好，该模型能够较好地拟合正式调研问卷中被试样本数据。

表 5－16 变革型领导直接作用模型的拟合指标

模型	χ^2	df	χ^2/df	RMSEA	GFI	NFI	IFI	CFI
结构方程模型	51.716	49	1.055	0.017	0.96	0.958	0.998	0.998

变革型领导直接作用模型分析结果如图 5－11 所示，变革型领导对员工创新行为、知识共享、心理安全、创新自我效能的直接作用都达到了正向显著性要求（$p<0.001$）。由此，H2－1、H3－1、H4－1 三个假设得到验证，假设 H1－1 则再次得到验证。

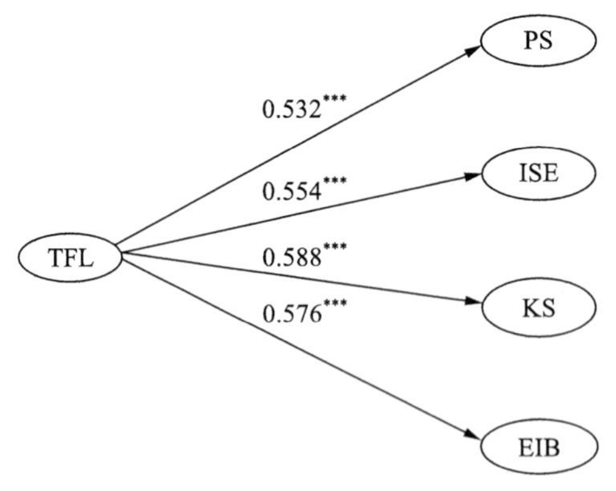

图 5－11 变革型领导直接作用模型

注：t 表示 $p<0.1$；* 表示 $p<0.05$；** 表示 $p<0.01$；*** 表示 $p<0.001$。

（二）交易型领导的直接作用效果检验

建立交易型领导对员工创新行为、心理安全、创新自我效能、知识共享的直接作用模型，将调研问卷数据代入 AMOS7.0 中运行后，可获得模型的主要拟合指数，如表 5－17 所示。参照前述结构方程模型拟合指数的优化标准，可知交易型领导直接作用结构方程模型的各拟合指数都达到较好水平（见表 5－17），卡方与自由度的比值（NC）为 1.099（<3），RMSEA 为 0.023（<0.1），GFI 为 0.959（>0.90），NFI 为 0.953（>0.90），IFI 为 0.996（>0.90），CFI 为 0.995（>0.90）。可以说，各拟合指数均较好，该模型能够较好地拟合正式调研问卷中被试样本数据。

表 5－17　交易型领导直接作用模型的拟合指标

模型	χ^2	df	χ^2/df	RMSEA	GFI	NFI	IFI	CFI
结构方程模型	53.857	49	1.099	0.023	0.959	0.953	0.996	0.995

交易型领导直接作用模型分析结果如图 5－12 所示，交易型领导对员工创新行为、知识共享、心理安全、创新自我效能的直接作用都达到了正向显著性要求（$p<0.001$）。由此，H2－2、H3－2、H4－2 三个假设得到验证，假设 H1－2 则再次得到验证。

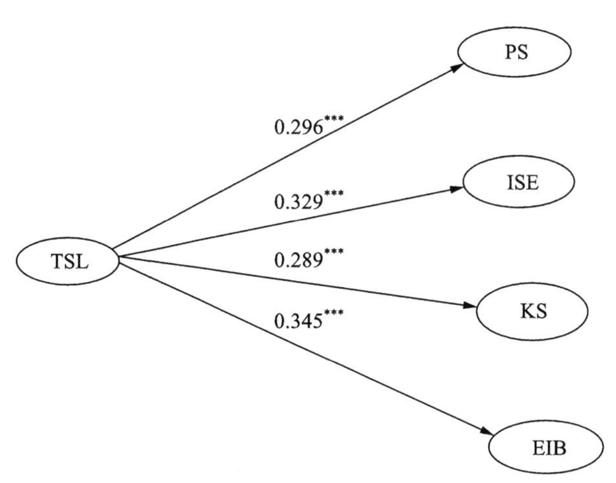

图 5－12　交易型领导直接作用模型

注：t 表示 $p<0.1$；* 表示 $p<0.05$；** 表示 $p<0.01$；*** 表示 $p<0.001$。

（三）伦理型领导的直接作用效果检验

建立伦理型领导对员工创新行为、心理安全、创新自我效能、知识共享的直接作用模型，将调研问卷数据代入 AMOS7.0 中运行后，可获得模型的主要拟合指数，如表 5－18 所示。参照前述结构方程模型拟合指数的优化标准，可知伦理型领导直接作用结构方程模型的各拟合指数都达到较好水平（见表 5－18），卡方与自由度的比值（NC）为 1.1（＜3），RMSEA 为 0.023（＜0.1），GFI 为 0.958（＞0.90），NFI 为 0.956（＞0.90），IFI 为 0.996（＞0.90），CFI 为 0.996（＞0.90）。可以说，各拟合指数均较好，该模型能够较好地拟合正式调研问卷中被试样本数据。

表 5－18　伦理型领导直接作用模型的拟合指标

模型	χ^2	df	χ^2/df	RMSEA	GFI	NFI	IFI	CFI
结构方程模型	53.918	49	1.1	0.023	0.958	0.956	0.996	0.996

伦理型领导直接作用模型分析结果如图 5－13 所示，伦理型领导对员工创新行为、知识共享、心理安全、创新自我效能的直接作用都达到了正向显著性要求（p＜0.001）。由此，H2－3、H3－3、H4－3 三个假设得到验证，假设 H1－3 则再次得到验证。

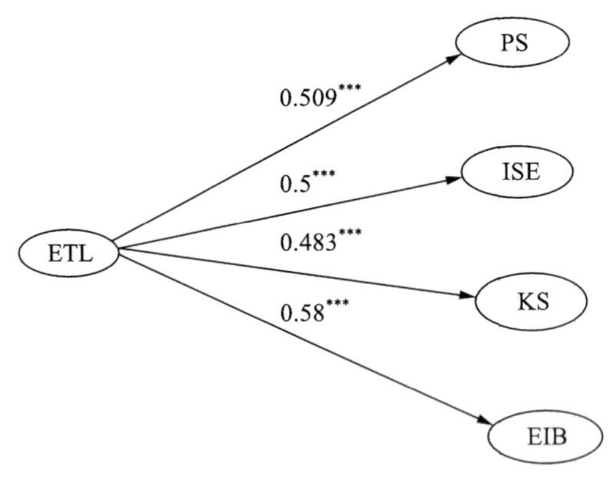

图 5－13　伦理型领导直接作用模型

注：t 表示 p＜0.1；＊表示 p＜0.05；＊＊表示 p＜0.01；＊＊＊表示 p＜0.001。

五、中介效应分析

根据 Baron 和 Kenny（1986）的中介作用检验程序，某个因素若成为中介变量，则要满足三个条件：一是自变量、中介变量各自与因变量的关系显著；二是自变量与中介变量的关系显著；三是在中介变量进入方程后，自变量和因变量的关系会显著下降（部分中介作用）或变得不再有显著性（完全中介作用）①。

（一）知识共享的中介效应分析

1. 知识共享在变革型领导与员工创新行为之间的中介作用

建立知识共享在变革型领导对员工创新行为影响中的中介作用结构方程模型，将调研问卷数据代入 AMOS7.0 中运行后，可获得模型的主要拟合指数，如表 5-19 所示。参照前述结构方程模型拟合指数的优化标准，可知此结构方程模型的各拟合指数都达到较好水平（见表 5-19），卡方与自由度的比值（NC）为 1.193（<3），RMSEA 为 0.032（<0.1），GFI 为 0.975（>0.90），NFI 为 0.967（>0.90），IFI 为 0.995（>0.90），CFI 为 0.994（>0.90）。可以说，各拟合指数均较好，该模型能够较好地拟合正式调研问卷中被试样本数据。

表 5-19　知识共享的中介作用模型拟合指标（1）

模型	χ^2	df	χ^2/df	RMSEA	GFI	NFI	IFI	CFI
结构方程模型	19.089	16	1.193	0.032	0.975	0.967	0.995	0.994

知识共享的中介作用模型分析结果如图 5-14 所示，变革型领导（TFL）、知识共享（KS）各自与员工创新行为（EIB）的关系呈正向显著相关，变革型领导对知识共享的影响关系为正向显著相关，并且也都达到 $p<0.001$ 的显著性水平。所以，知识共享在变革型领导对员工创新行为影响关系中起到了中介作用。由此，假设 H6-1 得到验证，假设 H1-1、H2-1、H5 也再次得到验证。

2. 知识共享在交易型领导与员工创新行为之间的中介作用

建立知识共享在交易型领导对员工创新行为影响中的中介作用结构方程模型，将调研问卷数据代入 AMOS7.0 中运行后，可获得模型的主要拟合指数，如

① 蔡文著．渠道关系治理方式对农户行为影响机理研究．上海：上海财经大学出版社，2011.

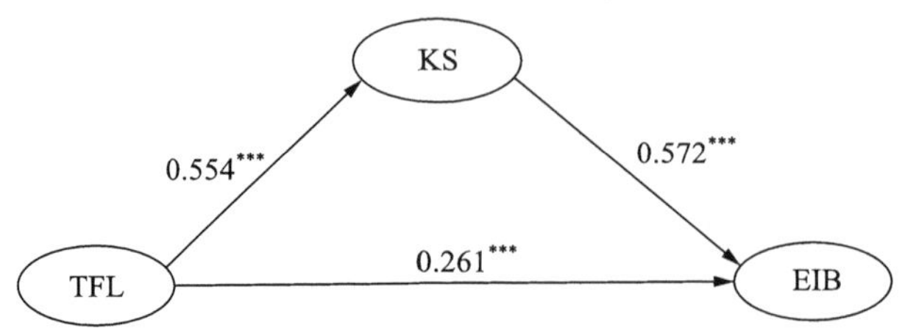

图 5-14　知识共享的中介作用模型（1）

注：t 表示 $p<0.1$；* 表示 $p<0.05$；** 表示 $p<0.01$；*** 表示 $p<0.001$。

表 5-20 所示。参照前述结构方程模型拟合指数的优化标准，可知此结构方程模型的各拟合指数都达到较好水平（见表 5-20），卡方与自由度的比值（NC）为 1.21（<3），RMSEA 为 0.033（<0.1），GFI 为 0.976（>0.90），NFI 为 0.963（>0.90），IFI 为 0.993（>0.90），CFI 为 0.993（>0.90）。可以说，各拟合指数均较好，该模型能够较好地拟合正式调研问卷中被试样本数据。

表 5-20　知识共享的中介作用模型拟合指标（2）

模型	χ^2	df	χ^2/df	RMSEA	GFI	NFI	IFI	CFI
结构方程模型	19.358	16	1.21	0.033	0.976	0.963	0.993	0.993

知识共享的中介作用模型分析结果如图 5-15 所示，交易型领导（TSL）、知识共享（KS）各自与员工创新行为（EIB）的关系呈正向显著相关；交易型领导对知识共享的影响关系为正向显著相关；其中，交易型领导对员工创新行为影响关系的显著性为 $p<0.05$，其他变量之间正向显著相关都达到 $p<0.001$ 的显著性水平。所以，知识共享在交易型领导对员工创新行为影响关系中起到了中介作用。由此，假设 H6-2 得到验证，假设 H1-2、H2-2、H5 也再次得到验证。

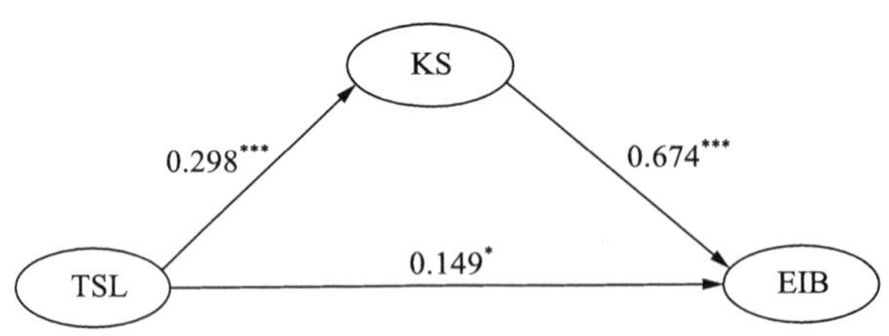

图 5-15　知识共享的中介作用模型（2）

注：t 表示 $p<0.1$；* 表示 $p<0.05$；** 表示 $p<0.01$；*** 表示 $p<0.001$。

3. 知识共享在伦理型领导与员工创新行为之间的中介作用

建立知识共享在伦理型领导对员工创新行为影响中的中介作用结构方程模型，将调研问卷数据代入 AMOS7.0 中运行后，可获得模型的主要拟合指数，如表 5－21 所示。参照前述结构方程模型拟合指数的优化标准，可知此结构方程模型的各拟合指数都达到较好水平（见表 5－21），卡方与自由度的比值（NC）为 1.175（<3），RMSEA 为 0.03（<0.1），GFI 为 0.975（>0.90），NFI 为 0.967（>0.90），IFI 为 0.995（>0.90），CFI 为 0.995（>0.90）。可以说，各拟合指数均较好，该模型能够较好地拟合正式调研问卷中被试样本数据。

表 5－21　知识共享的中介作用模型拟合指标（3）

模型	χ^2	df	χ^2/df	RMSEA	GFI	NFI	IFI	CFI
结构方程模型	18.798	16	1.175	0.03	0.975	0.967	0.995	0.995

知识共享的中介作用模型分析结果如图 5－16 所示，伦理型领导（ETL）、知识共享（KS）各自与员工创新行为（EIB）的关系呈正向显著相关，伦理型领导对知识共享的影响关系为正向显著相关，并且也都达到 $p<0.001$ 的显著性水平。所以，知识共享在伦理型领导对员工创新行为影响关系中起到了中介作用。由此，假设 H6－3 得到验证，假设 H1－3、H2－3、H5 也再次得到验证。

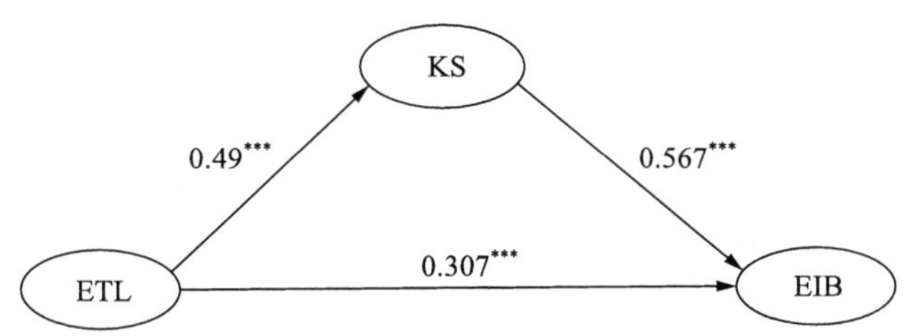

图 5－16　知识共享的中介作用模型（3）

注：t 表示 $p<0.1$；* 表示 $p<0.05$；** 表示 $p<0.01$；*** 表示 $p<0.001$。

（二）心理安全的中介效应分析

1. 心理安全在变革型领导与员工创新行为之间的中介作用

建立心理安全在变革型领导对员工创新行为影响中的中介作用结构方程模型，将调研问卷数据代入 AMOS7.0 中运行后，可获得模型的主要拟合指数，如表 5－22 所示。参照前述结构方程模型拟合指数的优化标准，可知此结构方程模型的各拟合指数都达到较好水平（见表5-22），卡方与自由度的比值（NC）为1.575（<3），RMSEA为0.055（<0.1），GFI为0.968（>0.90），NFI为0.955（>0.90），IFI为0.983（>0.90），CFI为0.983（>0.90）。可以说，各拟合指数均较好，该模型能够较好地拟合正式调研问卷中被试样本数据。

表5-22 心理安全的中介作用模型拟合指标（1）

模型	χ^2	df	χ^2/df	RMSEA	GFI	NFI	IFI	CFI
结构方程模型	25.199	16	1.575	0.055	0.968	0.955	0.983	0.983

心理安全的中介作用模型分析结果如图5-17所示，变革型领导（TFL）、心理安全（PS）各自与员工创新行为（EIB）的关系呈正向显著相关，变革型领导对心理安全的影响关系为正向显著相关，并且也都达到 $p<0.001$ 的显著性水平，所以，心理安全在变革型领导对员工创新行为影响关系中起到了中介作用。由此，假设H8-1得到验证，假设H1-1、H3-1、H7也再次得到验证。

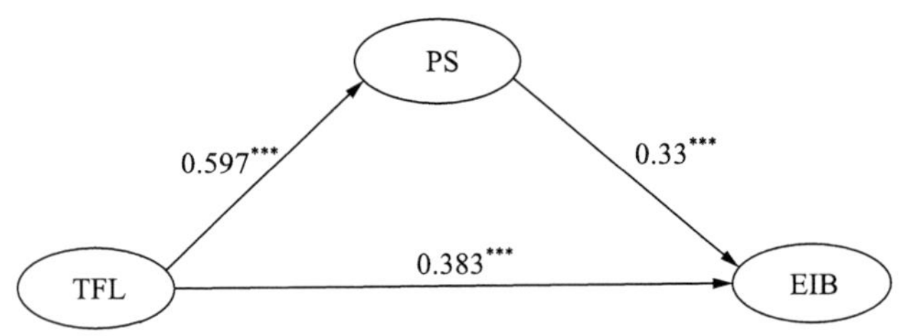

图5-17 心理安全的中介作用模型（1）

注：t表示 $p<0.1$；*表示 $p<0.05$；**表示 $p<0.01$；***表示 $p<0.001$。

2. 心理安全在交易型领导与员工创新行为之间的中介作用

建立心理安全在交易型领导对员工创新行为影响中的中介作用结构方程模型，将调研问卷数据代入AMOS7.0中运行后，可获得模型的主要拟合指数，如表5-23所示。参照前述结构方程模型拟合指数的优化标准，可知此结构方程模型的各拟合指数都达到较好水平（见表5-23），卡方与自由度的比值（NC）为1.485（<3），RMSEA为0.051（<0.1），GFI为0.971（>0.90），NFI为0.951（>0.90），IFI为0.983（>0.90），CFI为0.983（>0.90）。可以说，各拟合指数均较好，该模型能够较好地拟合正式调研问卷中被试样本数据。

表 5－23　心理安全的中介作用模型拟合指标（2）

模型	χ^2	df	χ^2/df	RMSEA	GFI	NFI	IFI	CFI
结构方程模型	23.762	16	1.485	0.051	0.971	0.951	0.983	0.983

心理安全的中介作用模型分析结果如图 5－18 所示，交易型领导（TSL）、心理安全（PS）各自与员工创新行为（EIB）的关系呈正向显著相关；交易型领导对心理安全的影响关系为正向显著相关；其中，交易型领导对员工创新行为影响关系的显著性为 $p<0.01$，其他变量之间正向显著相关都达到 $p<0.001$ 的显著性水平。所以，心理安全在交易型领导对员工创新行为影响关系中起到了中介作用。由此，假设 H8－2 得到验证，假设 H1－2、H3－2、H7 也再次得到验证。

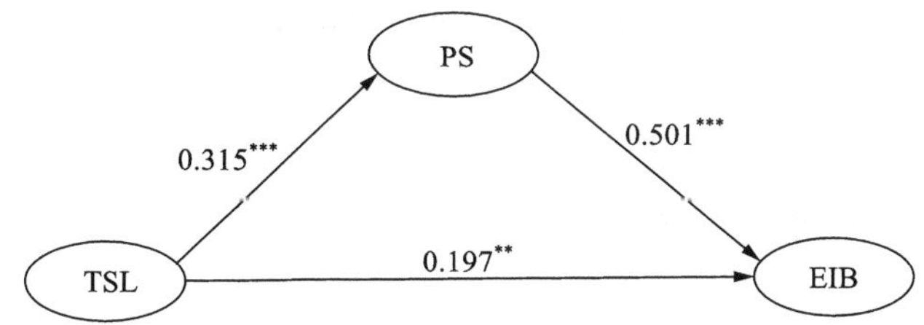

图 5－18　心理安全的中介作用模型（2）

注：t 表示 $p<0.1$；* 表示 $p<0.05$；** 表示 $p<0.01$；*** 表示 $p<0.001$。

3. 心理安全在伦理型领导与员工创新行为之间的中介作用

建立心理安全在伦理型领导对员工创新行为影响中的中介作用结构方程模型，将调研问卷数据代入 AMOS7.0 中运行后，可获得模型的主要拟合指数，如表 5－24 所示。参照前述结构方程模型拟合指数的优化标准，可知此结构方程模型的各拟合指数都达到较好水平（见表 5－24），卡方与自由度的比值（NC）为 1.857（<3），RMSEA 为 0.068（<0.1），GFI 为 0.963（>0.90），NFI 为 0.945（>0.90），IFI 为 0.974（>0.90），CFI 为 0.973（>0.90）。可以说，各拟合指数均较好，该模型能够较好地拟合正式调研问卷中被试样本数据。

表 5－24　心理安全的中介作用模型拟合指标（3）

模型	χ^2	df	χ^2/df	RMSEA	GFI	NFI	IFI	CFI
结构方程模型	29.708	16	1.857	0.068	0.963	0.945	0.974	0.973

心理安全的中介作用模型分析结果如图 5－19 所示，伦理型领导（ETL）、

心理安全（PS）各自与员工创新行为（EIB）的关系呈正向显著相关，伦理型领导与心理安全的影响关系为正向显著相关，并且也都达到 $p<0.001$ 的显著性水平。所以，心理安全在伦理型领导对员工创新行为影响关系中起到了中介作用。由此，假设 H8－3 得到验证，假设 H1－3、H3－3、H7 也再次得到验证。

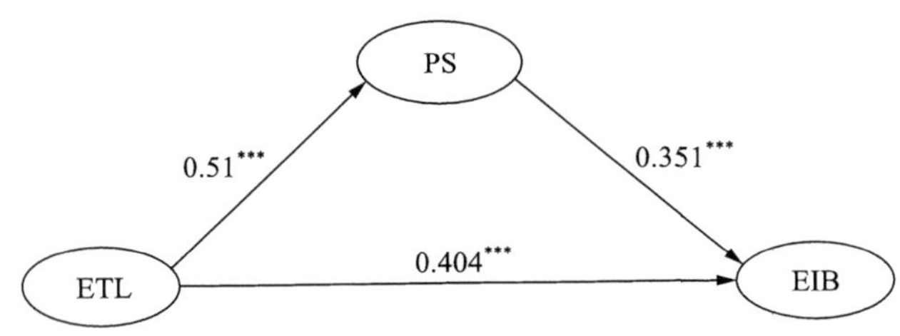

图 5－19　心理安全的中介作用模型（3）

注：t 表示 $p<0.1$；* 表示 $p<0.05$；** 表示 $p<0.01$；*** 表示 $p<0.001$。

（三）创新自我效能的中介效应分析

1. 创新自我效能在变革型领导与员工创新行为之间的中介作用

建立创新自我效能在变革型领导对员工创新行为影响中的中介作用结构方程模型，将调研问卷数据代入 AMOS7.0 中运行后，可获得模型的主要拟合指数，如表 5－25 所示。参照前述结构方程模型拟合指数的优化标准，可知此结构方程模型的各拟合指数都达到较好水平（见表 5－25），卡方与自由度的比值（NC）为 1.582（<3），RMSEA 为 0.056（<0.1），GFI 为 0.946（>0.90），NFI 为 0.936（>0.90），IFI 为 0.976（>0.90），CFI 为 0.975（>0.90）。可以说，各拟合指数均较好，该模型能够较好地拟合正式调研问卷中被试样本数据。

表 5－25　创新自我效能的中介作用模型拟合指标（1）

模型	χ^2	df	χ^2/df	RMSEA	GFI	NFI	IFI	CFI
结构方程模型	60.112	38	1.582	0.056	0.946	0.936	0.976	0.975

创新自我效能的中介作用模型分析结果如图 5－20 所示，变革型领导（TFL）、创新自我效能（ISE）各自与员工创新行为（EIB）的关系为正向显著相关；变革型领导对创新自我效能的影响关系为正向显著相关；其中，变革型领导对员工创新行为影响关系的显著性为 $p<0.05$，其他变量之间正向显著相关都达到 $p<0.001$ 的显著性水平。所以，创新自我效能在变革型领导对员工创新行

为影响关系中起到了中介作用。由此，假设 H10 －1 得到验证，假设 H1 －1、H4 －1、H9 也再次得到验证。

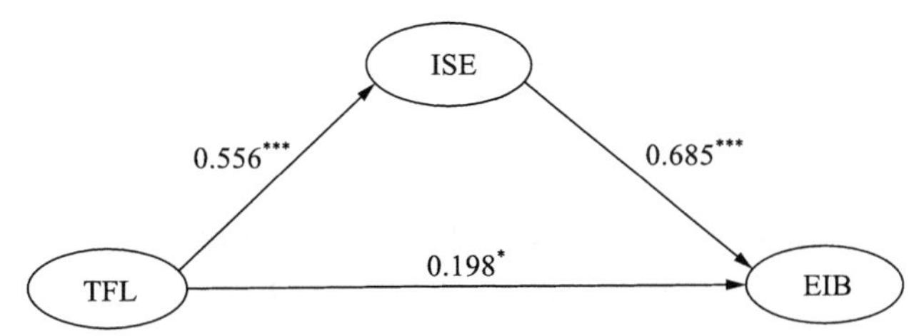

图 5－20　创新自我效能的中介作用模型（1）

注：t 表示 $p<0.1$；* 表示 $p<0.05$；** 表示 $p<0.01$；*** 表示 $p<0.001$。

2. 创新自我效能在交易型领导与员工创新行为之间的中介作用

建立创新自我效能在交易型领导对员工创新行为影响中的中介作用结构方程模型，将调研问卷数据代入 AMOS7.0 中运行后，可获得模型的主要拟合指数，如表 5－26 所示。参照前述结构方程模型拟合指数的优化标准，可知此结构方程模型的各拟合指数都达到较好水平（见表 5－26），卡方与自由度的比值（NC）为 1.761（<3），RMSEA 为 0.064（<0.1），GFI 为 0.942（>0.90），NFI 为 0.926（>0.90），IFI 为 0.967（>0.90），CFI 为 0.966（>0.90）。可以说，各拟合指数均较好，该模型能够较好地拟合正式调研问卷中被试样本数据。

表 5－26　创新自我效能的中介作用模型拟合指标（2）

模型	χ^2	df	χ^2/df	RMSEA	GFI	NFI	IFI	CFI
结构方程模型	66.926	38	1.761	0.064	0.942	0.926	0.967	0.966

创新自我效能的中介作用模型分析结果如图 5－21 所示，创新自我效能（ISE）与员工创新行为（EIB）的关系呈正向显著相关，交易型领导（TSL）对创新自我效能的影响关系为正向显著相关，并且也都达到 $p<0.001$ 的显著性水平；但是，交易型领导与员工创新行为的相关关系不显著。所以，创新自我效能在交易型领导（TSL）对员工创新行为影响关系中起到了完全中介作用。由此，假设 H10－2 得到验证，假设 H4－2、H9 也再次得到验证。

3. 创新自我效能在伦理型领导与员工创新行为之间的中介作用

建立创新自我效能在伦理型领导对员工创新行为影响中的中介作用结构方程模型，将调研问卷数据代入 AMOS7.0 中运行后，可获得模型的主要拟合指数，

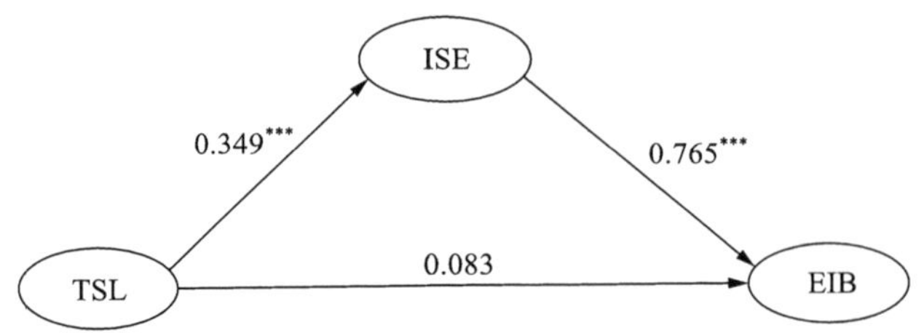

图 5－21　创新自我效能的中介作用模型（2）

注：t 表示 $p<0.1$；* 表示 $p<0.05$；** 表示 $p<0.01$；*** 表示 $p<0.001$。

如表 5－27 所示。参照前述结构方程模型拟合指数的优化标准，可知此结构方程模型的各拟合指数都达到较好水平（见表 5－27），卡方与自由度的比值（NC）为 1.658（<3），RMSEA 为 0.059（<0.1），GFI 为 0.944（>0.90），NFI 为 0.933（>0.90），IFI 为 0.972（>0.90），CFI 为 0.972（>0.90）。可以说，各拟合指数均较好，该模型能够较好地拟合正式调研问卷中被试样本数据。

表 5－27　创新自我效能的中介作用模型拟合指标（3）

模型	χ^2	df	χ^2/df	RMSEA	GFI	NFI	IFI	CFI
结构方程模型	63.023	38	1.658	0.059	0.944	0.933	0.972	0.972

创新自我效能的中介作用模型分析结果如图 5－22 所示，伦理型领导（ETL）、创新自我效能（ISE）各自与员工创新行为（EIB）的关系呈正向显著相关，伦理型领导对创新自我效能的影响关系为正向显著相关，其中，伦理型领导对员工创新行为（EIB）影响关系的显著性为 $p<0.01$，其他变量之间正向显著相关性都达到 $p<0.001$ 的显著性水平。所以，创新自我效能在伦理型领导对员工创新行为影响关系中起到了中介作用。由此，假设 H10－3 得到验证，假设 H1－3、H4－3、H9 也再次得到验证。

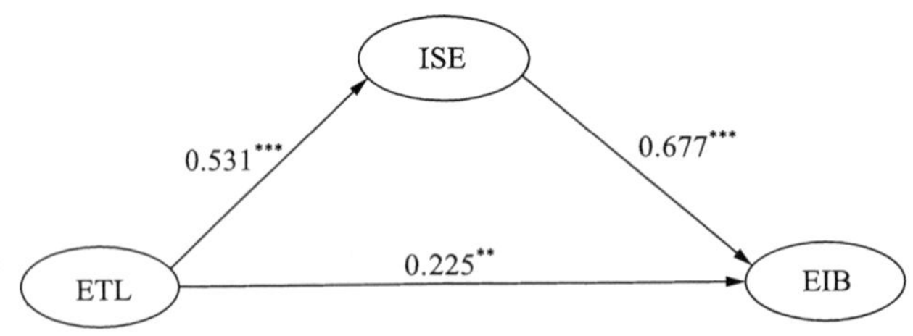

图 5－22　创新自我效能的中介作用模型（3）

注：t 表示 $p<0.1$；* 表示 $p<0.05$；** 表示 $p<0.01$；*** 表示 $p<0.001$。

六、中介变量之间关系的检验

根据余可发（2011）的研究建议，对于本书中还存在的中介变量间关系假设，将借助结构方程模型进行整体分析时，进而再对中介变量之间的相互作用效果进行检验（理论上的结构模型与 AMOS7.0 作图时的结构模型分别如图 5－23、图 5－24 所示）。

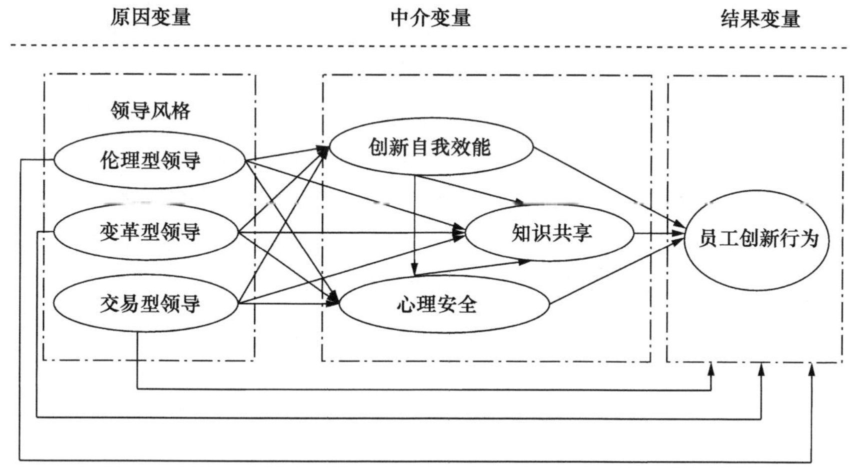

图 5－23　领导风格对员工创新行为作用关系中介模型的理论图

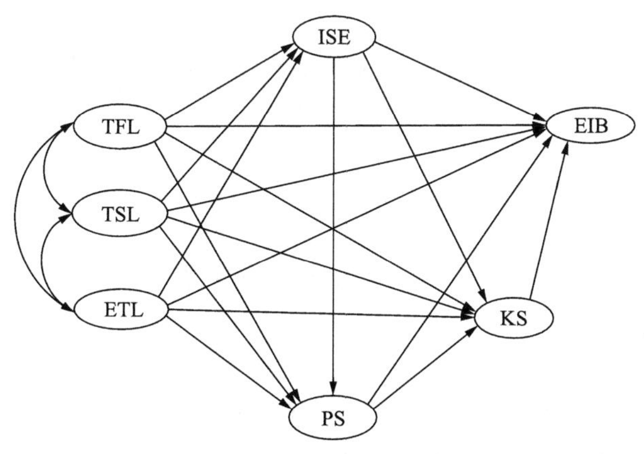

图 5－24　领导风格对员工创新行为作用关系中介模型的 AMOS 路径图

调研问卷数据代入 AMOS7.0 中运行后，可获得模型的主要拟合指数，如表 5－28 所示。参照前述结构方程模型拟合指数的优化标准，可知此结构方程模型的各拟合指数都达到较好水平（见表 5－28），卡方与自由度的比值（NC）为 1.471（<3），RMSEA 为 0.059（<0.1），GFI 为 0.956（>0.90），NFI 为 0.951（>0.90），IFI 为 0.984（>0.90），CFI 为 0.983（>0.90）。可以说，各拟合指数均较好，该模型能够较好地拟合正式调研问卷中被试样本数据。

表 5－28 领导风格对员工创新行为作用关系部分中介模型拟合指标

模型	χ^2	df	χ^2/df	RMSEA	GFI	NFI	IFI	CFI
结构方程模型	52.972	36	1.471	0.059	0.956	0.951	0.984	0.983

为清晰而有效地分析三个中介变量之间的关系，现将创新自我效能、心理安全与知识共享之间关系的结构模型单独析出，中介变量之间作用关系如图 5－25 所示，创新自我效能（ISE）、心理安全（PS）各自与知识共享（KS）的关系呈正向显著相关（$p<0.01$），创新自我效能对心理安全的影响关系为正向显著相关（$p<0.001$）。可以说，心理安全在创新自我效能对知识共享影响关系中起到了中介作用。由此，假设 H11、H12、H13、H14 得到验证。

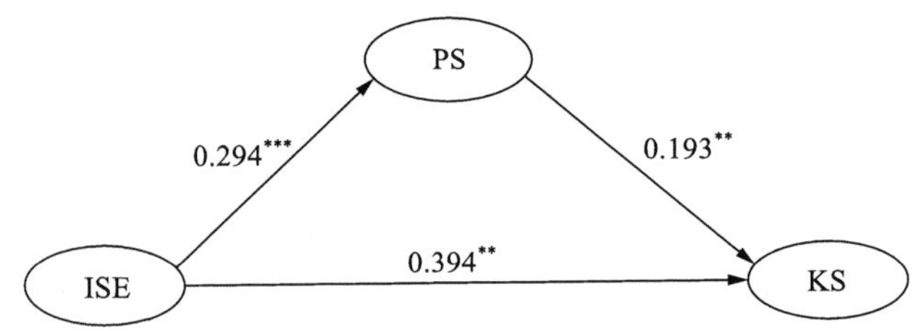

图 5－25 创新自我效能、心理安全与知识共享之间关系模型

注：t 表示 $p<0.1$；* 表示 $p<0.05$；** 表示 $p<0.01$；*** 表示 $p<0.001$。

七、领导成员交换的调节效应分析

在假设模型中，还提出了领导成员交换对领导风格与员工创新行为关系之间具有调节效应（Moderating Effect），因此，本书将利用层级回归分析方法来检验该调节效应。

根据 Baron 和 Kenny（1986）、胡杨成（2008）、余可发（2011）的研究建议，分别以这三种领导风格作为自变量、员工创新行为作为因变量、领导成员交换作为调节变量，采用层级回归分析方法，分四个步骤来进行调节效应的检验：

第一步：在回归分析中首先放入控制变量，即员工的性别、年龄、教育程度、职级职位、工作年限、工作部门。

第二步：在回归分析中分别再单独放入自变量，即变革型领导、交易型领导、伦理型领导。

第三步：在回归分析中再放入调节变量，即领导成员交换。

第四步：在回归分析中再放入调节变量和自变量之交互项。在第四步回归分析中会存在交互项方面的多重共线性严重问题，其解决办法为采用对构成交互项的基础变量事先进行中心化转换（Centering Transformatinn）方法，即将构成交互项的变量先各自减去该变量的均值，使得变量分布能从围绕均值分布转化为围绕零分布，之后再用转换后的变量计算交互项值。使用这种标准化处理方法后，能有效地克服变量间多重共线性问题。

通过检查自变量、调节变量、因变量之间的相关关系，可以知道变革型领导（TFL）、交易型领导（TSL）、伦理型领导（ETL）、领导成员交换（LMX）、员工创新行为（EIB）等变量之间存在显著正相关性（见表 5 - 29）。

表 5 - 29　各潜变量被赋值后的 Pearson 相关系数矩阵

	TFL	TSL	ETL	EIB
TFL	1			
TSL	0.333 ***	1		
ETL	0.752 ***	0.380 ***	1	
EIB	0.508 ***	0.310 ***	0.507 ***	1
LMX	0.548 ***	0.353 ***	0.605 ***	0.554 ***

注：***、**、*、t 分别表示相关系数达到 0.001、0.01、0.05、0.1 的显著性水平（2 - tailed）。

（一）领导成员交换在变革型领导与员工创新行为之间的调节作用

表 5 - 30 报告了采用层级回归法对研究假设的检验结果，其中，最后一列所报告的是回归模型 4 中各变量的方差膨胀因子（VIF），所有的 VIF 都在 1 ~ 4，小于临界标准 10，说明不存在严重的多重共线性问题。D - W 检验值为 1.973，接近 2，说明也不存在自相关问题。在第一步回归分析中引入 6 个控制变量，结果表明员工的性别、年龄、教育程度、职级职位、工作年限、工作部门在回归分

析作用中未达到显著水平，这表明6个控制变量对员工创新行为不具有十分充分的解释能力。在第二步回归分析中引入了自变量—变革型领导，该变量的进入使得模型对员工创新行为的解释能力增加了26.3%（ΔF=64.062，p<0.001），这表明变革型领导对员工创新行为有着较强的解释能力。在第三步回归分析中引入调节变量—领导成员交换，该变量的进入使得模型对员工创新行为的解释能力增加了9.7%（ΔF=27.136，p<0.001），这表明领导成员交换对员工创新行为也有着较强的解释能力。在第四步回归分析中继续引入变革型领导与领导成员交换的交互项，该交互项的进入使得模型对员工创新行为的解释能力又增加了1.7%（ΔF=4.985，p<0.05），这表明领导成员交换在变革型领导与员工创新行为之间的关系上产生了调节效应。因此，本假设H15-1得以验证。

表5-30　领导成员交换在变革型领导与员工创新行为之间的调节效果分析

变量	员工创新行为				多重共性检验VIF
	模型1	模型2	模型3	模型4	
第一步：控制变量					
性别	0.014	0.088	0.082	0.078	1.184
年龄	0.032	-0.043	0.006	0.004	2.955
教育程度	0.053	-0.002	0.017	0.021	1.336
职级职位	0.003	0.048	-0.028	-0.040	2.320
工作年限	0.082	0.140	0.141	0.144	3.345
工作部门	0.079	-0.019	-0.013	-0.019	1.122
第二步：自变量					
变革型领导（TFL）		0.526***	0.312***	0.358***	1.657
第三步：调节变量					
领导成员交换（LMX）			0.379***	0.378***	1.486
第四步：交互项					
TFL×LMX				0.140*	1.130
R^2	0.027	0.290	0.387	0.404	Durbin-Watson
ΔR^2	0.027	0.263	0.097	0.017	
ΔF	0.818	64.062***	27.136***	4.985*	1.973

注：t表示p<0.1；*表示p<0.05；**表示p<0.01；***表示p<0.001。

（二）领导成员交换在交易型领导与员工创新行为之间的调节作用

表5-31报告了采用层级回归法对研究假设之检验结果，其中，最后一列所

报告的是回归模型4中各变量之方差膨胀因子（VIF），所有的VIF都在1~4，小于临界标准10，说明不存在严重的多重共线性问题。D-W检验值为1.895，接近2，说明也不存在自相关问题。在第一步回归分析中引入6个控制变量，结果表明员工的性别、年龄、教育程度、职级职位、工作年限、工作部门在回归分析作用中未达到显著水平，这表明6个控制变量对员工创新行为不具有十分充分的解释能力。在第二步回归分析中引入了自变量—交易型领导，该变量的进入使得模型对员工创新行为的解释能力增加了9.3%（ΔF=18.228，p<0.001），这表明交易型领导对员工创新行为有一定的解释能力。在第三步回归分析中引入调节变量—领导成员交换，该变量的进入使得模型对员工创新行为的解释能力增加了21.7%（ΔF=56.476，p<0.001），这表明领导成员交换对员工创新行为有着较强的解释能力。在第四步回归分析中继续引入交易型领导与领导成员交换的交互项，该交互项的进入使得模型对员工创新行为的解释能力又增加了1.6%（ΔF=4.122，p<0.05），这表明领导成员交换在交易型领导与员工创新行为之间的关系上产生了调节效应。因此，假设H15-2得以验证。

表5-31 领导成员交换在交易型领导与员工创新行为之间的调节效果分析

变量	员工创新行为				多重共性检验 VIF
	模型1	模型2	模型3	模型4	
第一步：控制变量					
性别	0.014	0.000	0.041	0.038	1.172
年龄	0.032	0.098	0.083	0.109	3.000
教育程度	0.053	0.023	0.036	0.025	1.339
职级职位	0.003	0.037	-0.060	-0.069	2.304
工作年限	0.082	0.005	0.083	0.085	3.424
工作部门	0.079	0.096	0.041	0.033	1.104
第二步：自变量					
交易型领导（TSL）		0.309***	0.129[t]	0.082	1.318
第三步：调节变量					
领导成员交换（LMX）			0.505***	0.535***	1.230
第四步：交互项					
TSL×LMX				0.135*	1.176

续表

变量	员工创新行为				多重共性检验 VIF
	模型 1	模型 2	模型 3	模型 4	
R^2	0.027	0.120	0.338	0.353	Durbin – Watson
ΔR^2	0.027	0.093	0.217	0.016	
ΔF	0.818	18.228 ***	56.476 ***	4.122 *	1.895

注：t 表示 p<0.1；* 表示 p<0.05；** 表示 p<0.01；*** 表示 p<0.001。

（三）领导成员交换在伦理型领导与员工创新行为之间的调节作用

表 5 – 32 报告了采用层级回归法对研究假设之检验结果，其中，最后一列所报告的是回归模型 4 中各变量之方差膨胀因子（VIF），所有的 VIF 都在 1 ~ 4，小于临界标准 10，说明不存在严重的多重共线性问题。D – W 检验值为 1.933，接近 2，说明也不存在自相关问题。在第一步回归分析中引入 6 个控制变量，结果表明员工的性别、年龄、教育程度、职级职位、工作年限、工作部门在回归分析作用中未达到显著水平，这表明 6 个控制变量对员工创新行为不具有十分充分的解释能力。在第二步回归分析中引入了自变量—伦理型领导，该变量的进入使得模型对员工创新行为的解释能力增加了 25.3%（$\Delta F = 60.815$，$p < 0.001$），这表明伦理型领导对员工创新行为有较强的解释能力。在第三步回归分析中引入调节变量—领导成员交换，该变量的进入使得模型对员工创新行为的解释能力增加了 9.1%（$\Delta F = 24.837$，$p < 0.001$），这表明领导成员交换对员工创新行为也有着较强的解释能力。在第四步回归分析中继续引入伦理型领导与领导成员交换的交互项，该交互项的进入使得模型对员工创新行为的解释能力又增加了 1.8%（$\Delta F = 5.128$，$p < 0.05$），这表明领导成员交换在伦理型领导与员工创新行为之间的关系上产生了调节效应。因此，假设 H15 – 3 得以验证。

表 5 – 32 领导成员交换在伦理型领导与员工创新行为之间的调节效果分析

变量	员工创新行为				多重共性检验 VIF
	模型 1	模型 2	模型 3	模型 4	
第一步：控制变量					
性别	0.014	0.129	0.101	0.090	1.229
年龄	0.032	–0.055	0.003	0.004	2.975
教育程度	0.053	0.017	0.030	0.027	1.328

续表

变量	员工创新行为				多重共性检验 VIF
	模型 1	模型 2	模型 3	模型 4	
职级职位	0.003	0.038	-0.036	-0.055	2.329
工作年限	0.082	0.125	0.131	0.140	3.344
工作部门	0.079	-0.002	0.001	0.001	1.108
第二步：自变量					
伦理型领导（ETL）		0.519***	0.283***	0.304***	1.708
第三步：调节变量					
领导成员交换（LMX）			0.383***	0.391***	1.617
第四步：交互项					
ETL × LMX				0.139*	1.062
R^2	0.027	0.280	0.371	0.389	Durbin - Watson
ΔR^2	0.027	0.253	0.091	0.018	
ΔF	0.818	60.815***	24.837***	5.128*	1.933

注：t 表示 $p<0.1$；* 表示 $p<0.05$；** 表示 $p<0.01$；*** 表示 $p<0.001$。

八、人口学变量对员工创新行为影响的差异比较

为了考察人口学变量与员工创新行为之间的相关性，本书运用 SPSS17.0 来进行一元方差分析（One - way Analysis of Variances，ANOVA），即单因素方差分析，对人口学变量的影响进行判断。单因素方差分析主要是检验单个因素影响一个（或几个相互独立的）变量时，判断该单因素在不同水平分组均值之间的差异是否存在统计意义，并能进行两两组间均值比较，即组间均值的多重比较。由于员工创新行为是研究的核心变量，因而在这里将只对员工创新行为进行单因素方差分析，即对员工的性别、年龄、教育程度、职位职级、工作年限、工作部门等人口变量采用单因素方差分析，并深入进行两两比较。

（一）性别与工作部门的影响分析

性别、工作部门或岗位性质是很重要的人口学特征变量，本书基于性别、

工作部门对员工创新行为的影响做单因素方差分析，结果如表 5 – 33、表 5 – 34 所示。研究结果表明，不同性别、工作部门对员工创新行为的影响无显著性差异。

表 5 – 33 基于性别的 ANOVA 分析结果

变量		平方和	自由度	均方	F	显著性
员工创新行为	组间	0.003	1	0.003	0.009	0.925
	组内	72.395	187	0.387		
	总数	72.399	188			

表 5 – 34 基于工作部门的 ANOVA 分析结果

变量		平方和	自由度	均方	F	显著性
员工创新行为	组间	2.278	4	0.570	1.495	0.206
	组内	70.121	184	0.381		
	总数	72.399	188			

接着，基于工作部门来运用两两比较法中的 LSD 进行方差多重比较分析，检验结果如表 5 – 35 所示。虽然整体上而言，不同工作部门员工之间的创新行为表现无显著性差异；但细化分析却发现，技术/研发、策划/战略两部门的员工比生产/制造部门的员工有更多的创新行为表现（$p < 0.1$），其他各部门员工之间的创新行为差异则不显著。

（二）年龄与工作年限的影响分析

员工的年龄及其在所调研单位的工作年限（即工龄），可能会影响员工的敬业度、忠诚度、工作能力、知识丰富度，进而影响其对组织创新文化的理性认知及创新行为表现。

本书在正式问卷调研时将员工年龄分为四类，即①30 岁以下；②30 ~ 39 岁；③40 ~ 49 岁；④50 岁及以上。但根据正式调研问卷数据统计结果，仅有 1 位员工年龄为 50 岁及以上，为便于方差分析，将③④合并成一组（即 40 岁以上），重新分成三组，即①30 岁以下；②30 ~ 39 岁；③40 岁以上。

表 5－35　基于工作部门的方差多重比较（LSD）分析结果

变量	(I)	(J)	均值差（I－J）	标准误	显著性
员工创新行为	技术/研发	生产/制造	0.236^{t}	0.124	0.060
		营销（市场）	0.094	0.158	0.552
		策划/战略	－0.075	0.201	0.711
		其他	0.058	0.163	0.723
	生产/制造	技术/研发	-0.236^{t}	0.124	0.060
		营销（市场）	－0.142	0.134	0.291
		策划/战略	-0.310^{t}	0.183	0.092
		其他	－0.178	0.140	0.204
	营销（市场）	技术/研发	－0.094	0.158	0.552
		生产/制造	0.142	0.134	0.291
		策划/战略	－0.168	0.207	0.417
		其他	－0.036	0.170	0.832
	策划/战略	技术/研发	0.075	0.201	0.711
		生产/制造	0.310^{t}	0.183	0.092
		营销（市场）	0.168	0.207	0.417
		其他	0.132	0.211	0.532
	其他	技术/研发	－0.058	0.163	0.723
		生产/制造	0.178	0.140	0.204
		营销（市场）	0.036	0.170	0.832
		策划/战略	－0.132	0.211	0.532

注：t 表示 $p<0.1$；* 表示 $p<0.05$；** 表示 $p<0.01$；*** 表示 $p<0.001$。

本书在正式问卷调研时将工作年限分成五组，即①5 年及以下；②6～9 年；③10～19 年；④20～29 年；⑤30 年及以上。但根据正式调研问卷数据统计结果，仅有两位员工的工作年限为 30 年及以上，为便于方差分析，将④⑤合并成一组（即 20 年及以上），重新分成四组，即①5 年及以下；②6～9 年；③10～19 年；④20年及以上。

基于年龄对员工创新行为的影响做 ANOVA 分析，其检验结果如表 5－36 所示。不同年龄对员工创新行为的影响有显著性差异（$p<0.05$）。

表 5-36 基于年龄的 ANOVA 分析结果

变量		平方和	自由度	均方	F	显著性
员工创新行为	组间	3.297	2	1.649	4.437	0.013
	组内	69.102	186	0.372		
	总数	72.399	188			

表 5-37 基于年龄的方差多重比较（LSD）分析结果

变量	(I)	(J)	均值差（I-J）	标准误	显著性
员工创新行为	30 岁以下	30~39 岁	0.052	0.097	0.596
		40 岁以上	-0.350**	0.133	0.009
	30~39 岁	30 岁以下	-0.052	0.097	0.596
		40 岁以上	-0.402**	0.139	0.004
	40 岁以上	30 岁以下	0.350**	0.133	0.009
		30~39 岁	0.402**	0.139	0.004

注：t 表示 $p<0.1$；* 表示 $p<0.05$；** 表示 $p<0.01$；*** 表示 $p<0.001$。

基于年龄来运用两两比较法中的 LSD 进行方差多重比较分析，检验结果如表 5-37 所示。细化分析结果显示，40 岁以下的两组员工之间在创新行为表现上无显著性差异，但 40 岁以上的员工与 40 岁以下的两组员工之间却存在显著性差异（$p<0.01$），即 40 岁以上的员工会表现出更多的创新行为。

基于工作年限对员工创新行为的影响做 ANOVA 分析，其检验结果如表 5-38 所示。分析结果表明，不同工作年限对员工创新行为的影响无显著性差异。

表 5-38 基于工作年限的 ANOVA 分析结果

变量		平方和	自由度	均方	F	显著性
员工创新行为	组间	2.317	3	0.772	2.039	0.110
	组内	70.082	185	0.379		
	总数	72.399	188			

基于工作年限来运用两两比较法中的 LSD 进行方差多重比较分析，检验结果如表 5-39 所示。虽然整体而言，不同工作年限的员工之间的创新行为表现无显著性差异；但细化分析却发现，以 10 年的工作年限为分界线，工作年限在 10 年以下的两组员工之间在创新行为表现上无显著性差异，工作年限在 10 年以上的两组员工之间在创新行为表现上也无显著性差异，但工作年限在 10 年以下的员

工与工作年限在 10 年以上的员工之间在创新行为表现上却存在显著性差异（$p < 0.1$），工作年限在 10 年以上的员工会表现出更多的创新行为。

表 5－39　基于工作年限的方差多重比较（LSD）分析结果

变量	(I)	(J)	均值差（I－J）	标准误	显著性
员工创新行为	5 年及以下	6～9 年	0.036	0.110	0.743
		10～19 年	-0.200^{t}	0.119	0.093
		20 年及以上	-0.273^{t}	0.164	0.098
	6～9 年	5 年及以下	−0.036	0.110	0.743
		10～19 年	-0.237^{t}	0.131	0.072
		20 年及以上	-0.309^{t}	0.173	0.075
	10～19 年	5 年及以下	0.200^{t}	0.119	0.093
		6～9 年	0.237^{t}	0.131	0.072
		20 年及以上	−0.073	0.178	0.684
	20 年及以上	5 年及以下	0.273^{t}	0.164	0.098
		6～9 年	0.309^{t}	0.173	0.075
		10～19 年	0.073	0.178	0.684

注：t 表示 $p<0.1$；*表示 $p<0.05$；**表示 $p<0.01$；***表示 $p<0.001$。

综合以上基于年龄、工作年限运用两两比较法中的 LSD 进行方差多重比较分析可以发现，随着年龄及工作年限的增加，员工的知识、创新能力、工作经验等都会增多，员工也就会有更多的创新行为表现。

（三）教育程度的影响分析

员工教育背景可能会影响到他们的价值观、内心动机、知识、专业技能与创新能力等。本书在正式问卷调研时将员工的学历分为五个等级，即①高中及以下；②大专；③本科；④硕士；⑤博士。但根据正式调研问卷数据统计结果，仅有 1 位员工的受教育程度为博士，为便于方差分析，将④⑤合并成一组，重新分成四个等级，即①高中及以下；②大专；③本科；④硕士学位以上。

基于教育程度的单因素方差分析结果如表 5－40 所示，不同学历对员工创新行为的影响无显著性差异。

表 5－40　基于教育程度的 ANOVA 分析结果

变量		平方和	自由度	均方	F	显著性
员工创新行为	组间	1.455	3	0.485	1.265	0.288
	组内	70.944	185	0.383		
	总数	72.399	188			

基于教育程度来运用两两比较法中的LSD进行方差多重比较分析，检验结果如表5－41所示。虽然整体而言，不同工作年限的员工之间的创新行为表现无显著性差异；但细化分析却发现，具有硕士及以上学历的员工会比未受过大学教育的高中及以下学历的员工有更多的创新行为（$p<0.1$）。

表 5－41　基于教育程度的方差多重比较（LSD）分析结果

变量	(I)	(J)	均值差（I－J）	标准误	显著性
员工创新行为	高中及以下	大专	－0.081	0.132	0.540
		本科	－0.152	0.141	0.281
		硕士及以上	-0.377^{t}	0.207	0.070
	大专	高中及以下	0.081	0.132	0.540
		本科	－0.071	0.105	0.498
		硕士及以上	－0.296	0.184	0.109
	本科	高中及以下	0.152	0.141	0.281
		大专	0.071	0.105	0.498
		硕士及以上	－0.225	0.190	0.238
	硕士及以上	高中及以下	0.377^{t}	0.207	0.070
		大专	0.296	0.184	0.109
		本科	0.225	0.190	0.238

注：t表示 $p<0.1$；* 表示 $p<0.05$；** 表示 $p<0.01$；*** 表示 $p<0.001$。

（四）工作职位的影响分析

员工在组织内所处的职级职位可能会影响他们对组织内各种事物的看法，也会因为他们工作能力的不同而在员工创新行为表现上也有所差异。本书将员工工作职位分成四个等级，即①一般员工；②基层管理者；③中层管理者；④高层管理者。对工作职位进行单因素方差分析，检验结果如表5－42所示。检验结果表明，不同工作职位的员工对员工创新行为的影响有显著性差异（$p<0.05$）。

表 5-42 基于工作职位的 ANOVA 分析结果

变量		平方和	自由度	均方	F	显著性
员工创新行为	组间	3.964	3	1.321	3.572	0.015
	组内	68.435	185	0.370		
	总数	72.399	188			

基于工作职位来运用两两比较法中的LSD进行方差多重比较分析，检验结果如表5-43所示。细化分析时会发现，高层管理者与中层管理者对员工创新行为的影响无显著性差异，一般员工与基层管理者对员工创新行为的影响也无显著性差异；但中、高层管理者与基层管理或一般员工之间在员工创新行为表现上却存在显著性差异，即高层管理者、中层管理者与一般员工之间在创新行为表现上的差异显著性都是 $p<0.1$，高层管理者、中层管理者与基层管理者之间在员工创新行为表现上的差异显著性分别为 $p<0.05$ 与 $p<0.01$。也就是说，与高层管理者相比，中层管理者与基层管理者对员工创新行为影响差异的显著性会更大些。

表 5-43 基于工作职位的方差多重比较（LSD）分析结果

变量	(I)	(J)	均值差（I-J）	标准误	显著性
员工创新行为	一般员工	基层管理者	0.144	0.104	0.168
		中层管理者	-0.206^{t}	0.121	0.090
		高层管理者	-0.344^{t}	0.195	0.079
	基层管理者	一般员工	-0.144	0.104	0.168
		中层管理者	-0.350**	0.129	0.007
		高层管理者	-0.488*	0.200	0.016
	中层管理者	一般员工	0.206^{t}	0.121	0.090
		基层管理者	0.350**	0.129	0.007
		高层管理者	-0.138	0.210	0.512
员工创新行为	高层管理者	一般员工	0.344^{t}	0.195	0.079
		基层管理者	0.488*	0.200	0.016
		中层管理者	0.138	0.210	0.512

注：t 表示 $p<0.1$；* 表示 $p<0.05$；** 表示 $p<0.01$；*** 表示 $p<0.001$。

综上所述，根据单因素方差分析结果可知，员工创新行为表现在不同年龄、职位职级上有显著性差异（$p<0.05$）；而在员工的性别、教育程度、工作年限、工作部门等人口变量上却无显著性差异，但运用LSD多重比较法来细化比较分析

两两之间关系时，却发现特定群体之间在创新行为表现上存在一定显著性差异。

九、本章小结

本章主要关注研究假设的实证检验，首先采用信度分析法、验证性因子分析法对量表的信度与效度进行了检验，其次运用相关分析、回归分析、结构方程模型对变量之间的假设关系进行了验证，最后检验并比较了不同人口学变量对员工创新行为影响上的差异性。

第六章　研究结论与展望

本章将对整个研究进行概括与总结，包括评价研究所确定的目标的完成情况，并提出经实证分析所检验的重要发现及结论；说明的主要创新点与管理对策建议；针对研究过程中的不足进行必要的说明，并明确今后进一步研究的努力方向。

一、研究的主要结论

以自主创新为核心要求的各种方式的创新，成为各类组织尤其是企业组织，为适应国内外环境的不断变化而采取的重要举措。创新包括采纳一种新思想、开发一种新产品、开拓一个新市场、推选一项新服务、推出原发性新技术、实施一项新式的管理手段等。

在企业深入调查研究的结果显示，在企业管理实践中，企业要实施创新，关键在于需要人去实施创新。创新是一项异常艰苦且又非常复杂的风险行为，常常会受到多种外在因素的影响或干扰，再经过复杂的员工内心心理或情绪活动后，或放弃或继续坚持创新直到创新成功。在企业员工日常工作中，领导常常扮演着举足轻重的重要角色，领导者是员工每天必须要经历的最有效、最权威的工作环境上的影响因素，时刻影响着员工的动机、心理、情绪及行为。所以，在影响企业员工创新的诸多因素中，领导是关键因素。领导自身却也是复杂的，领导者常常表现出不同特质或不同行为方式。在企业组织中，领导者各种各样的领导方式都有可能影响员工创新行为表现。不同的领导行为会产生不同后果的员工创新行为表现，领导行为和员工创新行为之间存在错综复杂的影响关系。因此，对这种错综复杂的影响关系，做些深入的研究或探讨，就显得非常有必要。

在文献梳理中我们发现，在理论界，领导行为影响员工态度和行为的理论研究，一直是管理学、组织行为学等理论研究的永恒性主题。领导不仅是一名企业员工，更是掌握企业前进方向的舵手，是企业创新过程中的必不可少的环节。那么，从领导行为角度，探讨并分析何种领导风格更有利于员工创新行为，领导者如何有效地激励员工创新行为，从而有效地提升员工创新绩效，提高企业组织自主创新能力，增强企业核心竞争力，就表现出理论发展方面的格外性意义。

从文献综述与管理实践来说，这三种领导风格对员工创新行为的影响属于探索性研究，而对两者之间的内在作用机制的研究更是需要实证检验。自 Burns（1978）在政治领域中首先提出变革型领导与交易型领导风格后，对变革型领导及其有效性的研究，成为国外领导理论研究界的热点领域。近年，国内也开始关注变革型领导及其有效性。但从文献分析来看，无论国外还是国内理论界，常过多关注变革型领导，而忽视对交易型领导的研究，甚至将变革型领导与交易型领导对立起来，忽略了交易型领导的影响作用。Burns（1978）在提出变革型领导与交易型领导风格的同时，也提出了道德型领导。但直到 20 世纪末至 21 世纪初，才从道德型领导基础上发展出崭新的伦理型领导。国外对伦理型领导的研究仍然不是热点，国内学界也只是以对国外伦理型领导进行文献综述居多，对伦理型领导的理论研究以及实证研究更是鲜见。因此，探索变革型领导、交易型领导、伦理型领导这三种领导风格对员工创新行为的内在影响机制，找出并深入分析两者之间关系的桥梁，既能为创新领域提供新的研究方向，同时也能为企业组织领导如何去有效地激励员工创新行为提供新的理论指导及实践创新思路。员工的创新自我效能、心理安全、知识共享等员工内心心理、情感或行为变量会影响员工创新行为，变革型领导、交易型领导、伦理型领导风格能为员工态度或行为表现创造或强化某种外在支持或影响环境，国内外学术界在这方面的研究仍处于探索阶段；而且创新自我效能、心理安全、知识共享等理论也是个比较新的研究热点，这些员工心理或行为变量对员工创新行为的直接作用或者可能在领导风格与员工创新行为之间的中介作用也都需要进一步研究。一些研究曾指出，领导成员交换在领导行为与员工行为过程中扮演着重要的角色。因此，有必要探讨领导成员交换与领导风格的交互作用是如何影响员工创新行为的。

本书根据文献研究，结合专家研究建议、企业调研与实地访谈，确立了“领导风格对员工创新行为的作用机制”的研究主题，并提出相关研究假定，构建理论分析框架。主要分析探讨领导风格（变革型领导、交易型领导、伦理型领导）如何影响员工创新行为的作用机制，并以员工的创新自我效能、心理安全、知识共享这三种因素作为中介变量，研究探讨其在领导风格与员工创新行为之间关系中所扮演的中介效果以及内在影响机制。领导成员交换可能是影响领导风格与员工创新行为的背景变量，本书通过实证数据检验它在领导风格与员工创新行为关

系之间所起到的调节效应。

书中主要采用文献理论研究和实证研究两种重要研究方法。首先，根据文献梳理确定研究主题，提出研究假设，构建理论模型；其次，通过实地企业访谈及企业员工问卷调研，进行实证研究，以 SPSS17.0 和 AMOS7.0 作为统计分析软件工具，通过相关分析、方差分析、层级回归模型和结构方程模型等分析方法检验研究假设，得出研究结论。本书的分析结论，可充实领导行为领域及员工创新行为等方面的相关理论研究，也为企业创新政策的制定者提供一定的理论指导与管理实践参考。

通过理论研究与实证数据分析，主要得出了如下研究结论：

（一）中国文化背景下变革型领导与交易型领导的维度构成

由于变革型领导与交易型领导是西方文化背景下全范围领导理论范畴的内容，这两种领导理论内涵是否适用于中国文化也还需要进一步验证。通过探索性因子分析得出，变革型领导包括四个维度，即理想化影响、感召力、智能激发、个性化关怀；交易型领导包括三个维度，即权变奖励、积极例外管理、消极例外管理。与全范围领导理论的提出者 Avolio 和 Bass（1991）构想的区别在于理想化影响维度的魅力领导归因与魅力领导行为都归集于单个维度上；也与 Avolio 等（1999）认为变革型领导包括三个维度不相一致；但与 Bass 和 Avolio（1990a、1993）认为变革型领导的四维结构，即理想化影响（领导魅力）、感召力、智能激发和个性化关怀相一致。通过正式调研数据的信效度检验，发现各变量具有较高的内部一致性，验证性因子分析也得出清晰的变革型领导四维度模型、交易型领导三维度模型，各模型拟合度也都较好。这与国内学者孙建国、田宝（2006），李超平、时勘（2003），孟慧（2004），孙建国、田宝（2006），毛忞歆（2008）等采用翻译修订 MLQ 中变革型领导量表于国内研究结果相一致，即变革型领导包括理想化影响、感召力、智能激发与个性化关怀四个独立维度；也与毛忞歆（2008）等关于交易型领导三维结构的研究结论相一致。在组织管理的实践中，真正高效的领导者常常会根据管理目的、员工需求差异而去采用差别化的领导策略。很多时候，企业管理者往往既扮演变革型领导角色，又扮演交易型领导角色，还会扮演其他领导如伦理型领导角色。所以，在国内研究变革型领导、交易型领导等领导理论并验证其量表的适用性具有一定的可行性。经过问卷调研后验证的变革型领导有清晰的四维度结构、交易型领导能有清晰的三维度结构以及与国内同行研究结论有较高程度的一致性，这在一种程度上证明了经本书多次修订后的问卷达到了较高的质量与可靠性。

（二）其他变量的维度构成及信效度的检验

在中国文化背景下，同时探讨了伦理型领导、心理安全、知识共享、创新自我效能、领导成员交换、员工创新行为，各变量量表通过了信效度检验，具有较高的信度与效度。其中，伦理型领导（Brown et al.，2002、2005）、心理安全（Edmondson，1999）在中国文化情境下表现出本土化的两维性，即伦理型领导的两个维度分别是道德个人与伦理管理，心理安全的两个维度分别是人际和谐与工作顺心，表现出概念构思及量表维度结构的文化差异性与特殊性。进一步验证了知识共享的两个维度分别是知识吸收与知识贡献，与量表的初始研究者 Van den Hooff 和 De Ridder（2004）所提出的维度结构相一致，也与赵鑫（2011）的实证研究相一致，表现出量表的文化适用性。分别验证了员工创新行为、创新自我效能、领导成员交换的单维性，这也与量表的初始研究者 Scott 和 Bruce（1994）、Tierney 和 Farmer（2002、2004）、Graen 和 Uhl - Bien（1995）所提出的概念构思相一致，表现出概念构思及量表维度结构的文化适用性。

（三）领导风格对员工创新行为的影响

变革型领导对员工创新行为有显著的正向影响作用，说明变革型领导有利于员工创新行为，对员工创新行为有比较显著的解释能力。将变革型领导四个维度分别与员工创新行为进行相关分析，结果发现：各维度与员工创新行为的相关关系存在一定差异性，即与员工创新行为相关关系中，变革型领导的各个维度与员工创新行为的正向相关关系皆达到显著性水平（$p<0.001$），个性化关怀与员工创新行为的正向相关系数最大，其次是理想化影响、感召力、智能激发。变革型领导的感召力、智能激发对企业组织内的创新而言也是非常关键的（Elkins 和 Keller，2003）。感召力与智能激发多被明确证实会与创造力呈正相关（Sosik et al.，1997）。员工创新需要有动力去不断地挑战旧思维，变革型领导可通过感召力与智能激发，鼓励员工从新视角用新方法做事，不断地推陈出新。总体上说，变革型领导在组织内激励创新思想产生，进而又因此而成为受拥护者角色（Howell & Higgins，1990）；能够有效地激励下属，而这种提升激励水平的结果又很可能会提高员工创新绩效（Mumford et al.，2002）；通过创新工作愿景的感召力、智能激发、理想化影响而使下属积极且创新性地完成超过预期的工作任务。许多实证研究也验证了变革型领导对员工创新的积极影响（Keller，1992；Waldman & Atwater，1994）。

交易型领导对员工创新行为也有显著的正向影响，这说明交易型领导有利于员工创新行为。通过实证证据检验支持，这对于持交易型领导不利于员工创新行为的观点给予了有力的反证。将交易型领导三个维度分别与员工创新行为进行相关分析，结果发现：各维度与员工创新行为的相关关系存在差异性。交易型领导与员工创新行为之间表现出复杂的关系，权变奖励、积极例外管理维度与员工创新行为之间有显著正向关系，其显著性分别为 $p<0.001$、$p<0.01$，被动例外管理与员工创新行为的相关关系为正但却未达到显著性水平。Goodwin 等（2001）认为，相比交易型领导而言，MLQ 中的权变奖励维度被验证与变革型领导更有相关性。权变奖励与“工作就是为了赚钱”的观点存在一致性。当员工们被告知，如果想去获得某种奖励就必须将工作做好，包括创新，在员工创新过程中，采用这种奖励方式也是一种策略，毕竟现阶段国内大多数企业员工对工作的需求尚处于为了满足稍低层次需求，还远未同时达到自我实现的需求或境界。同时，我国尚属于社会主义初级阶段的国情，谋生与发展仍居工作需求中的重要地位。如果领导对员工的工作不闻不问，只在问题变得严重时，再采取补救性措施或进行严厉措施，员工会被认为自己不被重视，是边缘人，失败后也会得到更糟的惩罚，那么员工虽愿意去创新或因想为获得创新奖励而去创新，但却会因为失败后的惩罚而不敢去创新；当然，如果领导对员工很信任，而员工自己也会主动地向领导汇报工作情况，由此赢得了较好的领导员工关系时可能会正向影响员工创新行为。也就是说，当领导对员工的工作经常主动过问，同时也给予资源性帮助与支持，那么员工会觉得自己能得到领导的信任、重视、支持，那么员工就会主动去创新，也就会有更多的创新行为表现（Amabile，1988；Scott & Bruce，1994）。

伦理型领导对员工创新行为也有显著的正向影响。将伦理型领导的两个维度分别与员工创新行为进行相关分析，结果发现：各维度与员工创新行为的相关关系存在差异性。伦理型领导中的伦理管理维度与员工创新行为正向相关关系最大，其相关系数为 0.495（$p<0.001$）；其次是道德个人维度，其相关系数为 0.381（$p<0.001$）。伦理型领导与员工创新行为的关系以及伦理型领导的两个维度与员工创新行为的关系都是首次得到实证证据的检验支持。伦理型领导的正直、公平、值得信赖、能尊重并积极倾听员工的心声，追求企业价值、尊重员工需求，这些都有利于员工不需要过分担心创新失败，而能安心、放心、全心地去勇于追求更高的创新工作绩效。这也进一步印证了 Shalley（2000）、赵鑫（2011）等的研究结论，员工如能得到倾听与鼓励等领导支持（Leader Support）及组织支持（Organizational Support），则会在工作中表现出更多的创新行为。Hartmann（2006）的研究结论，组织文化也可以促使员工认同所在组织支持创新的核心价值观，进而影响员工创新行为。因为，积极倾听员工心声、鼓励员工、组织文化及组织核心价值观的建立或塑造正是伦理型领导影响力的具体体现。

再以三种领导风格同时作为自变量、以员工创新行为作为因变量进行回归分析，其分析结果再次表明，三种领导风格对员工创新行为都有显著正向影响，其影响作用从大到小依次为，变革型领导（标准化系数为 0.279，$p<0.01$）、伦理型领导（标准化系数为 0.251，$p<0.01$）、交易型领导（标准化系数为 0.122，$p<0.1$）。上述研究结果都说明，伦理型领导、变革型领导、交易型领导对员工创新行为都有显著的正向影响，但伦理型领导、变革型领导对员工创新行为的影响效果更大。这在国内外研究来说，可能属于首次探讨变革型领导、伦理型领导、交易型领导对员工创新行为影响效力大小的比较。在我国目前的经济和社会发展阶段，变革型领导、伦理型领导比交易型领导更能激发员工有更多的创新行为表现。

（四）领导风格对创新自我效能、心理安全、知识共享都有显著的正向影响

通过实证数据检验，变革型领导、交易型领导、伦理型领导这三种领导风格对创新自我效能、心理安全、知识共享等均具有显著的正向影响作用。本书可能尚属首次检验了交易型领导对创新自我效能显著的正向相关关系（$p<0.001$）；首次检验了伦理型领导对创新自我效能、知识共享显著的正向相关关系（其显著性皆为 $p<0.001$）；在国内首次验证了伦理型领导对心理安全的正向显著相关关系（$p<0.001$）。领导的支持性表现为搭建创新团队、催生创新思想、激励员工敢于冒险、提升员工之间的互信度、降低组织内部沟通成本、激发员工去努力实现共享愿景（Dess & Picken，2000）。一些实证研究结论表明，领导支持对员工知识共享有显著正向影响作用（赵鑫，2011；曾萍等，2006），包括变革型领导与交易型领导（赵星，2007），领导行为及其任务导向、关系导向、变革导向维度（刘晓倩，2011）等。一些实证研究结论也表明，领导支持对员工创新自我效能有显著正向影响作用（Tierney & Farmer，2010；Mathisen，2011），包括变革型领导（Shin & Zhou，2007；Gong，2009）、授权行为（Ahearne et al.，2005）或领导授权赋能行为（耿昕，2011）等。实证研究结论认为，领导行为是员工心理安全的强有力的预测变量（Tynan，2005），会对员工心理安全产生显著正向影响作用（Edmondson，2003a），包括领导的管理风格与过程（Kahn，1990）、三种领导行为（即领导行为的适当性与可接近性、公开鼓励员工参与组织活动且能给予及时反馈、能够公开承认错误；Edmondson，2003a）等。

具体对变革型领导来说，变革型领导的理想化影响能从领导榜样示范上、从思想上促使员工不断认清组织的创新目标，降低自我认知的创新风险度，增加创新心理承受能力，并积极融入创新工作中来；智能激发能引导员工不断提出新方法来解决问题，增强创新自我效能，积极开展创新工作方面的知识共享，并能从

亲身体验到创新成果的满足感而支持创新；感召力则让员工对企业发展愿景充满信心，从而增强员工积极参与创新意愿，提高创新工作心理安全感知，进而能积极参与创新并影响其他同事参与热情；个性化关怀与指导也会让员工产生受尊重感，使员工对其领导产生更高的满意度与忠诚度，领导成员关系得到增加，心理安全感知度高，创新自我效能感也随之提升。

交易型领导则被看作是在既定系统与文化背景下发挥作用的，回避风险，更加注重时间与效能，更多控制过程而不是内容本身（Bass，1985）。交易型领导行为则是以履行既定约定义务作为基础的相互交易过程，其典型表现为设置目标、监控过程及控制产出。交易型领导理论认为，员工之所以能贡献心力，主要是能从交换中获得最大满足，其交换内容与形式不只是物质利益，也包括赞赏、尊敬、自尊、情感等心理层面上的互换。基于此，交易型领导通过权变奖励、积极例外管理来让员工感知组织支持创新，从而认识到创新工作的参与安全性，增强知识共享意愿，提高创新自我效能。

伦理型领导更因其正直、公平、积极倾听员工心声而赢得员工信赖，支持企业创新发展，勇于承担企业社会责任的价值追求等，这些都有利于员工心理安全感知、知识共享、创新自我效能，从而促进员工积极参加各种创新活动，能有更多的创新行为表现。

（五）创新自我效能、心理安全、知识共享对员工创新行为有显著的正向影响

在实证数据检验中，以创新自我效能、心理安全、知识共享同时作为自变量，以员工创新行为作为因变量进行回归分析。其分析结果表明，三个中介变量对员工创新行为的影响作用都达到正向显著性，其影响力从大到小依次为创新自我效能（标准化系数为 0.394，$p<0.001$）、知识共享（标准化系数为 0.317，$p<0.001$）、心理安全（标准化系数为 0.125，$p<0.1$）。集中探讨创新自我效能、心理安全、知识共享对员工创新行为影响效力的比较研究还不多见。学者们已鉴别出创新的前因变量，包括愿景、参与安全感、追求卓越的氛围、支持创新的标准、操作的自由性、项目管理的良好性、激励、组织资源、重视、时机、挑战与压力等（Amabile，1988；West & Farr，1990）。这些前因变量可以构成良好的组织创新氛围。正如 Scott 和 Bruce（1994）所言，组织气氛是创新方面的重要因素，员工通过感知组织内领导鼓励创新、提供创新资源等创新工作氛围，从而受到激励、受到鼓舞，进而有更多创新行为表现。组织创新气氛是在高工作强度情况下能促使员工不断提升应付机制，改进工作程序进而减少负面结果（King et al.，2007）。也就是说，组织创新氛围让员工能感知创新过程中心理安全的程度，感知同事间知识共享的可能性与共享程度高低，感知创新自我效能的意义，

进而对是否进行创新以及在多大程度上创新进行决策。

（六）领导风格对员工创新行为的影响机制：创新自我效能、心理安全、知识共享的中介作用

探讨创新自我效能、心理安全、知识共享在这三种领导风格与员工创新行为关系之间的中介作用的研究还不多见。各领导风格对员工创新行为关系的中介模型检验结果表明，变革型领导、交易型领导、伦理型领导都对创新自我效能、心理安全、知识共享有显著的正向影响（其显著性皆为 $p<0.001$）；创新自我效能、心理安全、知识共享对员工创新行为有显著的正向影响（其显著性皆为 $p<0.001$）；创新自我效能、心理安全、知识共享在领导风格与员工创新行为之间的关系中具有部分或完全中介作用。具体来说，创新自我效能、心理安全、知识共享分别在变革型领导与员工创新行为关系中起部分中介作用；创新自我效能、心理安全、知识共享分别在伦理型领导与员工创新行为关系中起部分中介作用；心理安全、知识共享分别在交易型领导与员工创新行为关系中起部分中介作用；创新自我效能在交易型领导与员工创新行为关系中起完全中介作用。

（七）领导风格对员工创新行为的影响：领导成员交换的调节作用

实证数据表明，领导成员交换对变革型领导与员工创新行为关系有显著调节作用，领导成员交换对交易型领导与员工创新行为关系有显著调节作用，领导成员交换对伦理型领导与员工创新行为关系也有显著调节作用，且其显著性也都达到了 $p<0.05$ 水平。对领导成员交换在这三种领导风格与员工创新行为关系之间调节作用的研究可能尚属首次。领导成员交换会影响员工对领导创新工作支持的感知、感知人际关系和谐程度，进而影响员工对领导行为的看法、影响员工对自己是否应该以及在多大程度上去开展创新的认知。

（八）人口学变量会在员工创新行为上表现出一定差异

年龄、职位职级等人口变量是影响员工创新行为的重要因素。人口学变量对员工创新行为的研究以定性研究居多，实证研究则相对较少。根据单因素方差分析结果可知，不同年龄、工作职位对员工创新行为的影响有显著性差异（$p<0.05$）；而员工的性别、教育程度、工作年限、工作部门等人口变量对员工创新行为的影响却无显著性差异，但运用 LSD 多重比较法来细化比较分析两两之间关系时，却发现特定群体之间在创新行为表现上也存在一定显著性差异。

二、可能的创新之处与管理对策建议

（一）可能的创新之处

自主创新已成为我国战略发展的重要方针，我国“十二五”事业发展规划（2011～2015年）更是明确规定，企业是自主创新的主体，企业要继续“坚定不移地走自主创新之路”。因此，根据相关文献理论研究及企业管理实践要求的结合，我们确立了“领导风格对员工创新行为的作用机制”的研究主题。

本书可能存在的主要创新之处有以下几个方面：

1. 伦理型领导概念应用到创新领域，并对其结构维度及影响关系进行探讨

伦理型领导是近年来逐渐开始兴起的新型领导理论，已引起学者们对伦理型领导的关注与兴趣（孙利平等，2009；莫申江、王重鸣，2010）。其概念的提出，也符合日益复杂的内外环境对领导者伦理的要求，对其企业内外社会责任的要求，需要领导者信任员工并积极赢得员工的信赖，倡导企业社会价值观与道德要求，公平公正地对待员工创新等行为。伦理型领导能对员工创新行为产生积极影响作用，但目前还未见到伦理型领导和员工创新行为之间关系的理论及实证研究。本书探讨了伦理型领导对员工创新行为的影响作用，并进一步探讨两者之间的内在作用机制；而且对比分析伦理型领导与变革型领导、交易型领导对员工创新行为影响效力的大小。这不仅可丰富创新领域的研究，也对领导行为理论研究起到一定的拓展性作用。

在中国文化情境下，首次探讨出伦理型领导清晰的本土化的二维结构，即道德个人与伦理管理，这与西方文化背景下该量表中的道德个人与伦理管理合二为一的单维结构（Brown et al.，2002、2005）存在差异，显示出中国情境下伦理型领导的文化特殊性。探索性因子分析与验证性因子分析结果都表明，伦理型领导显示出良好的信度与效度。伦理型领导量表各维度的信度分别为0.736（道德个人）、0.848（伦理管理），总量表信度则为0.86。

本书还验证了伦理型领导对员工创新行为、心理安全、知识共享、创新自我效能具有显著的正向直接影响。本书可能尚属首次检验了伦理型领导与创新自我效能的关系；首次检验了伦理型领导与员工创新行为、创新自我效能、知识共享的关系；在国内首次验证了伦理型领导与心理安全的关系，其结论与Walumbwa和Schaubroeck（2009）在国外情境下实证研究伦理型领导对工作组织心理安全

具有显著正向影响作用的结论比较相一致。

从国内外研究来说，可能属于首次集中探讨变革型领导、伦理型领导、交易型领导对员工创新行为影响效力大小的比较。主要以变革型领导、伦理型领导、交易型领导三种领导风格同时作为自变量，以员工创新行为作为因变量进行回归分析。其分析结果再次表明，三种领导风格对员工创新行为都有显著正向影响，其影响作用从大到小依次为变革型领导（标准化系数为 0.279，$p<0.01$）、伦理型领导（标准化系数为 0.251，$p<0.01$）、交易型领导（标准化系数为 0.122，$p<0.1$）。上述研究结果都说明，变革型领导、伦理型领导、交易型领导对员工创新行为都有显著的正向影响，但变革型领导、伦理型领导对员工创新行为的影响效果更大。

在我国目前的经济和社会发展阶段的背景下，与交易型领导相比，伦理型领导与变革型领导一样，都更能够激发员工的创新行为，促进员工努力提高创新工作绩效。Rooplekha 和 Damodar（2004）的研究显示，在伦理型领导下，很少有员工操纵、绩效欺骗与资金浪费等现象；伦理型领导能提高员工工作绩效、工作参与度、情感承诺。Brown 等（2005）研究发现，伦理型领导之公平、诚实、可信赖、关爱他人与社会行为，能够预测员工的满意度、员工效能感、额外工作努力和投入、主动报告问题及提供建议等。伦理型领导也与对领导者的信任呈显著正相关。Walumbwa 和 Schaubroeck（2009）对美国金融机构中的 894 位员工及其 222 位直接管理者所报告的自我感知数据进行实证分析，其研究结论表明，伦理型领导是促进员工进谏行为的一个重要因素，这也验证了 Brown 等（2005）有关伦理型领导和员工主动性行为显著相关的重要结论。信任领导与赢得领导信任、工作参与度、员工主动性行为、员工效能感、额外工作努力和投入、主动报告问题及提供建议等都属于领导大力支持下的员工创新活动中的必然性行为表现，因为创新本来就属于高风险性的活动，创新也可以说是员工的主动性行为，更属于员工的组织公民行为，这就将伦理型领导的行为表现与员工创新行为联系起来。创新更多的属于组织正式工作之外的主动行为表现，只有当员工感觉到领导的可信、支持，员工才愿意也才敢于有更多的创新行为表现。所以说，本书从实证角度对伦理型领导促进员工创新行为理论假设所进行的验证是有效的。

2. 创新领域研究的几个新视角

通过对创新相关领域大量文献的阅读与梳理，选取了员工的心理安全（情绪因素）、知识共享（意愿及行为倾向因素）、创新自我效能（认知因素）三种研究视角作为中介变量。心理安全、知识共享、创新自我效能也是新兴的研究热点，有关这三种视角的理论研究虽有一些，但缺乏实证性研究加以证实。而国内领导理论与员工创新等相关领域的研究更不多见。本书将以这三种因素作为研究视角，探讨并实证性分析其在领导风格与员工创新行为之间关系中所扮演的中介效果，以进一步揭示出领导风格对员工创新行为作用机制中的“黑箱”。

在中国文化情境下，探讨出心理安全清晰的本土化的二维结构，即人际和谐与工作顺心，这与西方文化背景中该量表的一维结构（Edmondson，1999）存在差别，显示出中国情境下心理安全的文化特殊性。探索性因子分析与验证性因子分析结果表明，心理安全显示出良好的信度与效度。心理安全量表各维度的信度分别为0.805（人际和谐）、0.746（工作顺心），总量表信度则为0.838。

本实证研究结论，可能是首次揭示心理安全、创新自我效能、知识共享分别在领导风格（变革型领导、交易型领导、伦理型领导）与员工创新行为之间关系中具有显著的中介作用。关于变革型领导与员工创新行为的关系，国内外学者虽有研究，但其结论却存在较大分歧，即大部分学者认为变革型领导对员工创新行为有正向的促进作用，但仍有一部分学者对此作用提出质疑，认为只有部分维度有正向影响、部分维度对员工创新行为无任何影响。因此，需要尝试找出合适的中介变量以解释这些理论分歧。而且，交易型领导能否促进员工创新的理论分歧更大；伦理型领导对员工创新行为作用机制的研究更属于空白点。而以心理安全、创新自我效能、知识共享作为中介变量来研究变革型领导、交易型领导、伦理型领导与员工创新行为关系的理论分析与实证研究成果尚不多见。本书引入心理安全、创新自我效能、知识共享作为中介变量，试图探讨变革型领导、交易型领导、伦理型领导对员工创新行为的内在影响机制。心理安全在变革型领导与员工创新行为的关系中起部分中介作用；在伦理型领导与员工创新行为的关系中起部分中介作用；心理安全在交易型领导与员工创新行为的关系中起部分中介作用，但此时直接作用的显著性却下降为 $p<0.01$。这一发现有助于从理论上揭示变革型领导、交易型领导、伦理型领导对员工创新行为作用机理中的心理安全中介机制。与此同时，经过实证数据检验，本书还认为，创新自我效能、知识共享也都在领导风格（即变革型领导、伦理型领导、交易型领导）与员工创新行为之间也起着部分或完全的中介作用。具体而言，创新自我效能、知识共享分别在变革型领导与员工创新行为关系中起部分中介作用；创新自我效能、知识共享分别在伦理型领导与员工创新行为关系中起部分中介作用；知识共享、创新自我效能分别在交易型领导与员工创新行为关系中起部分中介作用、完全中介作用，其中交易型领导对创新自我效能有显著正向影响（$p<0.001$）。探讨创新自我效能、心理安全、知识共享在这三种领导风格与员工创新行为关系之间的中介作用的研究可能还不多见；可能也是首次检验了交易型领导与创新自我效能的直接影响关系。

本书还进一步检验了创新自我效能、心理安全与知识共享三者之间的关系。

探讨创新自我效能与知识共享之间关系的研究还不多见，探讨创新自我效能与心理安全关系，以及心理安全在创新自我效能与知识共享关系上的中介作用的研究更可能尚属首次。经过实证数据检验认为，创新自我效能、心理安全与知识共享这三者之间的关系为，创新自我效能对心理安全、知识共享具有显著的正向影响，其显著性分别为 $p<0.001$、$p<0.01$；心理安全对知识共享有显著的正向影响（$p<0.01$）；心理安全在创新自我效能与知识共享关系之间起着中介作用。

集中探讨创新自我效能、心理安全、知识共享对员工创新行为影响效力的比较研究也还不多见。为进一步了解并检验员工的心理安全、创新自我效能、知识共享对员工创新行为的预测力的大小比较，将心理安全、创新自我效能、知识共享（三者皆作为自变量）同时纳入对员工创新行为（作为因变量）有显著预测力的回归分析模型中，其总体的方差解释量为52.4%。经过实证数据检验认为，创新自我效能、知识共享与心理安全对员工创新行为有显著正向影响，创新自我效能、知识共享、心理安全对员工创新行为的标准化回归系数（按系数大小排列）分别为0.394（$p<0.001$）、0.317（$p<0.001$）、0.125（$p<0.1$）。这表明心理安全、创新自我效能、知识共享会各自直接正向影响员工创新行为，且达到一定的显著性，这与 Edmondson（1999、2002a、2003a），耿昕（2011），顾远东、彭纪生（2011），赵鑫（2011）等的研究结论相一致；但与心理安全相比较而言，创新自我效能与知识共享对员工创新行为的影响力更强些。

Ekvall 和 Ryhammar（1999）曾提出，领导者能通过营造组织创新气氛进而影响员工创新行为，所以说组织创新气氛在领导风格与员工创新行为关系中会有部分中介作用也是与理论假设相一致的，也符合管理实践。Bernacki（2001）指出，组织创新气氛有利于员工创新。组织创新气氛能在高工作强度情况下促使员工不断提升应付机制、改进工作程序进而减少负面结果（King et al.，2007）。组织创新氛围是在领导的直接影响下逐渐形成的，组织创新氛围让员工能感知领导的支持，进而感知创新过程中的心理安全程度、感知同事间知识共享的可能性与共享程度之高低、感知创新自我效能的意义，进而对是否进行创新进行决策。心理安全、创新自我效能、知识共享正是组织创新氛围的重要内容或者是感知到组织创新氛围后的心理状态或行为状态。也就是说，变革型领导一方面可通过智能激发、感召力等维度来直接影响员工创新行为；另一方面也会通过积极促进或营造组织创新氛围、增强员工心理安全感知、增强创新自我效能及知识共享而间接影响员工创新行为。交易型领导虽然可能在领导有效性方面不如变革型领导，但是在当前国内经济社会发展现实情况下，交易型领导对员工创新行为仍会有较大影响。交易型领导能通过权变奖励、积极例外管理而对组织创新气氛及员工创新行为有显著正向影响，即一方面通过让员工感知组织创新氛围，进而增强员工心

理安全感知、增强创新自我效能及知识共享而来间接影响员工创新行为；另一方面又通过增强员工对创新目的、绩效、奖励等的认知来直接促进员工有更多的创新行为表现。伦理型领导的道德个人与伦理管理两个维度一方面让员工放心大胆地去创新；另一方面也让员工有良好的心理状态，即有高的心理安全感知、将创新作为价值追求而提高创新自我效能及因为参与创新而主动去共享更多的知识，从而使得创新自我效能、心理安全、知识共享在伦理型领导与员工创新行为之间起到部分中介作用。

3. 揭示了领导风格需要与领导成员交换形成动态匹配

传统研究者关于变革型领导、交易型领导对员工创新行为影响方面的研究，所得到的研究结果或含混或有分歧。之所以会造成这样的结果，首先，因为有的研究者可能是站在规范性视角来看待变革型领导、交易型领导，有的研究者却站在描述性视角来看待变革型领导、交易型领导；其次，还有些研究者则是孤立地考虑变革型领导、交易型领导对员工创新行为的影响，而没考虑变革型领导、交易型领导的作用可能会因为领导成员交换关系的不同而有所不同，也就是说，他们大多仅仅考虑了变革型领导、交易型领导这两种领导风格对于员工创新行为的直接效应，而没有考虑领导成员交换的调节作用。

通过建立分层回归数理模型，探索领导成员交换（LMX）在变革型领导或交易型领导或伦理型领导与员工创新行为关系之间的调节作用。实证数据表明，领导成员交换对变革型领导与员工创新行为关系有显著调节作用，领导成员交换对交易型领导与员工创新行为关系有显著调节作用，领导成员交换对伦理型领导与员工创新行为关系也有显著调节作用；按调节作用的回归系数大小排列，分别为变革型领导（0.140，$p<0.05$）、伦理型领导（0.139，$p<0.05$）、交易型领导（0.135，$p<0.05$）。这也印证了关于LMX与员工创新行为关系的实证研究结论，即当领导与成员建立较高质量的关系时，会更能激发员工高水平的创新绩效（Amabile，1988；Scott & Bruce，1994；Basu & Green，1997；Tierney et al.，1999；孙锐，2008）。也就是说，LMX会影响员工对领导创新工作支持的感知、感知人际关系和谐程度，进而影响员工对领导未来行为的看法、影响员工对自己是否应该以及多大程度上去开展创新的认知。这样的结果则再次提示，企业创新管理需要根据LMX关系来协调行使这三种领导风格，使这三种领导风格能与LMX形成动态匹配，进而促进员工创新行为。研究LMX在这三种领导风格与员工创新行为关系之间调节作用的研究可能尚属首次。

（二）管理对策建议

在实证分析基础上，本书探讨了领导风格、创新自我效能、心理安全、知识共享、领导成员交换、员工创新行为等变量之间的内在有机联系，得出了有一定意义的研究结论，这对企业组织管理水平的提升会有一定的帮助。具体到企业组织的管理方面，有如下管理对策建议：

1. 企业领导者应权变使用变革型领导、交易型领导、伦理型领导风格

在组织管理的实践中，真正高效的领导者常常会根据管理目的、员工需求的不同而采用差别化的领导策略。在很多时候，企业组织的管理者往往既扮演变革型领导角色，又扮演交易型领导角色，也会扮演伦理型领导等角色。已有研究表明，混合型领导（变革型领导与交易型领导）远比单独式的交易型领导方式有效得多（Avolio et al.，1999；Avolio，1999）。本书通过相关分析发现，伦理型领导与变革型领导、交易型领导三者之间存在比较显著的正向相关性（$p<0.001$）；这三种领导风格及子维度（除被动例外管理维度外）也都与员工创新行为存在显著的正向相关关系；这三种领导风格都会对员工创新行为产生显著的正向影响作用，相对交易型领导而言，伦理型领导与变革型领导对员工创新行为会表现出更显著的影响力，且伦理型领导与变革型领导的领导有效性相当。这三种领导风格的领导有效性各有千秋，在组织实际运作过程中，为提升员工的创新能力，同一位领导者需要根据员工特征、组织情境及时间节点，有选择性地采用伦理型领导、变革型领导或交易型领导方式，只是作用方向存在差异，或者说是侧重点有所不同。

早在20世纪80年代开始，一些研究已证实变革型领导会比交易型领导在产生员工额外努力、承诺及满足感方面更有效；与此同时，建设性交易型领导或权变奖励也会在大多数情况下表现出相当的效力（Avolio & Bass，2002）。有些研究表明，领导者或管理者能通过实施变革型领导风格去提升管理能力（Dvir et al.，2002；Kirkbride，2006）。变革型领导和交易型领导风格会适应于不同组织情境中，管理者要对不同领导风格的优势及劣势加以细致分析，变革型领导并非万能的，可能会在某些特殊组织文化或目标下并不适合（Khanin，2007）。有研究表明，变革型领导可能在某些方面会达不到特殊领导的需求，如在公共服务组织（Currie & Lockett，2007）或某些公司管理方面上（Waldlnan et al.，2006）。Woods（2007）认为，应综合利用变革型领导与交易型领导，这将会对组织的动态发展及提升组织竞争优势产生巨大作用。我国正处于市场经济快速发展阶段，国内外竞争异常激烈，尽管有些高层或中层领导因为缺乏可支配性资源而更多地采用愿景激励、理想化影响等手段，但此情此景中的一些企业员工可能也需要更明确且清晰的工作目标及绩效回报。此时，交易型领导的作用就可以充分地体现出来，通过绩效奖励的承诺与有效的交易性互动来满足员工的现实性需求，以此来激励员工愿意去创新，最终为企业在内外部危机重压下实现持续性创新发展奠

定基础。同时，在高绩效压力下，员工可能会担心因为创新失败而丧失既得利益，同事间也可能会在协同创新过程中存在不和谐的现象，但由于伦理型领导的公平、公正、可信赖性，注重从关注企业内部员工的发展来体现其勇于承担社会责任，积极倡导正面的社会伦理道德价值追求，这样就在伦理型领导引导下，员工之间会出现和谐的人际关系，促进员工有较高的心理安全感知，并通过积极的知识共享而不断提高创新技能及创新自我效能或信心，进而增强员工创新能力并获得更高的创新绩效。

也就是说，企业管理者应根据企业组织的具体情况、员工的具体情况来权变使用变革型领导、交易型领导、伦理型领导风格，以切实提高其领导有效性。如为了能更有效地、更有针对性地提高员工创新能力，促进员工有更多的创新行为表现，企业管理层应采取这三种领导风格中的多种做法：领导应更多地鼓励其员工积极地参与创新决策中来，激励员工主动且有效地勇于提出自己的创新性想法或意见；在做决策时，注意倾听员工的心声，给每位员工有表达建议的机会，对于员工所提出来的好建议、好想法应加以采纳并积极地运用于企业创新发展决策中去；领导应帮助员工认识其创新方面所存在的不足之处，鼓励员工之间加强知识、技能等方面的信息交流，提高知识共享度，使员工因知识或技术的丰富而能提高自信心与创新自我效能，进而提高创新能力；对员工在工作中所实施的组织公民行为，即提供额外工作上的创新努力或帮助，无论是对组织的帮助还是对同事在知识共享、提高技术方面的帮助，都应及时地对其出色表现给予表扬等，以起到良好的典型示范效应，鼓励员工更多地加强人际互信，提高人际关系质量，提高心理安全感知。本书结论可为企业选择能有效促进员工创新行为的领导风格，提供具有较高价值的可行性管理建议或对策。

2. 为企业组织选拔创新性人才提供一定参考

人具有主观能动性，人的内心信念尤其是创新自我效能会激励员工积极表现自我，不惧怕创新过程中的一次次失败，能不断挑战前进过程中的“拦路虎”，勇于且善于胜利。Bandura（1977）认为，人是行动的动因，自我效能正是行动能力的信念，它引导个体思想及行为方式。自我效能是个体能动性的基础，不仅能直接影响个体适应与变化，还能通过认知、情感激发、动机、生理唤醒等方式进一步调节个体思想变化及行动选择。Bandura（1997）进一步指出，自我效能是个体对自己勇于承担任务且具有获得预期结果的能力的信心。从中可以看出，自我效能强调主观认定个体自身能力，而不对技能、行为进行客观衡量。Bandura（2007）进一步强调，自我效能是个体能力的信念，而非能力本身，通过信念进一步影响任务的选择、实施、实现等整个过程中的努力程度；尤其是在竞争或压力状态下，自我效能信念越强就越能激励个体不断调整自我、不断坚持，而不是怀疑、否认自身能力，更不是放弃任务或拒绝未来的类似任务。创新自我效能强调“个体对于自身可取得预期创新成果的能力的信念”（Tierney & Farmer，2002），既指能产生创新性思维方法的信念，也指可获取预期创新成果的信念。创新自我效能特指个体对创新领域自我能力的自信程度（Chen et al.，2001）。正是基于这些观点，本书将创新自我效能纳入领导风格与员工创新行为之间关系的研究中，进一步揭示领导风格影响员工创新行为作用机理的“黑箱”。

我们通过问卷调研等实证分析发现，创新自我效能不仅直接影响员工创新行为，而且影响员工心理安全、知识共享，而心理安全、知识共享正是员工创新行为的前因变量。还发现创新自我效能在变革型领导、伦理型领导与员工创新行为关系中起着部分中介效应，创新自我效能在交易型领导与员工创新行为关系中起着完全中介效应。高创新自我效能是激发员工创新行为的关键因素，如果员工对自身创新能力有了较强的自信时就会投入更多精力与热情到创新工作中去，从而为企业贡献出更大的创新绩效。在今后企业管理实践中，企业组织领导者尤其是高新技术企业领导者，应更多地选拔那些创新意识强、业务素质好、对自我创新能力有较强自信心的员工。

3. 企业领导者应该更多地关注员工的内在动机或情绪状态

促使领导者更加关注员工创新方面的心理安全状况、创新自我效能程度、知识共享意愿。本书实证检验知识共享、心理安全、创新自我效能在不同领导风格与员工创新行为关系之间的中介作用，将有助于建议领导者努力将更多精力投入到组织氛围营造上，努力提高员工创新行为方面的心理安全感知、提高其创新自我效能、增加其知识共享意愿，让员工切实感知付出额外的、有创新风险的努力和为组织承担责任是安全的、是值得肯定与表扬的，从而激发员工的创新热情和资源性投入，不断提高员工创新能力与创新绩效。

本书通过实证分析，进一步得出心理安全感知对员工创新行为有正向的显著性影响，而且心理安全在变革型领导、伦理型领导、交易型领导与员工创新行为关系之间中起着中介效应。员工的知识共享、心理安全、创新自我效能之间也会相互影响，进而影响企业内员工的创新行为表现。同时，实证检验支持领导成员交换会在变革型领导、伦理型领导、交易型领导与员工创新行为关系之间产生调节效应，进一步揭示出领导风格需要与领导成员交换形成动态匹配，从而创造出更加和谐的领导成员关系，增加领导有效性，提升员工心理安全感知，增加员工创新动力。

因此，企业领导者应积极加强与员工互动，采取一系列能有利于员工体验积极情绪等正能量方面的措施与行为，加强同事间互信，促进人际关系和谐，注意倾听员工的心声，在创新决策过程中注重事先与员工加强沟通，以避免一些可能

容易使员工产生消极情绪的措施或行为，从而努力保持良好的人际关系（包括领导成员关系、同事之间关系等）和工作状态。处于积极情绪状态的员工，其心理安全感知会更高、其创新工作热情会更高、创新过程中的创新思维会更加灵活、反应也会更加敏锐，更愿意对创新方面的复杂事物进行认知，从而在企业创新活动中有更多的创新行为表现。

4. 为企事业组织选拔与任用领导干部提供实践指导

本书实证检验了何种领导风格会更有利于员工创新行为。数据分析结果表明，这三种领导风格对员工创新行为都有显著的正向影响，其影响作用从大到小依次为变革型领导（标准化系数为0.279，$p<0.01$）、伦理型领导（标准化系数为0.251，$p<0.01$）、交易型领导（标准化系数为0.122，$p<0.1$）。结果表明，变革型领导、伦理型领导、交易型领导对员工创新行为都有显著的正向影响，但变革型领导、伦理型领导对员工创新行为的影响效果更大。还探讨了变革型领导、交易型领导、伦理型领导各维度与员工创新行为的相关性（见表5-12），三个领导风格之子维度与员工创新行为相关关系强弱依次为个性化关怀（相关系数为0.497，$p<0.001$）、伦理管理（相关系数为0.495，$p<0.001$）、理想化影响（相关系数为0.461，$p<0.001$）、权变奖励（相关系数为0.420，$p<0.001$）、道德个人（相关系数为0.381，$p<0.001$）、感召力（相关系数为0.374，$p<0.001$）、智能激发（相关系数为0.328，$p<0.001$）、积极例外管理（相关系数为0.214，$p<0.01$）、被动例外管理（相关系数为0.038，不具有显著性）。基于本书所证实的变革型领导、交易型领导、伦理型领导对员工创新行为的影响关系，在企事业组织的人力资源开发和管理实践中，就可以有针对性地选拔、任用和培养适用不同级别与部门或工作岗位的领导类型，从而能更有效地激发员工创新行为，不断提升基于技术创新、服务创新与管理创新的企业核心竞争力，更好地实现企事业组织的现实目标和未来中长期发展愿景。

三、研究的不足及未来研究方向

由于资源及时间有限，本书还存在着一些不足以及未来需要进一步完善的地方。

第一，从组织样本上看，调研所涉及的企业组织来源较广，但样本量不大，以致不能去分析不同地区、不同行业、不同企业性质等因素对研究主题的影响，这有可能会降低研究的代表性。不同地区环境变化可能会有差异，不同行业间的竞争水平也不尽相同，研究过程中未能对这些环境因素进行全盘控制，这就有可能会对研究结果产生一定程度上的影响或偏差。在中国现阶段，不同地区存在发展水平差异，不同企业因性质不同也存在差异，不同行业在创新需求程度上也可能会表现出一定的差异，这些差异会影响领导风格、员工创新行为、员工心理状态等，这些情况都值得深入研究。至于是否会影响、如何影响、影响程度又怎样等，也需要更多实证数据去检验。

第二，从研究方法上看，由于未采取配对方法进行问卷调研，所有问卷数据都来自员工本人所填写的调研问卷，有可能会存在共同方法偏差（Common Method Bias）问题。虽然已通过验证性因子分析方法验证了各变量的信度与效度，可能存在的共同方法偏差并不会显著地影响研究效度，但是，未来研究仍然有必要采用配对研究方法，同时辅以客观数据，尽量去通过程序控制以减少共同方法偏差所可能对研究结果带来的影响。

第三，从研究内容上看，伦理型领导、心理安全的结构还需要进一步的验证，包括采用更多不同组织性质的被试样本。研究中还可进一步深入探讨其他更多的变量与员工创新行为之间的关系，以进一步增强对员工创新行为的解释力等。

第四，从数据的时间序列上看，由于是横断面上的研究，主要考察在某一特定时间节点上领导风格与员工创新行为之间的关联性。但需要指出的是，领导风格、员工创新行为、心理安全、创新自我效能、知识共享等也都会随着时间推移，不断地发生动态变化；同时，创新也存在阶段性，员工在创新不同阶段的创新行为表现程度或方式也会有所变化，未来研究中可区分在不同创新阶段上的员工创新行为表现差异；另外，领导成员交换关系也处在一个动态性的演变过程中，这种动态性及其可能对员工创新行为表现造成的影响作用在本书中暂时无法考察，还有待在未来研究中去做更加深入细致的探讨。

附录 《领导风格与员工创新行为》学术性调研问卷

尊敬的女士/先生：

您好！

非常感谢您在百忙之中填答本问卷。这是一项有关领导风格与员工创新行为方面的纯学术性研究！您所提供的信息资料对于我们的研究十分重要！

问卷填写导读：①本问卷不需署名，您的答案仅用于整体性统计分析，并不作个案研究，不会涉及您的隐私及贵单位商业机密，更不会对您的生活和工作造成任何不利影响。我们会妥善保管问卷，并承诺保密。②问卷答案无对错之分，请您不必花过多的时间去思考，只需迅速、如实填答，尽量表达您的真实想法。③请逐项填答。因无法对答题不全的问卷进行统计分析，故恳请您不要遗漏任一题。每题只选一个答案。如果某题所描述的情况与您或单位的实际情况不符，也请您挑选最接近的一个答案。

填完后，请尽快返还给问卷发放人。

再次感谢您对我们研究工作的大力支持！

衷心祝愿您工作顺利、生活幸福！

江西财经大学工商管理学院课题组

201×年×月

第一部分：领导行为表现（说明：请您根据对自己的一位直接领导的了解，在最符合实际情况的数字上打“√”。）		不符合	较不符合	不确定	比较符合	符合
A1	能与自己的直接领导一起共事而让我感到自豪	①	②	③	④	⑤
A2	领导强调集体利益高于个人利益	①	②	③	④	⑤

续表

第一部分：领导行为表现（说明：请您根据对自己的一位直接领导的了解，在最符合实际情况的数字上打“√”。）		不符合	较不符合	不确定	比较符合	符合
A3	领导的处事方式赢得了下属的尊敬	①	②	③	④	⑤
A4	领导强调有集体使命感的重要性	①	②	③	④	⑤
A5	领导谈论他们最重要的价值观和信念	①	②	③	④	⑤
A6	领导强调对目标有坚定信念的重要性	①	②	③	④	⑤
A7	领导做决策时考虑到职业道德方面的后果	①	②	③	④	⑤
A8	领导显示出权力和自信	①	②	③	④	⑤
A9	领导乐观地谈论未来	①	②	③	④	⑤
A10	领导满腔热情地谈论需要去实现的理想目标	①	②	③	④	⑤
A11	领导对实现目标信心十足	①	②	③	④	⑤
A12	领导给大家描绘出鼓舞人心的未来前景	①	②	③	④	⑤
A13	领导对原有的问题解决方式进行重新检验，以分析它们是否合适	①	②	③	④	⑤
A14	领导在解决问题的时候考虑不同的观点	①	②	③	④	⑤
A15	领导建议从很多不同的角度看问题	①	②	③	④	⑤
A16	领导建议用新的方法来考虑如何完成任务	①	②	③	④	⑤
A17	领导花时间传授和辅导下属	①	②	③	④	⑤
A18	领导对下属有个性化的关注	①	②	③	④	⑤
A19	领导认为每位下属都有着与众不同的需求、能力和志向	①	②	③	④	⑤
A20	领导帮助下属进一步提升个人的优势与实力	①	②	③	④	⑤

续表

第一部分：领导行为表现（说明：请您根据对自己的一位直接领导的了解，在最符合实际情况的数字上打“√”。）		不符合	较不符合	不确定	比较符合	符合
A21	领导向下属提供帮助以获得下属的努力	①	②	③	④	⑤
A22	领导以特定的形式协商由谁来负责完成任务目标	①	②	③	④	⑤
A23	领导清楚地描述当任务目标达到时个人能期望得到什么	①	②	③	④	⑤
A24	当下属达到预期目标时，领导对其工作表示肯定	①	②	③	④	⑤
A25	领导将注意力集中在违规、失误、例外、偏差等异常情况上	①	②	③	④	⑤
A26	领导集中他（她）的大部分精力去处理失误、抱怨和失败行为	①	②	③	④	⑤
A27	领导全程了解下属工作中的差错并采取纠正措施	①	②	③	④	⑤
A28	领导为符合标准而引导下属将其注意力放在错误上	①	②	③	④	⑤
A29	领导直到问题变得严重时才进行干预	①	②	③	④	⑤
A30	领导等事情出错了再采取措施	①	②	③	④	⑤
A31	领导坚持“如果工作不出差错就不用过问”的信念	①	②	③	④	⑤
A32	领导是一位不值得大家去信赖的人	①	②	③	④	⑤
B1	领导尊重员工，能注意倾听下属的心声	①	②	③	④	⑤
B2	领导惩戒违反企业伦理与道德规范的下属	①	②	③	④	⑤
B3	领导以符合伦理道德的方式引导自己的个人生活	①	②	③	④	⑤

续表

第一部分：领导行为表现（说明：请您根据对自己的一位直接领导的了解，在最符合实际情况的数字上打“√”。）		不符合	较不符合	不确定	比较符合	符合
B4	领导将下属的切身利益放在心上	①	②	③	④	⑤
B5	领导做出公平且平衡的决策	①	②	③	④	⑤
B6	领导能够被信任	①	②	③	④	⑤
B7	领导和下属讨论企业伦理道德或价值观问题	①	②	③	④	⑤
B8	领导按伦理道德的要求树立榜样，告诉下属做事情的正确方式是怎样的	①	②	③	④	⑤
B9	领导不仅用结果而且用取得结果的方式来阐释成功	①	②	③	④	⑤
B10	领导做决策时，寻问“决策是否符合道德规范和社会责任要求？”	①	②	③	④	⑤
C1	我与领导建立了有效的工作关系	①	②	③	④	⑤
C2	领导了解我在工作中遇到的问题和需要	①	②	③	④	⑤
C3	领导认识到我的潜力	①	②	③	④	⑤
C4	领导运用其权力来帮我解决工作上的问题	①	②	③	④	⑤
C5	领导在其职权范围内来帮我摆脱困境	①	②	③	④	⑤
C6	我对领导的决策有信心，当他（她）不在场时，我为其决策进行辩护和解释	①	②	③	④	⑤
C7	我通常知道领导对我所做事情的满意程度	①	②	③	④	⑤

续表

第二部分：员工行为表现（说明：请您根据自己的真实感受或自身情况，在最符合实际情况的数字上打“√”。）		不符合	较不符合	不确定	比较符合	符合
D1	在本单位，人们宽容失败，提倡“失败是成功之母”	①	②	③	④	⑤
D2	在本单位，人们可以容忍或接受他人的不同观点	①	②	③	④	⑤
D3	在本单位，人们愿意就彼此的问题和异议展开讨论	①	②	③	④	⑤
D4	在本单位，人们容易讲出心中所想的	①	②	③	④	⑤
D5	在本单位，人们容易得到他人的帮助	①	②	③	④	⑤
D6	在本单位，没有人故意暗中破坏我的努力成果	①	②	③	④	⑤
D7	在本单位，我的特长与才干得到重视和施展	①	②	③	④	⑤
E1	工作中，我觉得自己擅长于提出新的点子或想法	①	②	③	④	⑤
E2	工作中，我自信我有能力创新性地解决问题	①	②	③	④	⑤
E3	工作中，我有能力从他人的点子中进一步发展出新的想法	①	②	③	④	⑤
E4	工作中，我擅长于想出新方法去解决问题	①	②	③	④	⑤
F1	我让本部门的同事，共享我所学到的新东西	①	②	③	④	⑤
F2	我让本部门的同事，共享我所拥有的信息	①	②	③	④	⑤
F3	我让本部门的同事，共享我的专业技能	①	②	③	④	⑤
F4	我让其他部门的同事，共享我所学到的新东西	①	②	③	④	⑤

续表

第二部分：员工行为表现（说明：请您根据自己的真实感受或自身情况，在最符合实际情况的数字上打“√”。）		不符合	较不符合	不确定	比较符合	符合
F5	我让其他部门的同事，共享我所拥有的信息	①	②	③	④	⑤
F6	我让其他部门的同事，共享我的专业技能	①	②	③	④	⑤
F7	当我向本部门的同事咨询时，他们告诉我他们所知道的	①	②	③	④	⑤
F8	当我向本部门的同事请教专业技能时，他们告诉我怎么做	①	②	③	④	⑤
F9	当我向其他部门的同事咨询时，他们告诉我他们所知道的	①	②	③	④	⑤
F10	当我向其他部门的同事请教专业技能时，他们告诉我怎么做	①	②	③	④	⑤
G1	工作中，我寻求新的技术、流程、方法或产品（服务）创意	①	②	③	④	⑤
G2	工作中，我产生有创意的点子或想法	①	②	③	④	⑤
G3	工作中，我与他人沟通自己的新想法，并力争获得认可与支持	①	②	③	④	⑤
G4	工作中，我研究现状并争取所需资源以实现自己的新想法	①	②	③	④	⑤
G5	工作中，我制订适当的计划去实现自己的新想法	①	②	③	④	⑤
G6	整体而言，我在工作中富有创新精神	①	②	③	④	⑤

第三部分　基本情况

请在最符合您及所在单位实际情况的数字上打“√”，并请在横线上的空白处填写相关信息。

<table>
<tr><td>H1</td><td>您的性别</td><td>①男</td><td>②女</td><td colspan="3">所属行业：____________（填写一个最主要的行业）</td></tr>
<tr><td>H2</td><td>您的年龄</td><td>①30 岁以下</td><td>②30～39 岁</td><td>③40～49 岁</td><td colspan="2">④50 岁及以上</td></tr>
<tr><td>H3</td><td>教育程度</td><td>①高中及以下</td><td>②大专</td><td>③本科</td><td>④硕士</td><td>⑤博士</td></tr>
<tr><td>H4</td><td>您的职位</td><td>①一般员工</td><td>②基层管理者</td><td>③中层管理者</td><td colspan="2">④高层管理者</td></tr>
<tr><td>H5</td><td>工作年限</td><td>①5 年及以下</td><td>②6～9 年</td><td>③10～19 年</td><td>④20～29 年</td><td>⑤30 年及以上</td></tr>
<tr><td>H6</td><td>所在部门</td><td>①技术/研发</td><td>②生产/制造</td><td>③营销（市场）</td><td>④策划/战略</td><td>⑤其他：________</td></tr>
<tr><td>H7</td><td>单位性质</td><td>①国有企业</td><td>②集体企业</td><td>③民营企业</td><td>④三资企业</td><td>⑤其他：________</td></tr>
</table>

参考文献

[1] Abbott, D. H. Experiencing creative self - efficacy: a case study approach to understand creativity in blogging. Journal of Media and Communication Studies, 2010a, 2 (8): 170 ~ 175.

[2] Abbott, D. H. Constructing a creative self - efficacy inventory: a mixed methods inquiry. Nebraska : The University of Nebraska - Lincoln Library, 2010b.

[3] Abraham, R. Emotional competence as antecedent to performance: a contingency framework. Genetic, Social, and General Psychology Monographs, 2004, 130 (2): 117 - 143.

[4] Ahearne, M. , Mathieu, J. , Rapp, A. To empower or not to empower your sales force? An empirical examination of the influence of leadership empowerment behavior on customer satisfaction and performance. Journal of Applied Psychology, 2005, 90 (5): 945 - 955.

[5] Alimo - Metcalfe, B. , Alban - Metcalfe, R. J. The development of a new transformational leadership questionnaire. Journal of Occupational and Organizational Psychology, 2001, 74 (1): 1 - 27.

[6] Amabile, T. M. , Conti, R. Changes in the work environment for creativity during downsizing. Academy of Management Journal, 1999, 42 (6): 630 - 640.

[7] Amabile, T. M. Motivating creativity in organizations: on doing what you love and loving what you do. California Management Review, 1997, 40 (1): 39 - 58.

[8] Amabile, T. M. , Schatzel, E. A. , Moneta, G. B. , et al. Leader behaviors and the work environment for creativity: perceived leader support. Leadership Quarterly, 2004, 15 (1): 5 - 32.

[9] Amabile, T. M. A model of creativity and innovation in organizations. in: Staw, B. M. , Cummings, L. L. eds. Research in Organizational Behavior. Greenwich, CT: JAI Press, 1988.

[10] Amabile, T. M. Creativity in context: upate to the social psychology of creativity. Boulder, Colo: Westview, 1996.

[11] Amabile, T. M., Conti, R., Coon, H., et al. Assessing the work environment for creativity. Academy of Management Journal, 1996, 39 (5): 1154 –1184.

[12] Amabile, T. M., Gryskiewicz, N. D. The creative environment scales: the work environment inventory. Creativity Research Journal, 1989, 2 (4): 231 –254.

[13] Ancona, D. G., Caldwell, D. F. Demography and design: predictors of new product team performance. Organization Science, 1992 (3): 321 –341.

[14] Anderson, J. C., Gerbing, D. W. Structure equation modeling in practice: a review and recommended two step approach. Psychological Bulletin, 1988, 103 (3): 411 –423.

[15] Andrews, K. M., Delahaye, B. L. Influences on knowledge processes in organizational learning: the psychological filter. Journal of Management Studies, 2000, 37 (6): 2322 –2380.

[16] Antonakis, J., Avolio, B. J., Sivasubramaniam, N. Context and leadership: an examination of the nine –factor full –range leadership theory using the multifactor leadership questionnaire. The Leadership Quarterly, 2003, 14 (3): 261 –295.

[17] Antonakis, J., House, R. J. The full –range leadership theory: the way forward. In: Avolio, B. J., Yammarino, F. J. eds. Transformational and Charismatic Leadership. New York: JAI, 2002, 2: 3 –33.

[18] Atwater, L., Carmeli, A. Leader –member exchange, feeling of energy, and involvement in creative work. The Leadership Quarterly, 2009, 20 (3): 264 –275.

[19] Avery, D. R., McKay, P. F., Wilson, D. C. Engaging the aging workforce: the relationship between perceived age similarity, satisfaction with coworkers, and employee engagement. Journal of Applied Psychology, 2007, 92: 1542 –1556.

[20] Avolio, B. J., Bass, B. M., Jung, D. I. Re –examining the components of transformational and transactional leadership using the multifactor leadership questionnaire. Journal of Occupational and Organizational Psychology, 1999, 72: 441 –462.

[21] Avolio, B. J., Bass, B. M. Developing potential across a full range of leadership. Mallwall, NJ: Erlbaum, 2002.

[22] Avolio, B. J., Zhu, W., Koh, W., et al. Transformational leadership and organizational commitment: mediating role of psychological empowerment and moderating role of structural distance. Journal of Organizational Behavior, 2004, 25 (8): 951 –968.

[23] Avolio, B. J. Full leadership development. Thousand oaks, CA: Sage, 1999.

[24] Axtell, C. J., Holman, D. J., Unsworth, K. L., el al. Shopfloor innovation: facilitating the suggestion and implementation of ideas. Journal of Occupational and Organizational Psychology, 2000, 73 (3): 311 – 322.

[25] Baer, M., Frese, M. Innovation is not enough: climates for initiative and psychological safety, process, innovation, and firm performance. Journal of Organizations Behavior, 2003 (24): 45 – 68.

[26] Baer, M., Oldham, G. R. The curvilinear relation between experienced creative time pressure and creativity: moderating effects of openness to experience and support for creativity. Journal of Applied Psychology, 2006, 91 (4): 963 – 970.

[27] Bagozzi, R. R., Yi, Y. On the evaluation of structural equation model. Journal of the Academy of Marketing Science, 1988, 16 (1): 74 – 94.

[28] Bandura, A. Much ado over a faulty conception of perceived self – efficacy grounded in faulty experimentation. Journal of Social and Clinical Psychology, 2007, 26 (6): 641 – 658.

[29] Bandura, A. Self – efficacy: the exercise of control. New York: Freeman, 1997.

[30] Bandura, A. Self – efficacy: toward a unifying theory of behavioral change. Psychological Review, 1977, 84 (2): 191 – 215.

[31] Bandura, A. Social foundations of thought and action: a social cognitive theory. Englewood Gliffs, NJ: Prentice – Hall, 1986.

[32] Bandura, A. The self system in reciprocal determinism. American Psychologist, 1978, 33 (4): 344 – 358.

[33] Bandura, A., Locke, E. A. Negative self – efficacy and goal effects revisited. Journal of Applied Psychology, 2003, 88 (1): 87 – 99.

[34] Barling, J., Weber, T., Kelloway, E. K. Effects of transformational leadership training on attitudinal and financial outcomes: a field experiment. Journal of Applied Psychology, 1996, 81 (6): 827 – 832.

[35] Basadur, M. Leading others to think innovatively together: creative leadership. Leadership Quarterly, 2004, 15 (1): 103 – 121.

[36] Bass, B. M., Avolio, B. J. Transformational leadership development: manual for the multifactor leadership questionnaire. Palo Alto, CA: Consulting Psychologist Press, 1990b.

[37] Bass, B. M. Handbook of leadership: theory, research, and managerial applications. 3rd ed. New York: Free Press, 1990.

[38] Bass, B. M., Avolio, B. J. Developing transformational leadership: 1992 and beyond. Journal of European Industrial Training, 1990a, 14 (5): 21 –27.

[39] Bass, B. M. Does the transactional – transformational leadership paradigm transcend organizational and national boundaries? . American Psychologist, 1997, 52: 130 –139.

[40] Bass, B. M. Leadership and performance beyond expectations. New York: Free Press, 1985.

[41] Bass, B. M. Theory of transformational leadership redux. The leadership quarterly, 1995, 6 (4): 463 –478.

[42] Bass, B. M. Transformational leadership: industry, military and educational impact. Erlbaum, Hillsdale: NJ, 1998.

[43] Bass, B. M. Two decades of research and development in transformational leadership. European Journal of Work and Organizational Psychology, 1999, 8 (1): 9 –32.

[44] Bass, B. M., Avolio, B. J. Full – range of leadership development: manual for the multifactor leadership questionnaire. Palo Alto, CA: Mind Garden, 1997.

[45] Bass, B. M., Avolio, B. J. Multifactor leadership questionnaire. CA: Consulting Psychologists Press, 1993.

[46] Bass, B. M., Avolio, B. J., Jung, D. I., et al. Predicting unit performance by assessing transformational and transactional leadership. Journal of Applied Psychology, 2003, 88 (2): 207 –218.

[47] Bass, B. M., Yammarino, F. J. Congruence of self and others' leadership ratings of naval officers for understanding successful performance. Applied Psychology: an International Review, 1991, 40: 437 –454.

[48] Basu, R., Green, S. G. Leader – member exchange and transformational leadership: an empirical examination of innovative behaviors in leader – member dyads. Journal of Applied Social Psychology, 1997, 27 (6): 477 –499.

[49] Baum, J. A. C., Ingram, P. Survival – enhancing learning in the Manhattan hotel industry, 1898 –1980. Management Science, 1998, 44 (7): 996 –1016.

[50] Beghetto, R. A. Correlates of intellectual risk taking in elementary school science. Journal of Research in Science Teaching, 2009, 46 (2): 210 –223.

[51] Beghetto, R. A. Creative self – efficacy: correlates in middle and seconda-

ry students. Creativity Research Journal, 2006, 18 (4): 447 - 457.

[52] Bennis, W. G., Nanus, B. Leaders: the strategies for taking change. New York: Harper & Row, 1985.

[53] Bernacki, E. Beyond the buzz about innovation. Association Management, 2001, 53 (2): 60 - 64.

[54] Bhal, K. T., Dadhich, A. Impact of ethical leadership and leader - member exchange on whistle blowing: the moderating impact of the moral intensity of the issue. Journal Business Ethics, 2011 (3): 485 - 496.

[55] Bock, G - W., Zmud, R. W., Kim, Y - G., et al. Behavioral intention formation in knowledge sharing: examining the roles of extrinsic motivators, social - psychological forces, and organizational climate. MIS Quarterly, 2005, 29 (1): 87 - 111.

[56] Brown, M. E. Misconceptions of ethical leadership: how to avoid potential pitfalls. Organizational Dynamics, 2007, 36 (2): 140 - 155.

[57] Brown, M. E., Treviño, L. K. Ethical leadership: a review and future directions. Leadership Quarterly, 2006, 17 (6): 595 - 616.

[58] Brown, M. E., Treviño, L. K., Harrison, D. A. Ethical leadership: a social learning perspective for construct development and testing. Organizational Behavior and Human Decision Processes, 2005, 97 (2).

[59] Brown, S. P., Leigh, T. W. A new look at psychological climate and its relationship to job involvement, effort and performance. Journal of Applied Psychology, 1996, 81: 358 - 368.

[60] Brownell, P. The motivational impact of management - by - exception in a budgetary context. Journal of Accounting Research, 1983, 21: 456 - 472.

[61] Buren, M. E. A yardstick for knowledge management. Training & Development, 1999, 53 (5): 71 - 78.

[62] Burke, C. S., Stagl, K. C., Salas, E., et al. Understanding team adaption: a conceptual analysis and model. Journal of Applied Psychology, 2006, 91 (6): 1189 - 1207.

[63] Burke, M. J., Sarpy, S. A., Tesluk, P. E., et al. General safety performance: a test of a grounded theoretical model. Personnel Psychology, 2002, 55 (2): 429 - 457.

[64] Burns, J. M. Leadership. New York: Harper & Row, 1978.

[65] Bycio, P., Hackett, R. D., Allen, J. S. Further assessments of Bass's (1985) conception of transactional and transformational leadership. Journal of Applied

Psychology, 1995, 80 (4): 468 -478.

[66] Cabrera, A. , Cabrera, E. F. Knowledge sharing dilemmas. Organizational Studies, 2002, 23 (5): 687 -710.

[67] Carless, S. A. Assessing the discriminant validity of transformational leader behavior as measured by the MLQ. Journal of Occupational and Organizational Psychology, 1998, 71 (4): 353 -358.

[68] Carlson, S. C. Ethical leadership: influences of ethical climate, perceived organizational support, and perceived leader integrity. Florida : Nova Southeastern University Library, 2005.

[69] Carmeli, A. Social capital, psychological safety and learning behaviors from failure in organizations. Long Range Planning, 2007 (40): 30 -40.

[70] Carmeli, A. , Brueller, D. , Dutton, J. E. Learning behaviors in the workplace: the role of high - quality interpersonal relationships and psychological safety. System Research and Behavioral Science, 2009, 26 (1): 81 -98.

[71] Carmeli, A. , Gittell, J. H. High - quality relationships, psychological safety, and learning from failures in work organizations. Journal of Organizational Behavior, 2009 (30): 709 -729.

[72] Carmeli, A. , Reiter - Palmon, R. , Ziv, E. Inclusive leadership and employee involvement in creative tasks in the workplace: the mediating role of psychological safety. Creativity Research Journal, 2010, 22 (3): 250 -260.

[73] Carmeli, A. , Schaubroeck, J. The influence of leaders' and other referents' normative expectations on individual involvement in creative work. Leadership Quarterly, 2007, 18 (1): 35 -48.

[74] Chen, G. , Gully, S. M. , Eden, D. Validation of a new general self - efficacy scale. Organizational Research Methods, 2001, 4 (1): 62 -83.

[75] Cheng, B. , Chou, L. , Farh, J. A. Triad model of paternalistic leadership: constructs and measurement. Indigenous Psychological Research in Chinese Societies, 2000, 14: 3 -64.

[76] Cho, K. R. , Lee, J. Firm characteristics and MNC' intranetwork knowledge sharing. Management International Review, 2004, 44 (4): 435 -455.

[77] Choi, J. N. Individual and contextual predictors of creative performance: the mediating role of psychological processes. Creativity Research Journal, 2004a, 16 (2 -3): 187 -199.

[78] Choi, J. N. Person - environment fit and creative behavior: differential im-

pacts of supplies - values and demands - abilities versions of fit. Human Relations. 2004b, 57 (5): 531 -552.

[79] Chong, Eric., Ma, X. F. The influence of individual factors, supervision and work environment on creative self - efficacy. Creativity and Innovation Management, 2010, 19 (3): 233 -247.

[80] Chou, C. P., Bentler, P. M., Estimates and tests in structural equation modeling. In: Hoyle, R. H. Ed. Structural Equation Modeling. Conecepts, Issues, and Applications. London: Sage, 1995.

[81] Chow, C. W., Deng, F. J., Ho, J. L. The openness of knowledge sharing within organizations: a comparative study of the United States and the People's Republic of China. Journal of Management Accounting Research, 2000, 12 (1): 65 -95.

[82] Chowdhury, S. The role of affect and cognition - based trust in complex knowledge sharing. Journal of Managerial Issues, 2005, 17 (3): 310 -326.

[83] Christian, M. S., Bradley, J. C., Wallace, J. C., et al. Workplace safety: a meta - analysis of the roles of person and situation factors. Journal of Applied Psychology, 2009, 94: 1103 -1127.

[84] Churchill, G. A paradigm for developing better constructs. Journal of Marketing Research, 1979, 16 (1): 64 -73.

[85] Clapham, M. M. Employee creativity: the role of leadership. The Academy of Management Executive, 2000, 14: 138 -139.

[86] Clarke, S., Robertson, I. T. A meta - analytic review of the big five personality factors and accident involvement in occupational and non - occupational settings. Journal of Occupational and Organizational Psychology, 2005, 78: 355 -376.

[87] Conger, J. A., Kanungo, R. Towards a behavioral theory of charismatic leadership in organizational settings. Academy of Management Review, 1987, 12: 637 -647.

[88] Connelly, C. E., Kelloway, E. K. Predictors of emplyees' perceptions of knowledge sharing cultures. Leadership & Organization Development Journal, 2003, 24 (3): 294 -301.

[89] Constant, D., Sproull, L., Keisler, S., et al. What's mine is ours, or is it? a study of attitudes about information sharing. Information Systems Research, 1994, 5 (4): 400 -421.

[90] Currie, G., Lockett, A. A critique of transformational leadership: moral, professional and contingent dimensions of leadership within publie service organiza-

tions. Human Relations, 2007, 60 (2): 341 –370.

[91] Daniels, D. M. Ethical leadership and moral reasoning: an empirical investigation. Florida: Nova Southeastern University, 2009.

[92] Davenport, T. H., Prusak, L. Working knowledge: how organizations manage what they know. Boston, MA: Harvard Business School Press, 1998.

[93] De Clercq, D., Rius, I. B. Organizational commitment in mexican small and medium – sized firms: the role of work status, organizational climate, and entrepreneurial orientation. Journal of Small Business Management, 2007, 45 (4): 467 –490.

[94] De Dreu, C. K., West, M. A. Minority dissent and team innovation: the importance of participation in decision making. Journal of Applied Psychology, 2001, 86 (6): 1191 –1201.

[95] De Hoogh, A. H. B., Den Hartog, D. N. Ethical and despotic leadership, relationships with leader's social responsibility, top management team effectiveness and subordinates' optimism: a multi – method study. Leadership Quarterly, 2008, 19 (3): 297 –311.

[96] Deci, E. L., Ryan, R. M. Intrinsic motivation and self – determination in human behavior. New York: Plenum, 1985.

[97] Den Hartog, D. N., Van Muijen, J. J., Koopman, P. L. Linking transformational leadership and organizational culture. Journal of Leadership Studies, 1996, 3: 68 –83.

[98] Den Hartog, D. N., Van Muijen, J. J., Koopman, P. L. Transactional versus transformational leadership: an analysis of the MLQ. Journal of Occupational and Organizational Psychology, 1997, 70 (1): 19 –34.

[99] Dess, G. G., Picken, J. C. Changing roles: leadership in the 21st century. Organizational Dynazmics, 2000, 29 (4): 18 –33.

[100] Detert, J. R., Burris, E. R. Leadership behavior and employee voice: is the door really open? Academy of Management Journal, 2007, 50 (4): 869 –884.

[101] DeVellis, R. F. Scale development: theory and applications. Newbury Park, CA: Sage, 1991.

[102] Drazin, R., Glynn, M. A., Kazanjian, R. K. Multilevel theorizing about creativity in organizations: a sense making perspective. Academy of Management Review, 1999, 24 (2): 286 –307.

[103] Dvir, T., Eden, D., Avolio, B. J., et al. Impact of transformational leadership on follower development and performance: a field experiment. Academy of

Management Journal, 2002, 45 (4): 735 –744.

[104] Edmondson, A. C. Psychology safety and learning behavior in teams. Administrative Science Quarterly, 1999, 44 (2) .

[105] Edmondson, A. C. , Bohmer, R. M. , Pisano, G. P. Disrupted routines: team learning and new technology implementation in hospitals. Administrative Science Quarterly, 2001, 46 (4): 685 –716.

[106] Edmondson, A. C. Managing the risk of learning: psychological safety in work teams. Organization Science, 2002a, 11 (3): 43 –64.

[107] Edmondson, A. C. The local and variegated nature of learning in organization: a group –level perspective. Organization Science, 2002b, 13 (2): 128 –146.

[108] Edmondson, A. C. Psychological safety, trust and learning in organizations: a group –level lens. Organization Science, 2003a, 13 (2): 59 –102.

[109] Edmondson, A. C. Speaking up in operating room: how team leaders promote learning in interdisciplinary action teams. Journal of Management Studies, 2003b, 40: 1419 –1452.

[110] Edmondson, A. C. Farming for learning: lesson in successful technology implementation. California Management Review, 2003c, 45 (2): 34 –54.

[111] Ekvall, G. , Ryhammar, L. The creative climate: its determinants and effects at a Swedish University. Creativity Research Joumal, 1999, 12 (4): 303 –310.

[112] Elenkov, D. S. Effects of leadership on organizational performance in Russian companies. Journal of Business Research, 2002, 55: 467 –480.

[113] Elkins, T. , Keller, R. T. Leadership in research and development organizations: a literature review and conceptual framework. Leadership Quarterly, 2003, 14 (4): 587 –606.

[114] Enderle, G. Some perspective of managerial ethical leadership. Journal of Business Ethics, 1987, 6 (8) .

[115] Eriksson, I. V. , Dickson, G. W. Knowledge sharing in high technology companies. in: Proceedings of Americas Conference on Information Systems (AMCIS), 2000: 1330 –1335.

[116] Faraj, S. , Yan, A. Boundary work in knowledge teams. Journal of Applied Psychology, 2009, 94: 604 –617.

[117] Farmer, S. M. , Tierney, P. , Kung –Mcintyre, K. Employee creativity in Taiwan: an application of role identity theory. Academy of Management Journal, 2003, 46 (5): 618 –630.

[118] Farris, G. F. Technical leadership: much discussed but little understood. Research – Technology Management, 1988, 31 (2): 12 – 16.

[119] Feist, G. J. A meta – analysis of personality in scientific and artistic creativity. Personality and Social Psychology Review, 1998 (4): 290 – 309.

[120] Ferrin, D. L., Dirks, K. T. The use of rewards to increase and decrease trust: mediating processes and differential effects. Organization Science, 2003, 14 (1): 18 – 31.

[121] Ford, C. M. A theory of individual creative action in multiple social domains. Academy of Management Review, 1996, 21 (4): 1112 – 1142.

[122] Fornell, C., Larcker, D. F. Evaluating structural equation models with unobservable variables and measurement error. Journal of Marketing Research, 1981, 18 (1): 39 – 50.

[123] Fred, O. W., John, S. Leader personality traits and employee voice behavior: mediating roles of ethical leadership and work group psychological safety. Journal of Applied Psychology, 2009, 94 (5): 1275 – 1286.

[124] Frese, M., Teng, E., Wijnen, C. J. Helping to improve suggestion systems: predictors of making suggestions in companies. Journal of Organizational Behavior, 1999, 20 (7): 1139 – 1155.

[125] Frideman, M. Capitalism and freedom. Chicago: University of Chicago Press, 1962.

[126] Frittz, H. L. Transformational, transactional, and laissez – faire leadership: an examination of the Bass (1985) theory in the university classroom environment: [doctoral dissertation]. Minnesota: Capella University Library, 2005.

[127] Fulmer, R. M. The challenge of ethical leadership. Organizational Dynamics, 2004, 33 (3): 307 – 317.

[128] Garcia – Morales, V. J., Llorens – Montes, F. J., Verdu – Jover, A. J. Antecedents and consequences of organizational innovation and organizational learning in entrepreneurship. Industrial Management & Data Systems, 2006, 106 (1): 21 – 42.

[129] George, J. M., Zhou, J. Dual tuning in a supportive context: joint contributions of positive mood, negative mood, and supervisory behaviors to employee creativity. Academy of Management Journal, 2007, 50 (3): 605 – 622.

[130] George, J. M., Zhou, J. When openness to experience and conscientiousness are related to creative behavior: an interactional approach. Journal of Applied Psychology, 2001, 86: 513 – 524.

[131] Gibson, F. W., Fiedler, F. E., Barrett, K. M. Stress, babble, and the utilization of the leader's intellectual abilities. Leadership Quarterly, 1993, 4 (2): 189 -208.

[132] Gilson, L. L., Shalley, C. E. A little creativity goes a long way: an examination of teams' engagement in creative processes. Journal of Management, 2004, 30 (4): 453 -470.

[133] Gini, A. Moral leadership and business ethics. in: Ciulla, J. B. ed. Ethics, the Heart of Leadership. 2nd ed. Praeger, Westport, CT, 2004.

[134] Gini, A. Moral leadership: an overview. Journal of Business Ethics, 1997, 16 (3): 323 -330.

[135] Gioia, D. A., Chittipeddi, K. Sense making and sense giving in strategic change initiation. Strategic Management Journal, 1991, 12 (6): 433 -448.

[136] Gist, M. E., Mitchell, T. R. Self - efficacy: a theoretical analysis of its determinants and malleability. Academy of Management Review, 1992, 17 (2): 183 -211.

[137] Gong, Y., Huang, J. C., Farh, J. L. Employee learning orientation, transformational leadership, and employee creativity: the mediating role of employee creative self - efficacy. The Academy of Management Journal, 2009, 52 (4): 765 -778.

[138] Goodenough, P. L. Ethical leadership, values congruence, and work place deviance: an exploratory study: [doctoral dissertation]. Missouri: Webster University Library, 2008.

[139] Goodwin, V. L., Wofford, J. C., Whittington, J. L. A theoretical and empirical extension to the transformational leadership construct. Journal of Organizational Behavior, 2001, 22: 759 -774.

[140] Graen, G. B., Uhl - Bien, M. Relationship - based approach to leadership: development of leader - member exchange theory of leadership over 25 years: applying a multi - level multi - domain perspective. The Leadership Quarterly, 1995, 6 (2).

[141] Gumuluoglu, L., Ilsev, A. Transformational leadership, creativity and organization innovation. Journal of Business Research, 2009, 62 (1): 461 -473.

[142] Hackman, J. R., Pearce, J. L., Wolfe, J. C. Effects of changes in job characteristics on work attitudes and behaviors: a naturally occurring quasi - experiment. Organizational Behavior and Human Performance, 1978, 21 (3): 289 -304.

[143] Halbesleben, J. R. B., Novicevic, M. M., Harvey, M. G., et al. Awareness of temporal complexity in leadership of creativity and innovation: a compe-

tency – based model. Leadership Quarterly, 2003, 14 (4): 433 – 454.

[144] Harris – Boundy, J. C. Transformational leadership and workplace creativity: [doctoral dissertation]. Washington: University of Washington Library, 2006.

[145] Hater, J. J., Bass, B. M. Superiors' evaluations and subordinates' perceptions of transformational and transactional leadership. Journal of Applied Psychology, 1988, 73 (4): 695 – 702.

[146] Hendriks, P. Why share knowledge? The influence of ICT on the motivation for knowledge sharing. Knowledge and Process Management, 1999, 6 (2): 91 – 100.

[147] Herzberg, F. Work and the nature of man. London: Granada Publishing, 1968.

[148] Hill, A., Tan, A. G., Kikuchi, A. International high school students' perceived creativity self – efficacy. The Korean Journal of Thinking and Problem Solving, 2008, 18 (1): 105 – 115.

[149] Hill, R. C., Levenhagen, M. Metaphors and mental models: sense making and sense giving in innovation and entrepreneurial activities. Journal of Management, 1995, 21 (6): 1057 – 1074.

[150] Hirst, G., Van, D., Zhou, J. A cross – level perspective on employee creativity: goal orientation, team learning behavior, and individual creativity. Academy of Management Journal, 2009, 52 (2): 280 – 293.

[151] Hofstede, G. Cultural constraints in management theories. Academy of Management Executive, 1993, 7 (1).

[152] Hofstede, G. Culture's consequences: comparing values, behaviors, institutions and organizations across nations. Thousand Oaks, Calif: Sage Publications, 2000.

[153] House, R. J., Aditya, R. N. The social scientific study of leadership: quo vadis?. Journal of Management, 1997, 17 (3): 403 – 473.

[154] Howell, J. M., Avolio, B. J. Transformational leadership, transactional leadership, locus of control and support for innovation: key predictors of consolidated – business – unit performance. Journal of Applied Psychology, 1993, 78: 891 – 902.

[155] Howell, J. M., Higgins, C. A. Champions of technological innovation. Administrative Science Quarterly, 1990, 35: 317 – 341.

[156] Howes, J. C., Cropanzano, R., Grandey, A. A., et al. Who is supporting whom? Quality team effectiveness and perceived organizational support. Journal of Quality Management, 2000, 5: 207 – 223.

[157] Hsu, M. H., Ju, T. L., Yeh, C. H., et al. Knowledge sharing in virtual communities: the relationship between trust self – efficacy and outcome expectation. Human – Computer Studies, 2007, 65: 153 – 169.

[158] Hu, M. M., Horng, J. S., Sun, Y. C. Hospitality teams: knowledge sharing and service innovation performance. Tourism Management, 2009, 30 (1): 41 – 50.

[159] Hunt, J. G. Transformational/charismatic leadership's transformation of the field: an historical essay. The Leadership Quarterly, 1999 (2): 129 – 144.

[160] Hurt, H. T., Joseph, K., Cook, C. D. Scales for the measurement of innovativeness. Human Communication Research, 1977, 4 (1): 58 – 65.

[161] IPe, M. Knowledge sharing on organizations: a conceptual framework. Human Resource Development Review, 2003, 2 (4): 337 – 359.

[162] Ives, Torrey, Gordon. Knowledge sharing is a human behavior. Knowledge Management, 1998: 4 – 5.

[163] Janssen, O. The joint impact of perceived influence and supervisor supportiveness on employee innovative behaviour. Journal of Occupational and Organizational Psychology, 2005, 78 (4): 573 – 579.

[164] Joreskog, K. G., Sorbom, D. Lisrel 8: user's reference guide. Chicago: Scientific Software International, 1993.

[165] Judge, T. A., Bono, J. E. Five – factor model of personality and transformational leadership. Journal of Applied Psychology, 2000, 85 (5): 751 – 765.

[166] Judge, T. A., Bono, J. E. Relationship of core self – evaluations traits self – esteem, generalized self – efficacy, locus of control, and emotional stability – with job satisfactory and job performance: a meta analysis. Journal of Applied Psychology, 2001, 86: 80 – 86.

[167] Judge, T. A., Piccolo, R. F. Transformational and transactional leadership: a meta – analytic test of their relative validity. Journal of Applied Psychology, 2004, 89 (5): 755 – 768.

[168] Jung, D. I. Transformational and transactional leadership and their effects on creativity in groups. Creativity Research Journal, 2001, 13 (2): 185 – 195.

[169] Jung, D. I., Chow, C., Wu, A. The role of transformational leadership in enhancing organizational innovation: hypotheses and some preliminary findings. Leadership Quarterly, 2003, 14 (4 – 5): 525 – 544.

[170] Jung, D. I., Avolio, B. J. Opening the black box: an experimental investigation of the mediating effects of trust and value congruence on transformational and

transactional leadership. Journal of Organizational Behavior, 2000, 21: 949 -964.

[171] Jung, D. I. , MacKenzie, S. B. , Podsakoff, P. M. The role of transformational leadership in enhancing organizational innovation: hypotheses and some preliminary findings. Leadership Quarterly, 2003 (14): 525 -544.

[172] Kahai, S. S. , Sosik, J. J. , Avolio, B. J. Effects of leadership style, anonymity, and rewards on creativity - relevant processes and outcomes in an electronic meeting system context. Leadership Quarterly, 2003, 14 (4 -5): 499 -524.

[173] Kahn, W. A. Psychological conditions of personal engagement and disengagement at work. Academy of Management Journal, 1990, 33 (4): 692 -724.

[174] Kahn, W. A. Relational systems at work. Research in Organizational Behavior, 1998 (20): 39 -76.

[175] Kanter, R. M. When a 1000 flowers bloom: structural, collective, and social conditions for innovation in organization. Research in Organizational Behavior, 1988 (10): 169 -211.

[176] Kark, R. , Carmeli, A. Alive and creating: the mediating role of vitality and aliveness in the relationship between psychological safety and creative work involvement. Journal of Organizational Behavior, 2009, 30: 785 -804.

[177] Karwowski, M. It doesn' t hurt to ask? But sometimes it hurts to believe: Polish students' creative self - efficacy and its predictors. Psychology of Aesthetics, Creativity, and the Arts, 2010, 5 (2): 154 -164.

[178] Keams, G. S. , Lederer, A. L. A resource - based view of strategic IT alignment: how knowledge sharing creates competitive advantage. Decision Sciences, 2003, 30 (1): 109 -124.

[179] Keller, R. T. Transformational leadership and the performance of research and development project groups. Journal of Management, 1992, 18: 489 -501.

[180] Kessel, M. , Kratzer, J. , Schultz, C. Psychological safety, knowledge sharing, and creative performance in healthcare teams. Creativity and Innovation Management, 2012, 21 (2): 147 -157.

[181] Khanin, D. Contrasting Burns and Bass. Journal of Leadership Studies, 2007, 1 (3): 7 -25.

[182] Khuntia, R. , Suar, D. A scale to assess ethical leadership of Indian private and public sector managers. Journal of Business Ethics, 2004, 49 (1): 13 -26.

[183] Kim, J - G, Lee, S - Y. Effects of transformational and transactional leadership on employees' creative behaviour: mediating effects of work motivation and

job satisfaction, Asian Journal of Technology Innovation, 2011, 19 (2): 233 -247.

[184] King, E. B., Chermont, K., West, M., et al. How inovation and alleviate negative consequences of demand work contexts: the influence of climate for innovation on organizational outcomes. Journal of Occupational and Organizational Psychology, 2007, 80: 631 -645.

[185] Kirkbride, P. Developing transformational leaders: the full range leadership model in action. Industrial and Commercial Training, 2006, 38 (1): 23 -32.

[186] Kirkpatrick, S. A., Locke, E. A. Direct and indirect effects of three core charismatic leadership components on performance and attitudes. Journal of Applied Psychology, 1996, 81 (1): 36 -51.

[187] Kirton, M. Adaptors and innovators: description and measure. Journal of Applied Psychology, 1976, 61 (5): 622 -629.

[188] Kleysen, F. R., Street, C. T. Toward a multi -dimensional measure on individual innovative behavior. Journal of Intellectual Capital, 2001, 3 (2): 284 -296.

[189] Krause, D. E. Influence -based leadership as a determinant of the inclination to innovate and of innovation -related behaviors: an empirical investigation. Leadership Quarterly, 2004, 15 (1): 79 -102.

[190] Laszlo, C., Nash, J. Six facets of ethical leadership: an executive's guide to the new ethics in business [EB/OL]. http://ejbo.jyu.fi/articles/0601_1.html, 2007 -11 -12.

[191] Lau, D. C., Murnighan, J. K. Demographic diversity and fault lines: the compositional dynamics of organizational groups. Academy of Management Review, 1998, 23: 325 -340.

[192] Lau, D. C., Murnighan, J. K. Interactions within groups and subgroups: the effects of demographic faultlines. Academy of Management Journal, 2005, 48 (4): 645 -659.

[193] Leape, L. L., Brennan, T. A., Laird, N., et a1. The nature of adverse events in hospitalized patients: results of the Harvard medical practice study II. New England Journal of Medicine, 1991, 324 (6): 377 -384.

[194] Leary, M. R., Baumeister, R. F. The nature and function of self -esteem: sociometer theory. in: Zanna, M. Advances in Experimental Social Psychology. San Diego, CA: Academic Press, 2000.

[195] Lee, F., Edmondson, A. C., Thomke, S., et al. The mixed effect of inconsistency on experimentation in organizations. Organization Science, 2004, 15

(3): 310 -326.

[196] Lee, J - Y, Swink, M., Pandejpong, T. The roles of worker expertise, information sharing quality, and psychological safety in manufacturing process innovation: an intellectual capital perspective. Production and Operations Management Society, 2011, 20 (4): 556 -570.

[197] Lee, Y., Chang, H. Leadership style and innovation ability: an empirical study of Taiwanese wire and cable companies. Journal of American Academy of Business, Cambridge, 2006, 9 (2): 218 -222.

[198] Leithwood, K. The move toward transformational leadership. Educational Leadership, 1992, 49 (5): 8 -12.

[199] Leonard, D., Swap, W. C. When sparks fly: igniting creativity in groups. USA: Harvard Business School Press, 1999: 22 -24.

[200] Levin, D. Z., Cross, R. The strength of weak ties you can trust: the mediating role of trust in effective knowledge transfer. Management Science, 2004, 50 (11): 1477 -1490.

[201] Liang, J., Farh, C., Farh. J. L. Psychological antecedents of promotive and prohibitive voice behavior: a two - wave longitudinal examination. in: Paper Presented at the Third Conference of the International Association for Chinese Management Research, Guangzhou, China, 2008.

[202] Lin, H. F., Lee, H. S., Da, W. W. Evaluation of factors influencing knowledge sharing based on a fuzzy AHP approach. Journal of Information Science, 2009, 35 (1): 25 -44.

[203] Lin, H. F. Effects of extrinsic and intrinsic motivation on employee knowledge sharing intentions. Journal of Information Science, 2007, 3 (2): 135 -149.

[204] Lin, H. F., Lee, G. G. Perceptions of senior managers toward knowledge sharing behavior. Management Decision, 2004, 42 (1): 108 -125.

[205] Lind, A. E., Van Den Bos, K. When fairness works: toward a general theory of uncertainty management. Research in Organizational Behavior, 2002, 24: 181 -223.

[206] Ling, W., Chia, R. C., Fang, L. Chinese implicit leadership theory. The Journal of Social Psychology, 2000, 140 (6): 729 -739.

[207] Lowe, K. B., Kroeck, K. G., Sivasubramaniam, N. Effectiveness correlates of transformational and transactional leadership: a meta - analytic review of the MLQ literature. The Leadership Quarterly, 1996 (7): 385 -425.

[208] MacKenzie, S. B., Podsakoff, P. M., Rich, G. A. Transformational and transactional leadership and salesperson performance. Journal of the Academy of Marketing Science, 2000, 29 (2): 115 - 134.

[209] Madhavan, R., Grover, R. From embedded knowledge to embodied knowledge: new product development as knowledge management. Journal of Marketing, 1998, 62 (4): 1 - 12.

[210] Madjar, N. The contributions of different groups of individuals to employees' creativity. Advances in Developing Human Resources, 2005, 7 (2): 182 - 206.

[211] Madjar, N., Oldham, G. R., Pratt, M. G. There's no place like home? The contributions of work and nonwork creativity support to employees' creative performance. Academy of Management Journal, 2002, 45 (4): 757 - 767.

[212] Mandel, M. You aren't seen nothing yet. Business Week, 1998 (31): 60 - 61.

[213] Marta, S., Leritz, L. E., Mumford, M. D. Leadership skills and the group performance: situational demands, behavioral requirements, and planning. Leadership Quarterly, 2005, 16 (1): 97 - 120.

[214] Martin, G. S., Resick, C. J., Keating, M. A., et al. Ethical leadership across cultures: a comparative analysis of German and US perspectives. Business Ethics: A European Review, 2009, 18 (2): 127 - 144.

[215] Mathisen, G. E. Organizational antecedents of creative self - efficacy. Creativity and Innovation Management, 2011, 20 (3): 185 - 195.

[216] May, D. R., Gilson, R. L., Harter, L. M. The psychology conditions of meaningfulness, safety and availability and the engagement of the human spirit at work. Journal of Occupational and Organizational Psychology, 2004, 77: 11 - 37.

[217] Mayer, D. M., Kuenzi, M., Greenbaum, R., et al. How low does ethical leadership flow? Test of a trickle - down model. Organizational Behavior and Human Decision Processes, 2009, 108 (1): 1 - 13.

[218] Mayer, R. C., Davis, J. H., Schoolman, F. D. An integrative model of organizational trust. Academy of Management Review, 1995 (3): 709 - 734.

[219] Meda, A. K. The social construction of ethical leadership. Benedietine University, 2005.

[220] Mumford, M. D., Licuanan, B. Leading for innovation: conclusions, issues, and directions. The Leadership Quarterly, 2004 (15): 63 - 171.

[221] Mumford, M. D., Gustafson, S. B. Creativity syndrome: integration,

application, and innovation. Psychological Bulletin, 1988, 103 (1): 27 -43.

[222] Mumford, M. D. , Scott, G. M. , Gaddis, B. H. , et al. Leading creative people: orchestrating expertise and relationships. Leadership Quarterly, 2002, 13 (6): 705 -750.

[223] Nembhard, I. M. , Edmondson, A. C. Make it safe: the effects of leader inclusiveness and professional status on psychological safe and improvement efforts in health care teams. Journal of Organization Behavior, 2006, 27 (7): 941 -966.

[224] Nonaka, I. , Takeuchi, H. The knowledge creating company. New York: Oxford University Press, 1995.

[225] Oldham, G. R. , Cummings, A. Employee creativity: personal and contextual factors at work. Academy of Management Journal, 1996, 39 (3): 607 -634.

[226] Organ, D. W. Organizational citizenship behavior: the good soldier syndrome. Lexington, MA: Lexington Books, 1988.

[227] Osterloh, M. , Frey, B. Motivation, knowledge transfer and organization forms. Organization Science, 2000 (5): 538 -550.

[228] Pawar, B. S. , Eastman, K. K. The nature and implications of contextual influences on transformational leadership: a conceptual examination. Academy of Management Review, 1997, 1: 80 -109.

[229] Pearce, C. L. , Herbik, P. A. Citizenship behavior at the team level of analysis: the effects of team leadership, team commitment, perceived team support, and team size. The Journal of Social Psychology, 2004, 144 (3): 293 -311.

[230] Perry - Smith, J. E. , Shalley, C. E. The social side of creativity: a static and dynamic social network perspective. Academy of Management Review, 2003, 28: 89 -106.

[231] Piccolo, R. F. , Colquitt, J. A. Transformational leadership and job behaviors: the mediating role of core job characteristics. Academy of Management Journal, 2006, 49 (2): 327 -340.

[232] Pieterse, A. N. , Knippenberg, D. V. , Schippers, M. , et al. Transformational and transactional leadership and innovative behavior: the moderating role of psychological empowerment. Journal of Organizational Behavior, 2010, 31 (4): 609 -623.

[233] Pillai, R. , Schriesheim, C. A. , Williams, E. S. Fairness perceptions and trust as mediators for transformational and transactional leadership: a two - sample study. Journal of Management, 1999, 25 (6): 897 -933.

[234] Piper, L. E. The ethical leadership challenge to do no harm the cognitive

imperative. The Health Care Manager, 2012, 31 (1): 25 -33.

[235] Podsakoff, P. M., Todor, W. D., Grover, R. A., et al. Situational moderators of leader reward behavior and punishment behaviors: fact or fiction?. Organizational Behavior and Human Performance, 1984, 34: 21 -63.

[236] Podsakoff, P. M., Dorfman, P. W., Howell, J. P., et al. Leader reward and punishment behaviors: a preliminary test of a culture - free style of leadership effectiveness. in: Farmer, R. N. ed. Advances in International Comparative Management. Greenwhich, CT: JAI Press, 1986: 95 -138.

[237] Podsakoff, P. M., MacKenzie, S. B., Bommer, W. H. Transformational leader behaviors and substitutes for leadership as determinants of employee satisfaction, commitment, trust, and organizational citizenship behaviors. Journal of Management, 1996, 22: 259 -298.

[238] Podsakoff, P. M., MacKenzie, S. B., Moorman, R. H., et al. Transformational leader behaviors and their effects on followers' trust in leader, satisfaction, and organizational citizenship behaviors. Leadership Quarterly, 1990, 1 (2): 107 -142.

[239] Quigley, N. R. A multilevel investigation of the motivational mechanism underlying knowledge sharing and performance. Organization Science, 2007, 18 (1): 71 -88.

[240] Redmond, M. R., Mumford, M. D., Teach, R. Putting creativity to work: effects of leader behavior on employee creativity. Organizational Behavior and Human Decision Processes, 1993, 55 (1): 120 -151.

[241] Reiter - Palmon, R., Illies, J. J. Leadership and creativity: understanding leadership from a creative problem - solving perspective. Leadership Quarterly, 2004, 15 (1): 55 -77.

[242] Resick, C. J., Hanges, P. J., Dickson, M. W., et al. A cross - cultural examination of the endorsement of ethical leadership. Journal of Business Ethics, 2006, 63 (4): 345 -359.

[243] Resick, C. J., Martin, G. S., Keating, M. A., et al. What ethical leadership means to me: Asian, American, and European perspectives. Journal of Business Ethics, 2011, 101: 435 -457.

[244] Ricketts, J. A., Nelson, R. R. Management - by - exception on reporting: an empirical investigation. Information Management, 1987, 12: 235 -246.

[245] Robbins, S. P., Coulter, M. Management. 8th ed. Pearson: Prentic Hall, 2005.

[246] Roberto, M. A. Lessons from everest: the interaction of cognitive bias, psychological safety, and system complexity. California Management Review, 2002, 45: 136 - 158.

[247] Roberts, E. B., Fusfield, A. R. Staffing the innovative technology - based organization. Sloan Management Review, 1981, 22 (3): 19 - 34.

[248] Rooplekha, K., Damodar, S. A scale to assess ethical leadership of Indian private and public sector managers. Journal of Business Ethics, 2004, 49 (1): 13 - 26.

[249] Ruggles, R. The state of notion: knowledge management in practice. California Management Review, 1998, 40 (3): 80 - 89.

[250] Salancik, G. R., Pfeffer, J. An examination of need - satisfaction models of job attitudes. Administrative Science Quarterly, 1977, 22 (3): 427 - 456.

[251] Schein, E. H. Three cultures of management: the key to organizational learning. Sloan Management Review, 1996, 38 (1): 9 - 21.

[252] Schein, E. H., Bennis, W. Personal and organizational change via group methods. New York: Wiley, 1965.

[253] Schein, E. H. Organizational culture and leadership: a dynamic view. 3rd ed. San Francisco, CA: Jossey - Bass, 2004.

[254] Schroeder, R., Van de Ven, A., Scudder, G., et al. The development of innovation ideas. in: Van de Ven, A., Angle, H., Poole, M. eds. Research on the Management of Innovation: the Minnesota Studies. New York: Harper & Row, 1989: 107 - 134.

[255] Schuster, J. P. Transforming your leadership style. Association Management, 1994, 46 (1): 39 - 43.

[256] Scott, S. G., Bruce, R. A. Determinants of innovative behavior: a path model of individual innovation in the workplace. Academy of Management Journal, 1994, 37 (3): 580 - 607.

[257] Seers, A. Team - member exchange quality: a new construct or role - making research. Organizational Behavior and Human Decision Processes, 1989, 43: 118 - 135.

[258] Senge, P. M. Sharing knowledge. Executive Excellence, 1997, 14 (11): 17 - 20.

[259] Sergiovanni, T. J. Value - added leadership: how to get extraordinary performance in schools. New York: Harcourt Brace Jovanovich, 1990.

[260] Sethia, N. K. The shaping of creativity in organizations. Academy of Man-

agement Proceedings, 1989: 224 -228.

[261] Shalley, C. E. , Zhou, J. , Oldham, G. R. The effects of personal and contextual characteristics on creativity: where should we go from here? . Journal of Management, 2004, 30 (6): 933 -958.

[262] Shalley, C. E. , Gilson, L. L. , Blum, T. C. Interactive effects of growth need strength, work context, and job complexity on self - reported creative performance. Academy of Management Journal, 2009, 52 (3): 489 -505.

[263] Shalley, C. E. , Perry - Smith, J. E. Effects of social - psychological factors on creative performance: the role of informational and controlling expected evaluation and modeling experience. Organizational Behavior and Human Decision Processes, 2001, 84 (1): 1 -22.

[264] Shamir, B. The charismatic relationship: alternative explanations and predictions. The Leadership Quarterly, 1991, 2 (2): 81 -104.

[265] Shamir, B. , House, R. J. , Arthur, M. B. The motivational effects of charismatic leadership: a self - concept based theory. Organizational Science, 1993, 4 (4): 577 -594.

[266] Shea, C. M. , Howell, J. M. Charismatic leadership and task feedback: a laboratory study of their effects on self - efficacy and task performance. The Leadership Quarterly, 1999, 10 (3): 375 -396.

[267] Shin, S. J. , Zhou, J. Transformational leadership, conservation, and creativity: evidence from Korea. Academy of Management Journal, 2003, 46 (6) .

[268] Shin, S. J. , Zhou, J. When is educational specialization heterogeneity related to creativity in research and development teams? Transformational leadership as a moderator. Journal of Applied Psychology, 2007, 92 (6): 1709 -1721.

[269] Siemsen, E. , Roth, A. V. , Balasubramanian, S. , et al. The influence of psychological safety and confidence in knowledge on employee knowledge sharing. Manufacturing & Service Operations Management, 2009, 11 (3): 429 -447.

[270] Sosik, J. J. , Kahai, S. S. , Avolio, B. J. Leadership style, anonymity, and creativity in group decision support systems: the mediating role of optimal flow. Journal of Creative Behavior, 1999, 33 (4): 227 -256.

[271] Sosik, J. J. , Kahai, S. S. , Avolio, B. J. Transformational leadership and dimensions of creativity: motivating idea generation in computer - mediated groups. Creativity Research Journal, 1998, 11 (2): 111 -121.

[272] Sosik, J. J. , AVolio, B. J. , Kallai, S. S. Effects of leadership style and

anonymity on group potency and effectiveness in a group decision support system environment. Journal of Applied Psychology, 1997, 82: 89 - 103.

[273] Sparrowe, R. T., Liden, R. C. Process and structure in leader - member exchange. Academy of Management Review, 1997, 22 (2): 522 - 552.

[274] Spencer, J. W. Firms' knowledge - sharing strategies in the global innovation system: empirical evidence from the flat panel display industry. Strategic Management Journal, 2003, 24: 217 - 233.

[275] Srivastava, A., Bartol, K. M., Locke, E. A. Empowering leadership in management teams: effects on knowledge sharing, efficacy and performance. Academy of Management Journal, 2005, 49 (6): 1239 - 1251.

[276] Stajkovic, A. D., Luthans, F. Self - efficacy and work - related performance: a meta - analysis. Psychological Bulletin, 1998, 124 (22): 240 - 261.

[277] Sternberg, R. J., Kaufman, J. C., Pretz, J. E. A propulsion model of creative leadership. Leadership Quarterly, 2003, 14 (4 - 5): 455 - 473.

[278] Sutherland, M. A. An examination of ethical leadership and organizational commitment: [D. B. A.]. Florida: Nova Southeastern University Library, 2010.

[279] Taylor, W. A., Wright, G. H. Organizational readiness for successful knowledge sharing: challenges for public sector managers. Information Resources Management Journal, 2004, 17 (2): 22 - 37.

[280] Tejeda, M. J., Scandura, T. A., Pillai, R. The MLQ revisited: psychometric properties and recommendations. Leadership Quarterly, 2001, 12 (1): 31 - 52.

[281] Thau, S., Bennett, R. J., Mitchell, M. S., et al. How management style moderates the relationship between abusive supervision and workplace deviance: an uncertainty management theory perspective. Organizational Behavior and Human Decision Processes, 2009, 108: 79 - 92.

[282] Tichy, N. M., Devanna, M. A. The transformational leader. New York, NY: Jolin Wiley & Sons, 1986.

[283] Tichy, N. M., Ulrich, D. O. The leadership challenges a call for the transformational leader. Sloan Management Review, 1984, 26: 59 - 68.

[284] Tierney, P. Work relations as a precursor to a psychological climate for change: the role of work group supervisors and peers. Journal of Organizational Change Management, 1999, 12 (2): 120 - 133.

[285] Tierney, P., Farmer, S. M. Creative self - efficacy development and creative performance over time. Journal of Applied Psychology, 2010, 96 (2): 277 - 293.

[286] Tierney, P., Farmer, S. M. Creative self – efficacy: its potential antecedents and relationship to creative performance. Academy of Management Journal, 2002, 45 (6): 1137 – 1148.

[287] Tierney, P., Farmer, S. M. The pygmalion process and employee creativity. Journal of Management, 2004, 30 (3): 413 – 432.

[288] Tierney, P., Farmer, S. M., Graen, G. B. An examination of leadership and employee creativity: the relevance of traits and relationships. Personnel Psychology, 1999, 52 (3): 591 – 620.

[289] Timothy, A. J., Ronald, F. P. Transformational and transactional leadership: a meta – analytic test of their relative validity. Journal of Applied Psychology, 2004, 89 (5): 755 – 768.

[290] Tjosvold, D., Yu, Z. Y., Hui, C. Team learning from mistakes: the contribution of cooperative goals and problem – solving. Journal of Management Studies, 2004, 41: 1223 – 1245.

[291] Treviňo, L. K., Brown, M., Hartman, L. P. A qualitative investigation of perceived executive ethical leadership: perceptions from inside and outside the executive suite. Human Relations, 2003, 56 (1): 5 – 37.

[292] Treviňo, L. K., Hartman, L. P., Brown, M. Moral person and moral manager: how executives develop a reputation for ethical leadership. California Management Review, 2000, 42 (4): 128 – 142.

[293] Tsai, W. Knowledge transfer in intraorganizational networks: effects of network position and absorptive capacity on business unit innovation and performance. Academy of Management Journal, 2001, 44 (8): 996 – 1004.

[294] Tucker, A. L., Nembhard, I. M., Edmondson, A. C. Implementing new practices: an empirical study of organizational learning in hospital intensive care units. Management Science, 2007, 53: 894 – 907.

[295] Tynan, R. The effects of threat sensitivity and face giving on dyadic psychological and upward communication. Journal of Applied Social Psychology, 2005, 35: 223 – 247.

[296] Unsworth, K. Unpacking creativity. Academy of Management Review, 2001, 26 (2): 289 – 297.

[297] Van de Ven, A. H. Central problems in the management of innovation. Management Science, 1986, 32 (5): 590 – 607.

[298] Van den Hooff, B., De Ridder, J. Knowledge sharing in context: the in-

fluence of organizational commitment, communication climate and CMC use on knowledge sharing. Journal of Knowledge Management, 2004, 8 (6): 117 –130.

[299] Van Dyne, L. , Ang, S. , Botero, I. S. Conceptualizing employee silence and employee voice as multidimensional constructs. Journal of Management Studies, 2003, 40: 1459 –1392.

[300] Van Dyne, L. , Jehn, K. A. , Cummings, A. Differential effects of strain on two forms of work performance: individual employee sales and creativity. Journal of Organizational Behavior, 2002, 23 (1): 57 –74.

[301] Van Knippenberg, D. , Van Knippenberg, B. , Cremerc, D. D. , et al. Leadership, self, and identity: a review and research agenda. Leadership Quarterly, 2004, 15 (6): 825 –856.

[302] Vandenberghe, C. Transactional vs. transformational leadership: suggestions for future research. European Journal of Work and Organizational Psychology, 1999, 8 (1): 9 –32.

[303] Waldlnan, D. A. , Siegel, D. S. , Javidan, M. Components of CEO transformational leadership and corporate social responsibility. Joumal of Management Studies, 2006, 43 (8): 1703 –1725.

[304] Waldman, D. A. , Atwater, L. E. The nature of effective leadership and championing processes at different levels in an R&D hierarchy. The Journal of High Technology Management Researeh, 1994, 5 (2): 233 –245.

[305] Walumbwa, F. O. , Schaubroeck, J. Leader personality traits and employee voice behavior: mediating roles of ethical leadership and work group psychological safety. Journal of Applied Psychology, 2009, 94 (5): 1275 –1286.

[306] Wang, H. , Law, K. S. , Hackett, R. D. , et al. Leader – member exchange as a mediator of the relationship between transformational leadership and followers', performance and organizational citizenship behavior. Academy of Management Journal, 2005, 48 (3): 420 –432.

[307] West, M. A. , Farr, J. L. Innovation at work. in: West, M. A. , Farr, J. L. eds. Innovation and creativity at work: psychological and organizational strategies. New York: Wiley, 1990: 3 –13.

[308] West, M. A. , Anderson, N. R. Innovation in top management teams. Journal of Applied Psychology, 1996, 81: 680 –693.

[309] West, M. A. , Farr, J. L. Innovation at work: psychological perspectives. Social Behavior, 1989, 4 (1): 15 –30.

[310] Westwood, R. Harmony and patriarchy: the cultural basis for paternalistic headship among the overseas Chinese. Organization Studies, 1997, 18 (3): 445 -480.

[311] Whittington, J. L., Goodwin, V. L., Murray, B. Transformational leadership, goal difficulty, and job design: independent and interactive effects on employee outcomes. Leadership Quarterly, 2004, 15 (5): 593 -606.

[312] Wijnhoven, F. Knowledge logistics in business contexts: analyzing and diagnosing knowledge sharing by logistics concepts. Knowledge and Process Management, 1998, 5 (3): 143 -157.

[313] Woodman, R. W., Sawyer, J. E., Griffin, R. W. Toward a theory of organizational creativity. Academy of Management Review, 1993, 18 (2): 293 -321.

[314] Woods, T. J. Motivating faculty through transactional and transformational leadership strategies. Journal of Leadership Studies, 2007, 1 (2): 64 -73.

[315] Yammarino, F. J., Bass, B. M. Transformational leadership and multiple levels of analysis. Human Relations, 1990, 43: 975 -995.

[316] Yammarino, F. J., Dionnea, S. D., Chuna, J. U., et al. Leadership and levels of analysis: a state - of - the - science review. Leadership Quarterly, 2005, 16 (6): 879 -919.

[317] Yammarino, F. J., Dubinsky, A. J. Transformational leadership theory: using levels of analysist of determine boundary conditions. Personnel Psychology, 1994, 47 (4): 787 -811.

[318] Yammarino, F. J., Spangler, W. D., Bass, B. M. Transformational leadership and performance: a longitudinal investigation. Leadership Quarterly, 1993, 4 (1): 81 -102.

[319] Yates, D. The politics of management. San Francisco: Jossey - Bass, 1985.

[320] Yukl, G. An evaluation of conceptual weaknesses in transformational and charismatic leadership theories. The Leadership Quarterly, 1999, 10 (2): 285 -305.

[321] Yukl, G. Leadership in organizations. Englewood Cliffs, NJ: Prentice - Hall, 1989.

[322] Zaheer, A., McEvily, B., Perrone, V. Does trust matter? Exploring the effects of interorganizational and interpersonal trust on performance. Organization Science, 1998 (2): 141 -159.

[323] Zarraga, C., Bonache, J. Assessing the team environment for knowledge sharing: an empirical analysis. International Journal of Human Resource Management,

2003, 14 (7): 1227 -1245.

[324] Zhou, J. When the presence of creative coworkers is related to creativity: role of supervisor close monitoring, developmental feedback, and creative personality. Journal of Applied Psychology, 2003, 88 (3): 413 -422.

[325] Zhou, J., George, J. M. Awakening employee creativity: the role of leader emotional intelligence. Leadership Quarterly, 2003, 14 (4 -5): 545 -568.

[326] Zhou, J., George, J. M. When job dissatisfaction leads to creativity: encouraging the expression of voice. Academy of Management Journal, 2001, 44 (4): 682 -696.

[327] Zhou, J., Oldham, G. R. Enhancing creative performance: effects of expected developmental assessment strategies and creative personality. Journal of Creative Behavior, 2001, 35 (3): 151 -167.

[328] Zhou, J., Shalley, C. E. Handbook of organizational creativity. New York: Lawrence Erlbaum Associates, 2008.

[329] 阿来霍·何塞·西松. 领导者的道德资本——为什么美德如此重要. 于文轩, 丁敏译. 北京: 中央编译出版社, 2005.

[330] 艾伯特·班杜拉. 自我效能: 控制的实施（上、下册）. 缪小春译. 上海: 华东师范大学出版社, 2003.

[331] 艾尔·巴比. 社会研究方法基础. 邱泽奇译. 北京: 华夏出版社, 2009.

[332] 巴里·纳勒布夫, 伊恩·艾尔斯. 创新 DIY——利用日常生活中的创意解决身边的问题. 胡枫, 张敏译. 北京: 商务印书馆, 2005.

[333] 宝贡敏, 徐碧祥. 国外知识共享理论研究述评. 重庆大学学报（社会科学版）, 2007, 13 (2).

[334] 彼得·德鲁克. 大变革时代的管理. 上海: 上海译文出版社, 1995.

[335] 蔡启通, 高泉丰. 动机取向、组织创新气候与员工创新行为之关系: Amabile 动机综效模型之验证. 管理学报, 2004, 21 (5).

[336] 蔡文著. 渠道关系治理方式对农户行为影响机理研究. 上海: 上海财经大学出版社, 2011.

[337] 曹兴, 刘芳, 邬陈锋. 知识共享理论的研究述评. 软科学, 2010, 24 (9).

[338] 陈国权, 赵慧群, 蒋璐. 团队心理安全、团队学习能力与团队绩效关系的实证研究. 科学学研究, 2008 (26).

[339] 陈国权, 周为. 领导行为、组织学习能力与组织绩效关系研究. 科研

管理，2009，30（5）.

［340］陈维亚．变革型领导对企业创新能力影响之研究．东华大学博士学位论文，2011.

［341］陈维政，忻蓉，王安逸．企业文化与领导风格的协同性实证研究．管理世界，2004（2）.

［342］陈文晶，时勘．变革型领导和交易型领导的回顾与展望．管理评论，2007，19（9）.

［343］陈文晶．交易型领导的结构和作用机制研究．中国科学院心理研究所博士学位论文，2007.

［344］陈晓萍，徐淑英，樊景立．组织与管理研究的实证方法．北京：北京大学出版社，2008.

［345］陈晓萍．团队与创新．管理@人，2006（8）.

［346］陈永霞，贾良定，李超平等．变革型领导、心理授权与员工的组织承诺：中国情景下的实证研究．管理世界，2006（1）.

［347］崔明哲，吴维库，金占明．领导风格、民族文化与组织承诺之间的关系研究．科学学与科学技术管理，2010（12）.

［348］崔永胜．民营企业中变革型领导对员工工作满意度的影响研究．四川大学硕士学位论文，2005.

［349］丁彪．领导行为有效性的研究进展．人类工效学杂志，2002（1）.

［350］丁琳，席酉民，白云涛．领导行为对员工创新能力支持的作用研究——基于西安一高新企业的实证研究．管理评论，2009，21（4）.

［351］丁琳，席酉民，张华．变革型领导与员工创新：领导——下属关系的中介作用．科研管理，2010，31（1）.

［352］丁琳，席酉民．变革型领导对员工创造力的作用机理研究．管理科学，2008，21（6）.

［353］丁琳，席酉民．变革型领导如何影响下属的组织公民行为——授权行为与心理授权的作用．管理评论，2007，19（10）.

［354］杜荣，赵雪松，全小梅．论知识共享与企业绩效的关系．情报科学，2005，23（9）.

［355］段锦云，钟建安．组织中的进谏行为．心理科学，2005（28）.

［356］范丽群，石金涛，周祖城．伦理型领导探讨．理论探讨，2006（1）.

［357］方琦．团队心理安全、知识共享与交互记忆系统的关系研究．浙江工商大学硕士学位论文，2011.

［358］冯明，王扬眉．交易型领导和转化型领导．经济管理，2002（20）.

[359] 耿昕. 领导授权赋能行为对员工创新行为的影响研究：基于创新自我效能感、情绪及团队创新气氛的视角. 上海交通大学博士学位论文，2011.

[360] 顾远东，彭纪生. 组织创新氛围对员工创新行为的影响：创新自我效能感的中介作用. 南开管理评论，2010，13（1）.

[361] 顾远东，彭纪生. 创新自我效能感对员工创新行为的影响机制研究. 科研管理，2011，32（9）.

[362] 郭本禹，姜飞月. 自我效能理论及其应用. 上海：上海教育出版社，2008.

[363] 郭桂梅，段兴民. 变革型领导行为与创造性：内在动机和创造性工作氛围的中介作用——针对中国企业管理实践的分析. 科学学与科学技术管理，2008a，15（3）.

[364] 郭桂梅，段兴民. 不同领导行为对员工创造性差异化影响的实证研究. 管理科学，2008b，21（1）.

[365] 郭强，施琴芬. 企业隐性知识显性化的外部机理和技术模式. 自然辩证法研究，2004（20）.

[366] 郭志刚. 社会统计分析方法——SPSS 软件应用. 北京：中国人民大学出版社，1999.

[367] 哈罗德·孔茨，海因茨·韦里克. 管理学（第 9 版）. 郝国华译. 北京：经济科学出版社，1993.

[368] 韩翼，杨百寅. 真实型领导、心理资本与员工创新行为：领导成员交换的调节作用. 管理世界，2011（12）.

[369] 韩樱，宋合义，祝芳芳. 任务结构性情景因素对变革型领导与员工组织承诺关系的影响. 软科学，2008，22（2）.

[370] 何进. 知识共享的激励因素及其模型研究. 重庆大学硕士学位论文，2005.

[371] 何铨，叶余建，马剑虹. 魅力型领导方式研究综述. 人类工效学杂志，2005（4）.

[372] 侯杰泰，温忠麟，成子娟. 结构方程模型及其应用. 北京：教育科学出版社，2004.

[373] 胡锦涛. 坚定不移沿着中国特色社会主义道路前进 为全面建成小康社会而奋斗. 人民日报，2012－11－19.

[374] 胡杨成，蔡宁. 中国情景下的非营利组织市场导向结构研究. 公共管理学报，2009（2）.

[375] 胡杨成. 非营利组织市场导向与绩效的关系研究：环境变动与组织创

新的影响．浙江大学博士学位论文，2008.

［376］黄春艳．硕士研究生创造性动机、创造性自我效能与创造性表现的关系．华中师范大学硕士学位论文，2009.

［377］黄致凯．组织创新气候知觉、个人创新行为、自我效能知觉与问题解决型态关系之研究．中国台湾中山大学硕士学位论文，2004.

［378］霍伟伟，罗瑾琏．领导行为与员工创新研究之横断历史元分析．科研管理，2011（7）．

［379］贾良定，陈永霞，宋继文等．变革型领导、员工的组织信任与组织承诺——中国情景下企业管理者的实证研究．东南大学学报（哲学社会科学版），2006，8（6）．

［380］姜文．知识共享的障碍因素分析．情报杂志，2006（4）．

［381］鞠芳辉．民营企业变革型、家长型领导行为对企业绩效的影响研究．浙江大学博士学位论文，2007.

［382］柯江林、孙健敏、石金涛等．企业 R&D 团队之社会资本与团队效能关系的实证研究——以知识分享与知识整合为中介变量．管理世界，2007（3）．

［383］李超平，孟慧，时勘．变革型领导对组织公民行为的影响．心理科学，2006，29（1）．

［384］李超平，时勘．变革型领导的结构与测量．心理学报，2005，37（6）．

［384］李超平，时勘．变革型领导与领导有效性的关系．心理科学，2003，26（1）．

［386］李超平，田宝，时勘．变革型领导与员工工作态度：心理授权的中介作用．心理学报，2006，38（2）．

［387］李冬琴．智力资本与企业绩效关系研究．浙江大学博士学位论文，2004.

［388］李弘晖，汤雅云．转换型领导、创造力技能与创造力关系之探讨：以 LMX 为干扰变数．第三届管理思维与实务学术研讨会论文集，2005.

［389］李怀祖．管理研究方法论（第 2 版）西安：西安交通大学出版社，2004.

［390］李慧才，邓小克．变革领导力研究述评．首都经济贸易大学学报，2007（2）．

［391］李磊，尚玉钒，席酉民等．变革型领导与下属工作绩效及组织承诺：心理资本的中介作用．管理学报，2012（5）．

［392］李宁，严进．组织信任氛围对任务绩效的作用途径．心理学报，2007（39）．

[393] 李涛，王兵．我国知识工作者组织内知识共享问题的研究．南开管理评论，2003，6（5）．

[394] 李西营，张莉，芦咏莉等．创造性自我效能：内涵、影响因素和干预．心理科学进展，2012（1）．

[395] 李秀娟，魏峰．打开领导有效性的黑箱：领导行为和领导下属关系研究．管理世界，2006（9）．

[396] 李秀娟，魏峰．组织公正和交易型领导对组织承诺的影响方式研究．南开管理评论，2007，10（5）．

[397] 李祎．团队情绪智力、领导行为与团队有效性关系研究．昆明理工大学博士学位论文，2010.

[398] 林碧芳．中小学教师创意教学自我效能感与创意教学行为的结构方程模式之检验．台湾东海大学硕士学位论文，2004.

[399] 林士渊，王重鸣．跨文化领导模式在跨国创业不同阶段的效能转化研究．应用心理学，2006，12（3）．

[400] 凌斌，段锦云，朱月龙．工作场所中的心理安全：概念构思、影响因素和结果．心理科学进展，2010（10）．

[401] 凌文辁，陈龙，王登．CPM 领导行为评价量表的构建．心理学报，1987（2）．

[402] 刘金栋，郑向敏．变革型领导和交易型领导理论研究综述．企业活力，2012（10）．

[403] 刘锟发，李菁楠．国内外组织内部知识共享影响因素研究综述．图书馆学研究，2010（16）．

[404] 刘玲．变革型领导与知识型员工创新行为的关系研究：基于组织信任的中介效应．安徽大学硕士学位论文，2011.

[405] 刘晓倩．领导行为、知识共享与员工创新的关系研究．浙江工商大学硕士学位论文，2011.

[406] 刘耀中．心理授权的结构维度及其与员工创新行为的关系研究．西北师大学报（社会科学版），2008，45（6）．

[407] 刘益，刘军，宋继文等．不同情商水平下领导行为与员工组织承诺关系的实证研究．南开管理评论，2007，10（2）．

[408] 龙静，汪丽．并购后威胁感知与心理安全对员工创新的影响：基于高科技企业的实证研究．科学学研究，2011，29（9）．

[409] 龙立荣．职业生涯管理的结构及其关系研究．武汉：华中师范大学出版社，2002.

［410］龙勇，李忠云．技能型战略联盟基于信任的知识获取和合作效应实证研究．研究与发展管理，2006（5）．

［411］卢小君，张国梁．工作动机对个人创新行为的影响研究．软科学，2007，21（6）．

［412］陆昌勤，凌文辁，方俐洛．管理自我效能感与一般自我效能感的关系．心理学报，2004，36（5）．

［413］马庆国．管理统计：数据获取、统计原理、SPSS 工具与应用研究，北京：科学出版社，2002.

［414］毛忞歆．领导风格对组织创新的影响机制研究．华中科技大学博士学位论文，2008.

［415］孟慧．变革型领导风格的实证研究．应用心理学，2004，10（2）．

［416］孟慧．认真性与下属工作满意感——变革型领导的中介作用．心理科学，2005，28（5）．

［417］孟磊．领导行为模式对员工创造力的影响研究．浙江大学硕士学位论文，2008.

［418］孟太生，刘璞，井润田．基于组织公平的变革型领导行为与组织公民权行为关系的实证研究．科研管理，2007，25（6）．

［419］孟宪伟．领导成员交换关系对变革型领导有效性的影响．现代管理科学，2006（3）．

［420］莫申江，王重鸣．国外伦理型领导研究前沿探析．外国经济与管理，2010（2）．

［421］潘松挺．网络关系强度与技术创新模式的耦合及其协同演化．浙江大学博士学位论文，2009.

［422］彭正龙，赵红丹．研发团队领导成员交换、心理感知与员工创新．科学学研究，2011，29（2）．

［423］戚振江，张小林．领导行为理论：交换型和变革型领导行为．经济管理，2001（12）．

［424］齐善鸿，戴斌．论企业的人格化特质与组织变革——关于企业改革的经济学思考．南开管理评论，1999（5）．

［425］乔恩·卡曾巴赫，道格拉斯·史密斯．团队的智慧：创建绩优组织．侯玲译．北京：经济科学出版社，1999.

［426］邱茜，张春悦，魏云刚等．国外知识共享研究综述．情报理论与实践，2010，33（3）．

［427］曲如杰，何小明，高利苹等．变革型领导与员工创新：认同的中介作

用．人类工效学杂志，2010（1）．

［428］曲如杰，孙军保，时勘等．领导对员工创新影响的综述．管理评论，2012，24（2）．

［429］芮明杰，吕毓芳．论领导行为，组织学习、创新与绩效间影响的实证研究．上海管理科学，2005（2）．

［430］沈波．企业信息资源配置对企业绩效影响的研究．江西财经大学博士学位论文，2007.

［431］师保国，申继亮，郭锦平．中德青少年“创造自信”差异分析．中国教育学刊，2009（3）．

［432］时勘，李超平，陈文晶等．我国管理者的领导行为及其作用机制．中国浦东干部学院学报，2008（2）．

［433］时勘，王继承，李超平．企业高层管理者胜任特征模型评价的研究．心理学报，2000，34（3）．

［434］时勘．胜任特征模型、领导行为研究及其在人力资源开发中的应用．首都经济贸易大学学报，2007（6）．

［435］孙怀平，杨东涛，王洁心．基于生命周期的领导风格对人力资源管理实践影响研究．科学学与科学技术管理，2007（3）．

［436］孙建国，田宝．变革型领导及其对创新文化的影响．管理评论，2006，18（5）．

［437］孙洁．变革型领导、组织信任与组织公民行为的关系研究．山西大学硕士学位论文，2008.

［438］孙利平，凌文辁，方俐洛．国外关于伦理领导的研究．理论探讨，2009（3）．

［439］孙利平．企业组织德行领导的内容结构及其相关研究．暨南大学博士学位论文，2008.

［440］孙锐，石金涛，张体勤．中国企业领导成员交换、团队成员交换，组织创新气氛与员工创新行为关系实证研究．管理工程学报，2009，23（4）．

［441］孙锐，王乃静，石金涛．中国企业领导成员交换关系影响实证研究．经济管理，2008，30（4）．

［442］汤磊，杨光．团队心理安全文献综述及未来研究方向．上海商学院学报，2009（10）．

［443］唐翌．团队心理安全、组织公民行为和团队创新——一个中介传导模型的实证分析．南开管理评论，2005（8）．

［444］汪林，储小平，倪婧．领导部属交换、内部人身份认知与组织公民行

为：基于本土家族企业视角的经验研究．管理世界，2009（1）．

［445］王春秀．企业隐性知识的管理．科技管理研究，2006（11）．

［446］王国春．基于组织公平感的变革型领导行为和组织公民权行为的关系的实证研究．电子科技大学硕士学位论文，2006.

［447］王健坤．我们需要什么样的领导．中国经济周刊，2007（33）．

［448］王晓玲．小学高年级儿童家庭环境、创意自我效能与创造力的关系．山东师范大学硕士学位论文，2008.

［449］王影．变革型领导对员工创造力的影响研究：以创意自我效能感为中介变量．经济论坛，2012（3）．

［450］魏峰，袁欣，邸杨．交易型领导、团队授权氛围和心理授权影响下属创新绩效的跨层次研究．管理世界，2009（4）．

［451］温忠麟，侯杰泰，张雷．调节效应与中介效应的比较和应用．心理学报，2005（2）．

［452］吴敏，黄旭，徐玖平等．交易型领导、变革型领导与家长式领导行为的比较研究．科研管理，2007，28（3）．

［453］吴敏，黄旭，阎洪等．领导行为与领导有效性关系的比较研究．软科学，2007，21（5）．

［454］吴明隆．SPSS 统计应用实务．北京：中国铁道出版社，2000.

［455］吴明隆．结构方程模型：AMOS 的操作与应用（第 2 版）．重庆：重庆大学出版社，2010.

［456］吴盛撰．以计划行为理论探讨资讯人员的知识共享行为．中国台湾中山大学硕士学位论文，2003.

［457］吴维库，王未，刘军，吴隆增．辱虐管理、心理安全感知与员工建言．管理学报，2012，9（1）．

［458］吴照云、卢福财、胡宇辰等．管理学（第 2 版）．北京：中国社会科学出版社，2006.

［459］吴志明，武欣．变革型领导、组织公民行为与心理授权关系研究．管理科学学报，2007，10（5）．

［460］吴志明，武欣．高科技团队变革型领导、组织公民行为和团队绩效关系的实证研究．科研管理，2006a，27（6）．

［461］吴志明，武欣．知识团队中变革型领导对组织公民行为的影响．科学学研究，2006b，24（2）．

［462］谢康，吴清津，肖静华．企业知识分享、学习曲线与国家知识优势．管理科学学报，2002（2）．

［463］徐长江，时勘．变革型领导与交易型领导的权变分析．心理科学进展，2005，13（5）．

［464］徐长江．变革型领导与交易型领导的有效性及作用机制——基于高等学校管理者的初步探索．中国科学院心理研究所博士学位论文，2005.

［465］薛靖，任子平．从社会网络角度探讨个人外部关系资源与创新行为关系的实证研究．管理世界，2006（5）．

［466］颜廷锐．领导力研究的新发展：伦理领导．理论与改革，2010（3）．

［467］阳莉华．大学生创新自我效能感现状的调查分析．四川教育学院学报，2007，23（5）．

［468］杨华，刘继红，李敏．变革型领导对员工创新工作绩效的影响研究．科技管理研究，2011（20）．

［469］杨建锋．家庭企业的组织学习及形成机制研究．浙江大学博士学位论文，2008.

［470］杨晶照，杨东涛，赵顺娣等．“我是”、“我能”、“我愿”——员工创新心理因素与员工创新的关系研究．科学学与科学技术管理，2011，32（1）．

［471］杨眉，石林．工作压力反应及其与领导方式的关系研究．应用心理学，2006，12（3）．

［472］杨英，李伟．人——组织匹配对员工创新行为的影响：心理授权的中介作用．中国流通经济，2012（6）．

［473］杨英，孙乃纪，肖丽梅．员工创新行为相关研究综述．商业时代，2011（26）．

［474］杨英．人——组织匹配、心理授权与员工创新行为关系研究．吉林大学博士学位论文，2011.

［475］杨玉萍．交易型领导与转化型领导．领导科学杂志，1985（1）．

［476］叶宜琇．领导—成员交换关系、心理安全气候、工作满足对组织承诺影响之研究．中国台湾成功大学硕士学位论文，2011.

［477］易丹辉．结构方程模型：方法与应用．北京：中国人民大学出版社，2008.

［478］余可发．顾客心理契约对品牌忠诚作用机理实证研究．江西财经大学博士学位论文，2011.

［479］俞达，梁钧平．对领导者成员交换理论（LMX）的重新检验——一个新的理论模型．经济科学，2002（1）．

［480］曾萍，蓝海林，谢洪明．企业知识分享影响因素模型及对策研究．商业研究，2006（4）．

［481］曾湘泉，周禹．薪酬激励与创新行为关系的实证研究．中国人民大学学报，2008（5）．

［482］张德．组织行为学（第2版）．北京：高等教育出版社，2004.

［483］张国梁，卢小君．组织的学习型文化对个体创新行为的影响．研究与发展管理，2010，22（2）．

［484］张海丽，杨从杰．伦理型领导内涵、维度与作用．科技管理研究，2011（7）．

［485］张鹏程，刘文兴，廖建桥．魅力型领导对员工创造力的影响机制：仅有心理安全足够吗？管理世界，2011（10）．

［486］张瑞玲，丁韫聪．知识型员工激励机制研究综述．经济与社会发展，2005（11）．

［487］张淑华，方华．企业组织氛围与组织隐性知识共享之关系研究．心理科学，2005，28（2）．

［488］张文彤．SPSS统计分析高级教程．北京：高等教育出版社，2004a.

［489］张文彤．SPSS统计分析基础教程．北京：高等教育出版社，2004b.

［490］张震，马力，马文静．组织气氛与员工参与的关系．心理学报，2002，34（3）．

［491］赵慧娟．员工创新研究综述．经济管理，2011（4）．

［492］赵鑫．组织创新氛围、知识共享与员工创新行为．浙江大学博士学位论文，2011.

［493］赵星．领导行为对员工知识共享意愿的作用机制研究．沈阳师范大学硕士学位论文，2007.

致　谢

本书是在攻读博士学位期间完成的，博士后研究期间做了进一步修改和完善。当初完成博士毕业论文时，时间已是清晨5点多，虽已身心俱疲，但却睡意全无。三年的博士生学习生活历历在目，有欢乐也忧愁过，有希望也失望过，有兴奋也失落过……值得深幸的是，在这艰辛的求学路上得到了许多人的指导与帮助，才能够顺利地走了过来，这将成为我人生中最有价值的一段时光。故，谨以此书献给所有指导、协助与关心我的师长、同学及亲友。

首先，感谢指导老师王耀德教授为我提供了继续求学与深造的宝贵机会。王老师广博精深的知识与独特的研究方法常常为我指引、厘清学术研究的方向与疑惑，使我受益颇多。在为人处世方面，王老师严谨的治学作风、谦虚的处世风格、负责的为师之道、真诚的待人方式让我耳濡目染，他更是我一生学习的榜样。论文的选题、写作、修改直至最终完稿，倾注了王老师大量的心血与汗水，感激之情难以言表，唯有铭刻在心！还要特别感谢师母章俊女士，在我学习生活上给予了许多帮助与支持，特别是在精神上给予了巨大的鼓舞，让我有了努力完成学业的不竭动力！

感谢工商管理学院的卢福财教授、杨慧教授、黄丽娟教授、张孝锋教授在我开题时对论文写作方面所给予的指导和建议，使得论文研究内容更加充实与完善。感谢吴照云、胡宇辰、李良智、曹元坤、胡大立、陶长琪、刘满凤、刘克春、杨建锋、黄彬云、毛小兵、罗世华等老师，他们在课堂上精辟独到的见解让我受益颇多。在攻读博士学位期间，江西财经大学杨燕、王平、段远鸿、钟英娥、陶春海、李小亭、刘操、陈始发、陈家琪、刘剑玲、余可发、蔡文著、何文章、许晟、陈云川、詹宏陆、付惠三、欧阳叶根、谢品、袁青燕、凌和良、曾剑锋、胡才泓、戴丽华等老师、同学的鼓励与帮助，让我克服了日常生活和学习中所遇到的诸多困难，节约了很多宝贵的时间与精力，友情永远难忘，在此致以真诚的谢意。感谢肖文博士等朝夕相处的同门师兄师姐师弟师妹们，在学习生活中有你们的陪伴真的很好！

感谢南昌工程学院党委书记李水弟、校长扶名福、研究生处书记谢军和胡杨成博士等领导及同事的支持与帮助，使我在求学过程中有了比较充裕的时间与精力。

在问卷翻译、编制、调研过程中，得到了许多亲朋好友的帮助，感谢江西财经大学胡海波、陈明、何建春、郭华平、付国军、郑宁等老师以及 MBA 2011 级、2012 级秋季班全体学员，江西省工业和信息化委员会科技处主任科员赵键，东风汽车集团公司高工王忠新，南昌经济技术开发区管委会主任黄俊、招商局王婧女士，以及在访谈与问卷收集过程中提供帮助的单位领导及员工，是他们的无私帮助与支持，使我能顺利完成整个问卷的调研任务。

我还要感谢我的家人，是他们在物质上、精神上、情感上给予了我巨大的支持。特别感谢妻子李小玲、女儿王曦越的无私支持与帮助，给予了我强大的信心与勇气，使我能顺利完成学业。

本书参考了大量学者的研究成果，他们艰辛的早期探索、先贤们的光辉思想给了我创作灵感，在此对他们的辛勤劳动表示衷心的感谢！

我还要向在百忙之中抽空评审论文的各位专家、学者表示诚挚的谢意！感谢博士毕业论文答辩委员会主席、南京大学赵曙明教授等评委的中肯评价与学术之路的鼓励！

本书出版过程中，得到经济管理出版社杜菲编辑，师兄袁春生博士，湖北第二师范学院夏力教授、夏仕平教授等的厚爱与支持；得到教育部人文社会科学研究青年基金项目（14YJCZH156）、江西省博士后科研择优资助项目（2014KY09）、湖北省教育厅科学技术研究重点项目（D20153003）、湖北省高校人文社科重点研究基地“湖北文化产业经济研究中心”开放基金重点项目（HB-CIR2015Z002）等的支持，在此深表谢意。

最后，再次感谢所有关心过我、帮助过我的亲人们、朋友们，是你们让我体会到了人间的真情与厚爱，我将以感恩的心对待身边每一个人、每一件事。

王忠诚

2016 年 2 月

写于江西财经大学蛟桥园